JN089411

宗教の行方

現代のための宗教十二講

八木誠一

法藏館

序にかえて——宗教の行方ということ

仏教とキリスト教には共通の根底があると確信して以来六十年、ようやく構造的連関が見えてきた。本書はその略述である。宗教の根底には経験（直接経験）がある。したがって宗教を理解する道は、（1）その表現（主として言語表現）を手がかりにして、その根底にある経験にたどり着き、次に（2）宗教の表現から手を放して、そこで見えてくる事柄を、それ自身として正確に言い表すことである。さらに（3）事柄の認識からして、当該宗教の表現を批判的に理解することができる。本書の叙述は（2）と（3）に当たる。

上記の仕方で仏教とキリスト教の理解を試みると、共通の根底が現れる。それは本書が「統合作用の場」と名付ける「超越」であり、その認識（自分に及ぶそのはたらきの自覚）からして、超越の表現としての両教の一致と差異も明らかになってくる。

さて問題の一致点を宗教的表現に依らずにそれ自身として言い表す仕方はひとつではないが、本書の叙述は宗教哲学的になっている。ところで事柄自身を述べるについては、いかにして事柄自身の経験にたどり着くか、その道筋も説明されなければならない。それは叙述の正当性を検証するために必要なことだからである。

宗教の中核は超越のはたらきの自覚にある。自覚の成立とその深まりを、本書は「自我の自意識―生の自覚―共生（統合）への願―統合心を超えた無心（創造的空）」として述べる。これは事柄上の順序であって実際の経過では必ずしもないが、こうした自覚の存在と深まりは、少なくとも筆者の個人的経験としては確認できている。しかしこうした道が一般に妥当するかどうかはなお検証を要することであろう。

さて宗教には言語を用いる自我への批判的省察がある。それは、言語社会においては、事実そのものではなく語られた内容が現実として通用している事態に気付かせることである。宗教はこの誤謬からの解放が超越のはたらきに気付く道だと説いている。これは宗教の文明批判であり、現代批判でもある。ただしこの問題性は宗教自身にも存在する。超越の自覚なしに宗教の言語表現に接すると、ありもしない幻想を語っているように聞こえるものだが、他方、宗教が目には見えない超越のはたらきをイメージや物語として表現し伝える場合、宗教者自身が表現を客観的事実として受け取り伝えることがあるものだ。この場合も宗教は幻想に見えてくる。この問題は、本書では宗教批判として述べられている。言い換えれば、宗教批判なしには仏教とキリスト教の言語表現における違いが目立って、共通性を語ることはできなくなってしまう。さらに、宗教の批判的理解を抜きにしては、超越を見失った現代に対する宗教からの批判も聞かれなくなるだろう。

情報化された現代では、情報化されえない宗教的真実は無視されてしまう。それは人間性の無視・無理解に通じるものだ。いまは仏教徒もキリスト教徒も協力して確認可能な宗教的真実を現代に通じる言葉で語るべき時である。本書はこの方向へのささやかな一提言にすぎないが、この方向が本書の求める「宗教の行方(ゆくえ)」にほかならない。

宗教の行方——現代のための宗教十二講　目次

序にかえて――宗教の行方ということ　1

第一講　序　説――問題設定と講義の内容　15

神と超越／生の諸層／近代の「個人」主義／極／統合／日常言語は統合を隠す／変換

第二講　生の表層・中層・深層　35

説明／表層と中層／中層から深層へ

第三層　用語の説明　60

自我／現実／現実を知る知／超越／場と場所／超越の知・まとめ／生・共生・統合（略述）／統合／神／表現と解釈／「場」と「場所」について、さらに一応の説明／場所、極／場所論／場所論は理性的存在論ではない／場所論は人格主義でもない

第四講　社会・コミュニケーション・エゴとニヒル　86

総論／コミュニケーション／社会の軸となる人間関係／社会／契約／社会の営為／文化――世代を超えて受け継がれる生活様式／倫理／社会と言語――エゴイズムとニヒリズム／作家における例

第五講　言語と情報――表層批判と言語批判　109

1　言語とは何か　109

言語——記号の体系／記号と象徴／比喩／言語機能——総論／言語（文）の基本形／主語定立の問題性／言語の分類と有意味・無意味／記述言語／表現言語／宗教言語／動能言語

2 言語使用の問題性 122

問題性1／問題性2／問題性3／問題性4

3 言語機能の問題性、あるいは正しい情報の問題性 128

情報に用いられる一意的言語の問題性／情報／一意性／一意的言語批判／一意的言語がもたらすもの——まとめ／その結果／一意的言語は認識を細分化する／一意的言語は他者を排除する

4 補論 140

(1) 知（認識） 141

基本的区別について／捉え方に関する基本的区別／区別の非一意性／結論——近代文明の趨勢

(2) 価値と実践 146

行為の規範に関して／行為と関連する「価値」に関して／知と一意的言語の問題性と有用性

第六講 言語批判と宗教批判・近代批判——153

1 自我と生 153

情報と自我・情報の検証／単なる自我／情報と言語

2　生（いのちの営み）　158
「いのちの営み」とその直接的感覚／作用的一／いのちの願――本能と自我／人格
(1)　単なる自我の生――別の面より　165
表層／楽園喪失／道徳と生／中層を自覚した生き方がある／自己表現的生
(2)　知　宗教と文化の衰退――知の面から考え直してみる　173
認識（主―客関係）記述言語／理解（我―汝関係）表現言語／表現言語の問題性／自覚（自己―自我関係）
3　批　判　176
(1)　現代批判・宗教批判――言語使用の観点より　176
宗教／批判
(2)　近代批判――総論　179
科学の成立と発展がもたらしたもの
(3)　単なる自我の文明、つまり近代化がもたらしたもの　181
植民地化／戦争と環境破壊

第七講　直接経験――184

1　序　説　184
直接経験／最初の言語化

2　直接経験とはどういうことか　186
考え方と生き方の転換／再言語化について
3　直接経験の諸相　191
直接経験の領域の区別／主―客「知る」／自己―自我「行う」／「自己」の顕現・「自己による自由」の現実化／我―汝「出会う」（わたしとあなた）／人格
4　直接経験で見えてくること　201
統合という構造
(1)　直接経験の全体について　202
時間／空間／生体／個物／言語／認識／生き方／世界・社会／関係／直接経験と「自然」
(2)　自己―自我直接経験への補論　213
律法主義からの解放・配慮の生による自己束縛からの解放／プログラムフリー・コードフリー

第八講　統合ということ

第八講　統合ということ――216
1　統合体とは何か　217
統一とコミュニケーション／いわゆる有機体（organism）との違い／自我の役割／場／統合体の諸例
2　統合体の構造と構成要素　226

場／場所（極）／場の諸面／場と空／極／極のフロントーーフロント同化／変換

3　相互作用とバランス　233

統合体の消滅／統合体形成への願／宗教／統合の場の直接経験はない／宗教の必要性

第九講　超　越――245

1　一意的言語の世界を超える統合　245

統合作用／直接経験の言語化

2　統合作用は存在する　250

検証――善きサマリア人の場合／統合作用の場は現実か

3　ふたたび「神」について　253

何を神と呼ぶのか／神の存在証明

4　統合作用の「場」　257

人格統合体の例――太陽系の場合／歪みを解消するはたらき／場のはたらきの例――磁場・太陽

5　「神」と「神の支配」　261

イエスが語る「神」／父なる神／創造的空と統合作用の場

第十講　統合論とキリスト教――268

1　『旧約聖書』の宗教とユダヤ教　268
2　原始キリスト教　272
イエス／復活信仰の成立／伝承の発展／エルサレム起源のキリスト宣教とパウロの関与／ヘレニズム世界での変容／パウロの場合／パウロにおける無心の表現／さらなる伝承の発展：福音書へ／イエスをキリストとして描く福音書
3　古代教会と神学の形成　295
三位一体論／キリスト論／イエスにおける神性と人性の関係／統合論と三位一体論・キリスト論／贖罪論
4　二〇世紀の神学　300

第十一講　場所論から見た仏教――302
1　総　論　303
言語批判と直接経験／対話上の注意／キリスト教と仏教の対応――若干の例
2　各　論　309
初期仏教／ナーガールジュナ（竜樹）の説一切有部批判／四句否定／唯識／般若心経／天台宗／華厳教学／浄土教／禅――不立文字・直指人心・見性成仏
3　まとめ　329
4　京都学派　331

西田幾多郎／田辺元／久松真一／西谷啓治／阿部正雄／上田閑照／滝沢克己

第十二講　まとめ——統合作用の場と創造的空——342

1　宗教の批判的理解　342
宗教言語の解釈一般論・宗教的文献解釈

2　超越（統合作用の場と創造的空）の現実性——福音とは何のことか　346
統合作用の現実性

3　統合作用から創造的空へ——自覚の深化　354
場の二重性／無心

4　まとめ——統合作用と創造的空の関係　361
文化の衰退／宗教回復への道／主—客の直接経験／自己—自我直接経験／自覚の深化1——学びのプロセス／信——超越への信／瞑想／省察／自覚の深化2——その諸相
統合心の諸面の深化／無心

5　おわりに——倫理　373

6　むすび　376

あとがき　379

宗教の行方

現代のための宗教十二講

第一講　序　説――問題設定と講義の内容

皆さんこんにちは。

このたび、このようなひとつの「場」をつくることができて、皆さんにお会いできて、大変うれしく思っております。

その「場」ということ、実はそれがこの講義の主題になるのです。そこで今回、新しく講義を始めるに当たって十二回分の講義をつくってみました。第一講は序説ですから、だいたいの内容を述べたいと思います。全体として、どういう問題設定のもとに話を進めていくかということですね。

その問いですが、一番目はこの世界ですね、分裂とか闘争とかを繰り返していますけれども、そもそも人間には共に生きるということが本来可能なのか。それとも無理をしているのか。あるいは本来可能なのに何か妨げが入っているのか。それを考え直してみたい。「共生」ということはそもそも可能なのか。

二番目はこの人生ということです。誰でも個人として生きていますけれども、個人として生きるについては、成功もあり失敗もあり辛いこともあり、たのしいこともありますが、最後になって、いろいろやったけれども全て無意味だったんじゃないか、そういう感懐を持つ人も少なくはないと思うのです。それでこの人生ですね、意味があるかって言ったってしょうがないのです。無意味でも生きていられるか。それが問題です。肯定の答えが出れば、無意味でもいいのだということで、人生を肯定できるわけです。

それから三番目は、そこから出てくる問題というか、全体を通して考える問題というか、広い意味で「神」をめぐっての問題です。よく「神様がいらして、どうしてこの世界に戦争とか暴力とか自然的災害とか貧困とか不正とか、そういうことがあるのか」が問われている。これは『旧約聖書』の時代から問題になっていることです。しかし、それでもやはり「神の国」が語られるのはどういうことなのか。それも改めて考えてみたいと思う。

神と超越

では全体の主題はどういうことなのか。一九世紀にニーチェ（一八四四〜一九〇〇）が「神様は死んじゃった」と言った。有名な言葉ですけれどもね、このように無神論が言われるようになっている。無神論というのは何も一九世紀に始まったことではないのですが、広く真剣な問題になったのはやはり一九世紀だと言ってもいいでしょう。それで神様はいないっていう、そういう考え方が世界の世俗化とともに拡がってきまして、いまは、神様なんていないんだという方が常識になっているのではないか。

ここにひとつ問題があるのです。従来語られていたような神様、それはあんまり居そうもないですよね。しかし神がないということと、超越がないということとは別なのです。超越というのは、詳しくはだんだんとお話ししますが、眼には見えないけれども、この世界にはたらきかけて、世界の中ではたらきを実現していくような、そういう「はたらき」なのです。だから客観的な事物ではない。また形象化され物語化された神とも違う。そういう超越、これはあるんです。超越の経験に基づいて、神が語られるようになった。だから神と超越とは区別して考えなくてはならないのです。神様は死んじゃったと言われる。そうかもしれない。でも超越はある、確認可能だということですね。

ですから僕の話の全体を申しますと、キリスト教とか仏教、哲学も入るんですけれども、そういういろんな言語体系があるわけなのです。それぞれ違った事柄を語ってはいるのだけれど、たとえば仏教とキリスト教とは、観点は違うけれどもそれほど違った事柄について話しているわけではない。どういうことかというと、キリスト教も仏教も主として言葉の体系なんですけれど、宗教は実はそういうものではありません。だから我々は言葉を手がかりにして、言葉が出てくる根源、目には見えないはたらきの経験の根源にかえって、そういう根源を我々の言葉、現代に通用する言葉で語り直そうということなのです。

そういう仕方で掘り下げますと、仏教とキリスト教には、言葉の違いがあっても深層の経験には共通性がある。そこからまた超越というものが理解されるという、全体としてそういう話になると思います。

生の諸層

それで僕の考え方の全体を、ごく簡単に整理してみます。

この世界には表層と中層と深層との三つの層がある。表層というのは日常的な経験の層です。そこでは幸福だの不幸だの、争いだの喜びだの、成功だの失敗だの、生だの死だのということがある。価値とか無価値、有と無、そういうものが対立している世界。これは我々が日常的に経験している世界ですが、その底にいわば中層がある。中層っていうのはもう超越の世界だと言っていいのです。この超越は「生」ですね、生きるということに関わっている。生きるということは実に不思議なことです。

そういう生きているということについても、根本的な制約があり、さらに根源というか根拠というか、そういうものがあって、それが中層。ここで生きるということは、さらに「共に生きる」という方向に向いている。だからここで、人間は一緒に生きることができるんだということが確かめられるはずです。これが中層。これはキリスト教の伝統的な言葉でいうと、霊なるキリスト、主なるキリスト。教会がその身体であるようなキリスト。我々の中に生きているキリスト、そういうふうに言われてきた、そのキリストのはたらきの層です。

しかし、それが全てじゃなくて、さらにもうひとつ深層がある。それは特にイエスの場合はっきりしてきます。イエスの場合、中層に当たるのは「神の国」とか「神の支配」とか、そのはたらき、そういうところで述べられています。しかし、イエスの場合、もうひとつ深いところがありましてね、それは極端な例をあげると、一番最後で「我が神、我が神、何ぞ我を捨てたもうや」というイエスの十字架上での絶叫です(マルコ15・34。ルカとヨハネには付加や改変があるが、マルコの記事が事実に近いと思われる)。中層とは違った世界があるのですね。その世界では何が起こっても不思議はない。そういう一番究極的な場所と言える世界です。そのなかに中層が拡がっている。イエスの場合、その中層を通して深層に至る道があって、実は深層で表層と中層が肯定されるという形になっている。ただ最後のイエスの言葉については、十字架上で亡くなったので、「何ぞ我を捨てたもうや」という問いへの答えを直接に聴くことはできませんから、それは我々の方から考え直すより仕方がない。「めでたし、めでたし」という完結がない世界です。それを生き抜くのは「無心」だ。それが深層。本講のテーマのひとつです。全体としてこういう構造で考えていきたいと思います。それを詳しくお話しするのが、この講義なんです。

まず表層では我々が日常生活を営むに当たって、何をどういうふうに処理してやっているのか、その際に用いる言語とか知性とかはどういうものかが問われる。それは改めてお話ししなくても普段使っていることだからわかると思うでしょう。けれども、そういうものが実は中層と深層を隠しているということがあるので、そこのところを掘り出さなければいけない。

中層というのは、僕は「統合」という言葉で表現しています。統合というのは何か当たり前のような気がするのですけれども、案外ぴんと来ないという人が多いのです。そこで考えてみますと、やっぱり統合というのは超越の層に入っているのですね。超越というのは日常的知性では把握できない、そういうところがありまして、それで統合とか、そこで言う「フロント構造」とか、やっぱり日常的な知性には隠れてしまうようなことだから、そこのところを気を付けて改めて話さなければいけない。

全体はそういうことなんだけれども、中心は統合ということ、あるいは「生」、生きるということと。「生」ということについては、これは神秘ですね。それについて少し考えてみたいと思うのです。これはこの講義全体への序論です。

生きるって本当に不思議なんでね。いくら考えてもわからないことです。不思議なのは、それぞれの方がそうなんですが、僕がいまこうやって生きているということが、どうしてなんだか全然わからない。気がついてみたら僕なんで、それ以来もう八十八年間「僕」をやっていますけれども。どうしてここに僕がいて、僕が僕なんだか全然わからない。わからないと言っても仕方がないから、とにかくわかるところから出発するのだけれども。生命というものの構造ですね、これが非常に不思議です。

近代の「個人」主義

とにかくわかりやすいところから考えてみると、普通、存在者は「個」、個物だと言われますよね。存在しているものは個物だと。では個物って何か？　これはなかなかやっかいな問題なのです。アリストテレス（前三八四～前三二二）の有名な定義がありまして、「主語となって述語にならないもの」。これはまた実に卓抜な定義でしてね。言葉と関わりがある定義です。実際そうなんです。「私は何か」って、「私」を主語にして、「何か」っていう述語をつけることはできます。しかし「私」

を述語にするのは非常にむずかしい。絶対ないわけじゃないけどね。普通はない。だから個物というのは、主語になるけれども述語にならない。実に適切です。

ところでアリストテレスの場合、個物は実体になっているんです。実体というと、自分自身によって自分自身であり得るものということになっている。ヨーロッパでもそういう考え方は非常に強い。人間というのはそういう個だ。私は私という個だと。私は私自身によって私だ。そういうふうに言いたくなるような個物として考えられています。だから個人のことはラテン語で「インディヴィドゥウム」と言いますが、インディヴィドゥウムというのはギリシャ語からの直訳です。ギリシャ語ではアトモン、アトムですよね。アトモンというのは、「ア」というのは不可能、「トム」というのは分割、「オン」というのは語尾ですね。だからアトモンというのは元来「不可分割者」です。近代の物理学で原子のことがアトモンと言われて、それ以来アトム、アトムと言われていますけれども、だんだん進んでみると、原子には構造があるんだと。不可分割者どころか壊れて他の物に変わっていくのだと、だんだんわかってきたんです。とにかくかつては原子は一番究極のものでアトモンだと言われていた。で、アトモンというのは、さっき言ったようにギリシャでは不可分割的、つまり単位ですね。自分自身によって自分自身であり得るものという。そういうことで、それがラテン語ではインディヴィドゥウム（不可分割者）と訳され、近代ではインディヴィディウムが個人の意味になってくる。英語でインディビジュアルというと個人のことですね。とにかく人間は個人だというそういう考え方が近代では非常に強いでしょ。

人間は個人だ。そして自分自身のことを配慮して生きている。そうすると「人間は人間に対して狼だ」って言われるように争ってばかりいてしょうがないから、共存の契約を結ぶ。契約というのは元来、売買契約のようなものではなくて、一番古い用法では平和的共存の合意なのです。喧嘩しないで一緒に仲良くやりましょうという、申し合わせ、約束なのです。だから個人が突っ張っていると喧嘩になるから、一緒に生きるという契約をして、それで秩序のある国家をつくったという。それが近代の社会契約説ですけれど、やっぱりそういう考え方が現代に至るまで生きていましてね、それで社会を社会たらしめているのは契約なのだという。そういう考え方は非常に強い。

さて、それは本当なのかということです。個人というのはインディヴィドゥウムで、それが契約を結んで社会になったのか。一応現代社会というのはそういう建前でできていましてね。政治も経済も法律も、そういう建前でできていますけれども。それを考え直してみる必要がある。

で、さっき言った「個」ですが、もう少し詳しく言うことができると思います。個物って何かっていうと、実は何について語るかによって違ってくるんです。アリストテレスの場合も言語と関係して定義されていますけれども、何について語るかで個物が違ってくる。だから個物が何かってことは言えないんですよね。単位ですから。

よく引く例なんですけれども、大学ね。Aという大学、Bという大学、Cという大学、日本には八百ほどあります。大学について語るときには大学全体がひとつの個として扱われていますよね。大学A、大学Bっていうのは個として扱われている。ところが大学のキャンパスに行ってみますと、建物がありましてね、1号館とか2号館とか3号館とか、そういう話題のもとでは建物が個になっていますよね。建物の中に入ってみると教室があって第1号室、第2号室、第3号室……こういう話題のもとでは教室が個になっていますよね。教室の中に入ると机があって、一つ二つ三つ、机が個になっている。そういう具合。外に出ると木が生えていて、一本二本三本と。これが個として扱われるという具合ですよ。つまり個というのは何について語るかによって決まってくるので、個物とは何かって答えられるものではないんですね。それをひとつ頭に置いておく必要がある。むしろ、何を個として扱っているかが問題なのです。

それで契約というような場では、確かに個があって、個が契約をするという場面があるわけです。それでいろいろなものが個として扱われているわけなんですけれども、いのちの世界を考えるとだいぶん話が違うわけです。まあこれ、どこから話していいか、迷っちゃうくらいなんですけれども、序論だからどこから話してもいいでしょう。

極

生物の世界を見てみると、皆自分自身が他者を前提しているんですよね。自分が自分だけによって自分だというのではなくて、他者を前提として成り立っている。たとえば木があって花が咲きます。虫媒花ですね、花が咲くというのは昆虫が花粉を媒介してくれるということでしてね。どうしてそうなったのかわからないけれども、木というのは木が単独であるわけじゃない。花を咲かせる木は昆虫がいないと増えられないわけでしてね。改めてそうやって考えてみますと、木が一本そこにあるということは、生命の長い歴史と進化があるということですよね。つまりそこに一本の木があるということは、大地があって、水があって、空気があって、それで太陽があって、はじめて成り立つわけでしょ。

つまり木が一本あるということは地球があることなんですよね。じゃあ、地球があるってどういうことかっていうと、これは太陽系があるから、銀河系があるからと、際限なく延ばしていって、結局ビッグバン以来のことになっちゃう。よく考えてみると、つまり木が一本あるということは、実は全世界がそこにあるということなのですよ。それを我々は個物として扱っている。木というものとして他との連関から切り出してね、人間は木を原料にしたり、あるいは観賞用にしたり、そのように扱っているわけなのです。だけど本来、木というのは人間のためにあるものではありませんから、木は木で独立しているわけなんだけれども、しかし木がそこにあるということは人間を含めた全世界がそこにあるということなんだ。そういうふうに考えていきますとね、これ、あらゆることについてそういうことが言える。

人間もそうなのです。どこから見てもいいんですけれど、人間が生まれてくるときに、赤ちゃんにはちゃんと眼があり、耳があり、鼻がある。眼があり、耳があり、鼻があり、感覚器官があるということは、外の世界があるということですよね。光の世界、音の世界があるということですよね。それから口がある。外の世界には食べ物があるということですよね。それを前提として生まれてくる。男と女がある。男と女というのもそれぞれ相手を前提として成り立っている。身体からしてもね、男の身体っていうのは女性の身体を前提としてできているし、女性もまたそうなのです。そういうふうな関係性を考えてみますと、人間は個物だというのはそもそも間違っているんですね。人間は個物じゃないです。僕はそれを「極」と言っています。つまり独自性があるけれども、他者なしには存在しないもの、それが「極」なんだ。磁石の北極と南極みたいなもので、北極は南極なしには存在しない、南極は北極なしには存在しないんで、単極の磁石というのはない。「極」ってそういうもので相手なしには自分も自分で有り得ない。だから人間というのは個物じゃない、「極」なんだというのが僕は正しいと思っています。

話が飛びますけど、人間が極だということが一番よくわかるのが、日常生活の場です。自分は個人だと思っているけれども、言葉を使っているでしょ。言葉を使っているということは、いまこうやって僕はしゃべっていますけれども、いまの僕というのは言葉を語っている僕なのですね。言葉を語っている僕というものは聴く人なしには有り得ない。絶海の孤島で独り言を言っているわけではありませんから。だいたい言葉というのは聴く人なしには有り得ない。聴く人ももちろんそうでしてね、聴くという行為は語る人なしには有り得ないし、また聴く人が語る人になるわけだから。言葉というのが人間生活で根本的であればあるほど、人間というのは他者なしには存在し得ないものだとはっきりしてくる。追々詳しくお話ししますが、そういうふうに生物の世界は他者なしには有り得ない。言葉には主語がある。主語にするというのは、他のものから切り離して際立(きわだ)たせるということですね。たとえば犬なら犬を主語にする。犬という主語は犬以外のものではないということでしてね。他のものから際立たせられる、際立たせられ得るものを主語として設定する。そしてそれについていろいろ語るわけですね。だから言葉というものはあるものを他のものから際立たせる、そういう性質をもっている。そういう性質がいつの間にか我々に、私は私として他のものとは関係なしに成り立つのだという誤解を定着させることになったのでしょう。

統合

それで、人間と人間の関係はもちろんかなり密接だけれども、もっと密接な関係として、人間の身体があります。実は統合ということを考える最初のきっかけは『新約聖書』にあるパウロの書簡ですね。「コリント人への第一の手紙」の12章。ここでパウロが教会を語っているのですが、教会というのはキリストの身体だと。つまりキリストは「いのち」ですよね。教会が身体だ。そういうふうに言うんです。それで教会を身体になぞらえて語っていまして、身体にはいろいろな部分があると。ひとつひとつの部分がそれぞれはたらきをもっていて、他に代わることはできないですね。そしてお互いがお互いのために配慮をして助け合って全体としてまとまっているのだと、そういうようなことを言っています。これが教会なんだ、キリストの身体なんだ。つまり人間の共同体というのは、そういう意味で身体のようなものだと言っているわけですね。もちろん社会と身体は違います。社会思想にも有機体説というのがあって、社会は有機体だという考え方があったわけですが、やっぱり有機体と違うのは、ひとりひとりの独立性が高いということで、その点が身体とは違う。でも、違うだけに身体の方では密接な関係というのがよりはっきり見えてくるんですね。そういうところがある。

それで身体にはいろいろな器官がありましてね、皮膚とか筋肉とか骨格、脳・神経系、それから内臓。内臓にも呼吸器とか循環器とか消化器とかありましてね、そういうふうに分けられるわけです。ご承知のように全部がお互いに連関し合っていましてね、ひとつ不思議なのは、身体はひとつの受精卵が分化してできてきたものだから、そうなんだというふうに言えますけれども、ひとつの

AならAという器官は自分だけに必要なものを創り出すわけではないんですよね。自分には必ずしも必要じゃないけれども、他者に必要なものを創り出しているのですね。身体の器官って皆、それをお互いに交換し合って全体が成り立って、生きている。それが非常に不思議ですね。機械のように設計して作れるものではない。

交換というのはそういうことなのです。昔からのことですが、交換というのは自分たちが生きるためには余ったもの、それが他の人には欠けている、他の人には逆に余ったものがあって、それは自分に欠けている、そうすると交換が始まりましてね。それで交換が成り立って、共存が成り立つ。そういう意味では確かに、交換というのは共存のための非常に大きなひとつの条件です。

人間の場合には何か余ったものを交換するということから、だんだんと他の人が必要とするものを作るようになったのでしょう。人間の場合は言葉、あるいは認識というものがあって、違う人たち、あるいはグループ、社会が何を必要としているかわかるので、それを作るということも可能になる。では、人間の身体はどうなっているのでしょうね。不思議ですね。ひとつの器官が他の器官に必要なものを創り出していて、それがお互いに神経とかホルモンとか、最近は伝達物質というものが注目されていて、いろいろな器官が細胞レベルに至るまで伝達物質を出すらしいですが、その伝達物質を出して他の相手とコミュニケーションを取り合っている。それで、その伝達物質を媒介にして物質のやりとりがなされていく。それで全体が全体としてまとまるというのが非常に不思議なことです。それが最も不思議なことだと思われる。

つまりあたかも最初から自分じゃない相手がいるということがわかっていて、その必要なものを自分が創り出す、そういうふうになっています。それでお互いにコミュニケーションがなされて、そこの先ですよね、ひとつのまとまりを創るというのがどうしてできるのか。いや、それはできるのではないんですよね。最初からひとつのまとまりなのです。受精卵という、ひとつのまとまりが分裂して分化していくんですよ。分裂して分化していくうちにそれぞれの特殊なものになっていくわけだから。一が分かれていくから一が保たれているということが言えます。分化したものが必要なものを、他の分化したものが創る。それぞれが他のために生産する、供給するというふうになっているわけです。それは実際、僕は非常に不思議だと思うんで、これを統合というふうに言うんです。

日常言語は統合を隠す

統合ということを記述しようとすると我々が普通に使っている言葉ではできない。これもこの講義のテーマのひとつです。普通に使っている言葉というのは、客観的な事実を述べる言葉とか、自分の気持ちを表現する言葉とか、あるいは命令や指令を出す言葉なんですが、それはAはAであってそれ以外ではないという、そういう性質を強く持っています。特に記述と指令ですよね。普通そういう言葉を使っている。しかしながら、コミュニケーションということがあります。これをよく考えてみると、因果じゃなくって変換なのですね。たとえば見るなら見るということ。これは外から来る光の刺激ですね。それがレンズの役割をする水晶体を通して網膜の上に映るわけなんだけれども、それは光の刺激だから、それが電気の信号に変換されて脳に送られる。その先がわからない。どうしてそれが視覚という感覚になるのか。とにかくこれは因果じゃなくて変換ですね。

変換

変換というのは、ひとつのキーワードだから、少し説明しておきますが、翻訳に一番似ています。たとえば英語を日本語に翻訳するという場合に、翻訳者がいまして、それで英語を日本語に変換する。翻訳者にはある程度の自由があるから、訳文は翻訳者によって違う。全く同じになるということはまずない。そういう翻訳みたいに、Aが、（できるだけ）一対一で対応するBに変換される。違ったものになるのですね。その間には変換者があって、その変換者にはある程度の自由というか、揺らぎというか、そういうものがあるんです。感覚がそうですね。外の光の刺激が電気の刺激に変換される。ここまでは因果関係で、相手が細胞だから厳密な意味での因果とは言えませんけれども、それが視「覚」に「変換」される。これが不思議なんですな。これはどうしてだかわからない。脳科学者が一所懸命やっているけれども、まだそこまではわかっていない。

だから、変換という基本的な事実を押さえておく必要がある。音が聞こえるというのもそうですね。音楽なら音楽、空気の振動に変換されるわけなんですけれども、その振動を耳がまた電気信号に変換し、それが脳に行って音になって聞こえるわけですよね。音は現実なのだけれども、「もの」じゃないですね。音波は物質的なものです。だけど音の「感覚」というのは、物質ではない。形も重さもありません。しかしはっきりした現実だ。つまり変換者がいる。だけど変換者が傷んでくると、いまの僕みたいに昔聞こえていた音が聞こえなくなってきて、不自由するということになるんです。それは感覚が変換だということのはっきりした証拠にもなっている。

とにかくそういう変換ということが、生きものにおいては基本的な関係になって、たとえばものを食べるといったって、食べたものがそのまま身体の部分になるわけではない。分解されて消化されて、それが各部分に配分されて身体の一部になるわけなので、これはやっぱり変換なんですよね。消化というのは変換なのです。その変換がうまくいかなくなるとやっぱり故障がでてくるわけなんです。健康な身体では変換が実によくできているのですよね。ちゃんと必要なところに必要なものが送られるようになっている。ただ必要なものを必要なところに送るだけではひとつのまとまりにならないんだけれども、全体がひとつのまとまりになっているというところが、これがまた非常に不思議なんです。生体では、一部分の作用が全体に及んでいって、またもとに帰ってきて、当の部分のはたらきを可能にさせるようになっている。呼吸もそうでしょ。呼吸が全体を生かして、結局は呼吸自身を可能にする。だから身体の「まとまり」が保たれる。

不思議だからいきなり「超越のはたらき」だというわけではないのです。そうじゃないけれども、超越のはたらきにはそういう不思議があるということなのです。生命というのはやっぱり我々にとっては「超越」と考えられる。生きるということはあまりにも身近だから、普通これは世界内の出来事だと考えられていて、超越という考え方は出てこないのだけれども。よく考えてみると、超越じゃないものは何かというと、それは我々が日常で経験していて、客観的事物のように目で見えたり、あるいは音として聞こえたり、AとBと区別することができたりするもの。つまり区別して、語られ得る世界なのですが、実はこの世界内のものでも、なかなかそういうふうに語りえないものがある。生命というところにすでにそれが出ていると、僕は思うのです。

で、話題があちこち飛ぶけれども、感覚の話に戻ります。これを「フロント構造」と僕は言っています。つまりフロント構造というのは、「極」の事柄です。極って、ある拡がり、作用圏を持っています、いろいろな意味でね。言葉なら言葉で、言葉が届く範囲がその人の作用圏だというふうに言えます。音が声に変換される。音波が耳に入って音になって、音は単なる音ではなく言葉でね、それが了解可能というふうになっていくわけ。そして了解されたものは僕の知の一部になる。そうするとですね、変換ということが中心なのだけれども、それは何をやっているかというと、相手のフロントを僕が自分の一部に変換しているということなので、つまり感覚というのは僕の生命作用の一部なんですよね。了解というのも僕の生命活動の一部なのです。だから、見るということ、わかるということ自体が、相手のフロントを僕が自分自身の一部に変換しているということなんですね。単なる因果ではない。変換なんだ。ここに非常に不思議なものがあるので、それについて、どういうことかと突き詰めて考えていきたい。つまり、結局、変換と、極同士のコミュニケーションと、統合ということなのですが、それを中心にして表層とそれから深層についてお話ししてみたいのです。

第二講　生の表層・中層・深層

第二講では、本講義の全体を見通すようなお話しをしたいと思います。

説明

キーワードは「表層・中層・深層」です。第一講では、人間のあり方について、三つの層があるという話をしました。第二講ではその層についてもう少し詳しく、イエスの言葉を引きながらお話しいたします。

中層と深層があるということなんですけれども、これは新しい考えではありません。たとえばパウロが「コリント人への第一の手紙」15章20―24節で終末論を語っています。そこではキリストの国と神の国とが分かれていましてね、終末の時に最初にキリストの国が来る、それから最後にキリストがその国を神に渡す、と言われています。イエスも「神の国・神の支配」と「神」とを区別しています。だから「神の国」のその上に日常生活の層がひとつあると考えれば、結局三つあるわけですよね。その他あちこちに指摘できますけれども、ここではパウロの場合に最もはっきりしているということだけ指摘しておきます。

表層と中層

さて、表層と中層について。

まずユダヤ教の場合ですね。ユダヤ教とはどういう宗教なのか。ふつう『旧約聖書』の宗教とユダヤ教とを区別します。『旧約聖書』の初めに、モーセがエジプトで奴隷状態になっていたユダヤ人の祖先たちを救い出してパレスチナに入りますが、その途中シナイで神と契約を結んだ、という話があります。そこで「神ヤハウェが民イスラエルの神、民イスラエルは神ヤハウェの民」という合意が成立するわけで、これを契約と言っています。シナイ契約です。それで契約の内容としてさらに神が律法を与えたという話があります。どういうことかと言いますと、『旧約聖書』の宗教とユダヤ教では「神の民」という共同体が形成されるについて、そこに神のはたらきを見たわけですね。神のはたらきとは何かというと、契約と律法の成立なのですが、民の義務は神の命令を守ることとされる。そしてそれを守るとはどういうことかと言うと、律法を守ることと解釈されていまして、それがだんだんと律法主義になっていきます。

つまり神から与えられた律法、まずはモーセの十戒です（出エジプト記20、申命記5）。

1主が唯一の神であること、2偶像を作ってはならないこと、3神のみ名をみだりに唱えてはならないこと、4安息日を守ること、5父母を敬うこと、6殺人をしてはいけないこと、7姦淫をしてはいけないこと、8盗んではいけないこと、9隣人について偽証してはいけないこと、10隣人の家や財産を欲しがってはいけないこと。

以上がモーセの十戒なんですけれども、十戒だけではあまりにも一般的になるので、それを解釈し敷衍（ふえん）して、日常生活に適用できるようにする。これは律法学者の仕事ですね。それがイエスの時代にかなり進行していまして、律法適用のマニュアルのような形になっていた。そうすると律法の言葉を守ることが大事だというふうに変わっていきます。

それに対してイエスはどうしたか。共同体形成に神のはたらきをみるという点では同じなんですが、イエスは律法について、「律法という文字を守ればいいのではない、律法は表現なので、律法のもとにあるものを摑（つか）まなければいけない」、こう言って律法主義を批判するわけですよ。その律法のもとにあるものというのが、「中層」に当たります。これはパウロの場合には非常にはっきりしています。律法を守ればいいのだという考え方に対する批判は「ローマ人への手紙」の7章にはっきりと語られ、さらに「律法の言葉じゃなくて、聖霊に従って歩むことが大事なんだ」と言われます。8章の2節から4節ですが、これはあとでお話しします。

つまりイエスの場合、律法を行うという現実の場、それが「表層」になる。そうすると、その律法のもとにあるもの、律法がその表現であるようなもの、それが「中層」になります。イエスはそれを「神の支配」と言っていますね。その「神の支配」を人格化した形姿、それを「人の子」と言っています。僕はそう解釈しています。「人の子」というのは神の子であると同時に人間性がある、そういう形姿でして、『旧約聖書』にもちょっと出てきますが、『旧約聖書』と『新約聖書』の間のいわゆる中間時代によく語られたものです。イエスはそれを使って「人の子」のはたらきとして現れ出るもの、それを隣人愛と言うんですね（マルコ2・27―28）。つまり「人の子」の現れが隣人愛だと。それが「中層」になります。そうするとさらにその底がありまして、それが「深層」、これをイエスは「神」というふうに言っています。神と言い出すと律法も倫理も終末論もなくなっちゃう。この点は追々お話ししていきます。

要するに表層と中層と深層と三つの層がある。これをもうちょっと詳しく見ていきましょう。表層、これは日常生活の層です。そこでは多くのことが、イエスの批判の対象になっています。ひとつは、日常生活では神も「神の支配」も知らない人間が、自分だけのため、自分が生きるための配慮をしている世界。もうひとつは、「神の意志」を行おうとしているんだけれど、実際上は律法の文字面を守るということになってしまっている世界。つまり普通の日常生活の中で、自分のために配慮をしている人たちと、律法を一所懸命守る人たちがいるわけです。これが表層に当たることになりますね。だからイエスはこれに対しては批判的な言葉が多い。日常生活に対しては「思い煩うのをやめなさい」、「何を食べ何を着ようかと思い煩うのをやめなさい」。「マタイ福音書」6章25―31節に出てきます。

実は、律法を守る生活も、自分のための配慮、思い煩いの中に含めて考えてもいいのです。なぜなら律法が、自分が神と人とに義とされるための手段になってしまっているから。でも一応区別しますと、律法は外から決められた他律的な、法と倫理を合わせたようなものになっています。それを「情報」と言い換えれば、神から人間に与えられたという、「こうすべきだ」という情報です。律法を守る生活は、律法という情報に他律的に支配されているということになります。それに対する批判がイエスの律法主義に対する批判なのです。実は律法の文字というのは「神のはたらき」、つまり中層ですね、神の支配と言われる「神のはたらき」の表現なのであって、そのはたらきというのは人間が自分の中に見いだすことができるはずなのです。

たとえば「マルコ福音書」2章23―28節では、「律法は人間のためにあるので人間が律法のためにあるのではない、人間が律法の言葉に縛られるのは間違いだ。結局（ホーステ）、「人の子」が律法の主人なんだ」という意味のことが言われている。ここのところですね。「律法は人のためにあるのであって、人間が律法のためにあるのではない」、結局は「人の子」が律法の主人なんだと言っています。ここで、この「人の子」を「人間」というふうに取りまして、人間が律法の主人なのだとも解釈できるんです。律法は人間のためにある。だから（ホーステ）人間が律法の主人だというわけです。しかし「人間のため」というのではあまりにも一般的に過ぎましてね。ひとくちに人間と言っても、どういう人間かが問題です。だから僕は、そうじゃない、「ホーステ」は「だから」ではなく「結局は、つまりは」の意味だ、するとここは人間ではなく「人の子」なんであって、「人の子」というのはつまり「神の意志」、「神の支配を人格化」した姿なのだと、このように考えておいた方がいいと思う。律法をそのまま守ればいいのではなくて、律法の主人がいる、律法よりも大事なものがある、いわば根っこがある、そこを見なければだめだ。律法は「神のはたらき」の表現なんだ。そういうことなのです。

　律法主義に対するイエスの批判は、別の箇所では「ルカ福音書」18章9節以下、「マルコ福音書」7章18節以下、「マタイ福音書」（23章）にもあります。律法の中で何が一番大事なのかという論争が、イエスと律法学者の間になされました（マルコ12・28―34）。その結論は「一番大事な掟（おきて）というのは神に対する愛、人間に対する愛」だ、「力を尽くして心を尽くして、主なる神を愛せよ。汝の隣人を汝自身のごとく愛せよ」ということだと語られています。つまり隣人愛が律法の根本なのだと言う。神への愛情と隣人への愛ですね。しかし、これはキリスト教の問題なんですけれども、愛が律法になってしまうんですね。キリスト教にはそういう傾向があって、愛は命令なのです。たとえばキェルケゴール（一八一三〜五五）がそういうことを言っています。

キェルケゴールは『愛のわざ』という本の中で、一所懸命そういうことを言うわけです。しかし実はそうじゃないですね。愛ってのはむしろ人間的生の自然ですよ。あとで自然ということについて述べるときにお話ししますが、愛は命令じゃないのです。愛は人間性の自然なんだ。その自然に目覚めるのが愛なんだ。その自然というのは「自ずから」ということであって、これはイエスがちゃんと言っているのです（マルコ4・26—29）。

別の言い方では「マタイ福音書」5章21節以下に、「律法を守ればいいというものではない。殺すなかれって言われているけれども、兄弟に対して腹を立てるものは兄弟を殺したことになるんだ」と、そういう一連の言葉があります。ここにも律法の文字を守ればそれでいいというわけではないことが表れています。この連関ではさらにいろいろ有名な言葉があります。たとえば「姦淫するなと言われていることは皆知っている通り、だけれども邪な眼をもって女性を見るものは心の中で姦淫したんだ」（マタイ5・27—28）。これも女性を見て心を惹かれるなと言っているのではありません。男にとってはそれは無茶ですね。そういうことではなくて、「姦淫しさえしなければいいんだろう」という考えに対して、そういうことじゃないということです。さらに言葉遣いもよく見ますと、「女性を自分の意のままにしようとする意図をもって」というふうに読めます。「プロストエピテュメーサイ」ですが、エピテュメーサイは「モーセの十戒」で使われている語のギリシャ語訳です（『七十人訳』）。十戒では「隣人の妻」は財産と同列になっていますので、それを欲しがるということは、むしろ「女性を所有・支配しようという意図をもって」と読めます。そちらの方が意味が近いんですね。それが批判されている。男性と女性の間には愛欲関係だけじゃなくて、そういう不当な支配関係があるのだと、そういうことを言っていると僕には思われる。

これが表層から中層への移行です。律法主義を表層だとすると、その下のもっと深いところに根っこがあるんだ、その根っこに移って行かなくてはいけない。このような言葉は表層から中層への移行を表している言葉だと、僕はそういうように考えるんですね。

そうすると中層そのものとはいったいどういうことか。これは先に述べたように「神の支配」と言われていますが、「神の国」というふうに訳す場合もありますし、神の支配の人格化としての「人の子」、その領域です。そういうことが語られるのが中層なのだと言えると思います。

さて、先ほど申したように、律法の主人は「人の子」なのですが、「人の子」とはどういうことか。これは非常に議論されていますけれども、簡単に言えば「神の支配」を人格化した姿だと考えるのが一番当たっていると思います。イエスは自分は「人の子」の代表だという。そういう意味の言葉を語っています（マルコ8・38）。つまりイエスの言葉は「人の子」の言葉なんだ。そういう意味に取る必要があります。それで「人の子」の代表、表現として生きるとはどういうことなのか。これは律法主義じゃないんですね。

「マルコ福音書」4章26—28節に「神の支配の譬え」があります。神の支配というのは人が種を畑に蒔くようなものだ。畑に種を蒔くと蒔いた人が知らないうちに、種が芽を出して、だんだんと生長して、最後には稔るようになる。そのプロセスはアウトマテー（自ずから）と言われています。オートメイションとかオートマティックとかいう言葉にいまも残っています。「自ずから」ということです。ただ『新約聖書』にはこの他に一箇所しか出てこないので、解釈が難しい言葉ですが、とにかく「神の支配」というのは「アウトマテー」なんだ、自然なんだというのです。「自ずから」種が芽生えて生長してやがて実をつける。他方は「人為」、「わざとらしさ」ですね。『新約聖書』では「ヘコーン」という言葉で出てきます。ただこれもあまり使われていないので意味の確定が難しいんですが、僕は「コリント人への第一の手紙」9章17節に出てくる「アコーン」というのが自然（無心）で「ヘコーン」というのが人為だと思っています。

「神の支配」は人為じゃない、自ずからだ。「神の支配」から成り立ってくることは「自ずから」なんだ。大地が自ずから実を結ぶんだ、と言われる。ここにはやっぱり注意が必要です。つまり「神」とか「神の支配」というと、「天」のことと考えられているのでね。実際、マタイはもっぱら「天の国」と言っています。マルコは先ほどあげた箇所で「大地が自ずから実を結ぶ」と言う。大地なんですよ。神の支配はもちろん「天」のことです。だからここでは「天」と大地がひとつだ、「神の支配」は地に現れる、と言われているわけです。これはとても大事なことなのですが、マタイとルカはこれが意味するところを理解できなかったのでしょうね。この部分をカットしちゃいました。

それで先ほど言及した愛の二重命令「神と隣人とを愛しなさい」に戻りますと、「愛しなさい」というのは命令じゃないのです。これは自然なんです。人間的生の自然なんだ。ただし表層で自然というとちょっと意味が違ってきます。自然といった場合にも表層と中層とがありましてね。表層の自然とは、人間の自然の欲望というふうに誤解される危険がある。そうではなくて、ここで言っているのは中層です。表層を突破したところの、中層での自然です。これはどういう意味なのか。隣人愛ってどういうことなのか。

そのひとつの例が「善きサマリア人」の譬え（ルカ10・30—35）です。

ある旅人が強盗に襲われ半殺しにされて倒れていた。そこに祭司がやって来る。わざわざ祭司を登場させるのがイエスの皮肉というか、イエスって神殿祭司が嫌いだったんでしょうね。さて、祭司は旅人を見つけたけれども知らん顔して行っちゃった。これは血に汚れるのを恐れたという解釈がありますが、確かにそういうこともあったでしょう。それからレビ人が来て、これは下級祭司ですが、やっぱり知らん顔して行っちゃった。最後にサマリア人が来る。倒れていた旅人は、書いていないけれどユダヤ人だという設定になっています。サマリア人というのはユダヤ人と元来同族なんだけれども、歴史的な事情で分かれていましてね、自分たち独自の礼拝場を持っているので、ユダヤ人からは異端だとして軽蔑され、付き合ってももらえなかった、そういう人たちなんです。そのサマリア人が倒れているユダヤ人を見て、駆け寄って介抱して、宿屋に連れて行って、介抱代まで払っていったという有名な話があります。そこでサマリア人がユダヤ人を見たときの気持ちなんですが、いろいろなふうに訳されます。よく「憐れみを感じて」とされていますが、もっと強い言葉でね。内臓がぎゅーっと締まるような感じという、そういう言葉なんですよ。だから佐藤研さんなんかは「腸がちぎれる思い」と訳している(『禅キリスト教の誕生』岩波書店、二〇〇七、一一〇頁)。「断腸の思い」もちょっとずれるような気がするけど、でも言葉から言うと確かにそういう、腸が収縮して痛むというような、そんな意味があります。「ドーンと衝撃を受けて」とでも訳したい。とにかく、これは大変だと思って駆け寄って、それで助けた。で、倒れていた旅人はユダヤ人、つまり敵性民族だから、助ける必要はないけれども、神様の命令だから仕方がないとか、そんなことは考えていないんですよね、サマリア人は。ただ大変だあと思って助けちゃった。人間性の自然というのはこういう意味です。隣人愛というのはこういう意味なんで、神様が命令したからいたしましょうというのではない。この「善きサマリア人」の譬えが中層のひとつの典型的な例になっていると思います。

それで表層から中層への道なんですが、イエスから離れて一般論として考えますと、律法主義から行く道と、自分のための配慮に専心している生き方から中層に深まっていく道の二つがあります。

前者の律法主義からの道。これはキリスト教でよく見られるんですが、律法的な完全、つまり道徳的な完全を目指して努力する。すると失敗するわけです。挫折するんですね。自分にはとてもこれはできないとなって、そこで罪の赦し、イエス・キリストにおける罪の赦しを仰ぐ。それで回心する。こういう例が実際よくあるのです。つまり表層で、律法的完全、倫理的完全、要するに言葉に支配されて、その言葉を実現しようと思って、自分の意志だけで一所懸命頑張っている。そこでは人間性の自然というのがはたらいていないですね。ただ、自分の意志で、命令されているからそれを行おう、一所懸命実現しようとする。意志というものは自我の意志ですから、また命令を認識して守ろうというのも自我ですから、自我と自然とが分裂してしまって、無力状態になるんですね。でもその時は、そのことは本人にはわからない。それで挫折して律法主義を放棄すると、そこで中層、自然というのが見えてくる。そういう回心の経験がよくあります。回心の経験はこのようなプロセスとして考えていいわけです。

後者の自分のために配慮する生き方。自分で道徳的完全を求めるというのも、一種自分のための配慮ですけれども、ここでは自分の生活のための配慮のことです。自分はこういうふうにしたい、こういうような者になりたい。他人からこういうふうに思われたい。そういう目的を立てて一所懸命それを実現しようとするんだけど、それもやっぱりうまく行かない。ただうまく行かないといって絶望するんじゃあニヒルになっちゃうけれど、そこでやっぱりひっくり返るというのは、どこかに宗教的なものを求めているところがあって、自分のための配慮が何か本物じゃない、本来からずれているというそういう感覚があって、それで宗教に向かうという道があります。これも表層から中層への道ですね。その場合も宗教というものに触れて、自分がやっていることはどうも違う。宗教を見ても違うし、自分の感覚としても違う。そういうことがきっかけになって深まっていくという道です。いずれにしても、ここで自我の不完全性というか無能力性というか、「単なる自我」として生きているとどうもうまくいかないという経験は、やっぱりあった方がいい。できるだけはっきりしないと、表層というのが実は「単なる自我の世界」だったということがわからないのです。

そういう経験なしに、いきなり表層から中層へ、さらに深層へと深まろうとしますと、たとえば行（ぎょう）として瞑想というのがあります。その場合に「単なる自我」をそのままにして瞑想することがある。そうすると無心に、確かに近づくのです。無心は無心だから確かに「単なる自我」ではないのです。「単なる自我」ではないから「単なる自我」と違った世界に触れるのだけれども、そこのところをはっきりしないと中層に触れないままで「無心」になってしまう。そういう無心は「単なる自我」が一時的に活動を止めたという状態に過ぎないことがある。したがって瞑想を止（や）めると元の木阿弥になる危険があります。これも無心の修練をずっと続けていけば、そうした状態から脱却できるのでしょうが、よくよく注意しないといけない。だから表層から中層へ移るときには、表層の営みは「単なる自我」、すなわち中層も深層も知らない自我の営み、要するに情報を集め、処理して、自分のための行為を設定して、もっぱらそれを実現しようとする、そういう営みだとわかっていないといけない。そして自我が自我を目標に駆り立てる生き方が破れるんだということ。それが破れて初めて中層に目が開けるんだということを、はっきりさせておいた方がいいと思うのです。

そういうわけで中層における人間のあり方をもう少しはっきり見なければいけない。これは先に述べた愛の二重命令、実は命令じゃないんですけれども、それが実現される世界です。だけどやはり単に実現するということじゃない。

浄土教に「願」という言葉があります。願いです。これについては阿弥陀仏の願がありましてね。阿弥陀仏という仏様が法蔵菩薩だったときに願を立てた。それは自分の力では悟れない人たちがいつか自分の名前を呼んで南無阿弥陀仏と唱えれば、そのまま浄土に往くことができる、そういう仏になる、なりたいという願で、それで五劫の思惟と兆載永劫の修行を経て浄土を建てた。そしていま、阿弥陀仏として浄土におられる。その阿弥陀仏を頼んで、南無阿弥陀仏と唱えれば必ず浄土に往くことができるんだ。これが浄土教の中心なんですが、その「願」ですよね。

阿弥陀仏がまず「願」を立てた。ですから信徒の方にもやっぱり「願」があるわけです。これは浄土教だけではない、もっと一般的に仏教全体に通じる「願」があると思います。「願作仏心」、「度衆生心」という、自ら仏となって衆生を救済しようという「願」ですね。これが浄土教の信心の中心ですが、要するに信心といってもそれが同時に「願」なのです。その「願」は、菩薩の誓い（四弘誓願）として大乗仏教一般で言われています。衆生は限りなくいるけれども、それを救済しようという「願」（衆生無辺誓願度）。煩悩は尽きることは無いけれどもそれを断とうという「願」（煩悩無数誓願断）。仏教の教えは無限にあるけれども、それをすべて学ぼうという「願」（法門無尽誓願学）。仏道はこれ以上ないほど尊いものだけれども、それを実現しよう成就しようという「願」（仏道無上誓願成）。そういう「願（誓い）」が言われていますが、内容は浄土教の願と同じでしょう。自ら悟りを開いて衆生を救おうという「願」、それは僕の言う中層に当たります。表層から中層へ至る道でもあると同時に、中層の内容でもあると言えると思います。

その「願」の内容は、イエスの言葉で言いますと、「マタイ福音書」5章3―12節に、「幸いなるかな」ということで言われている。これがそれに当たるんです。これは「山上の垂訓」の最初で、祝福という形で言われています。イエスが「こういう人たちは幸いだ」と言ったというので有名なんです。

心の貧しい人たちは幸いである。天国は彼らのものである。
悲しんでいる人たちは幸いである。彼らは慰められるであろう。
柔和な人たちは幸いである。彼らは地を受け継ぐであろう。

「受け継ぐ」というのは、つまりそこの支配者になるということですね。

義に飢え渇いている人たちは幸いである。彼らは飽き足りるようになるであろう。
憐れみ深い人たちは幸いである。彼らは憐れみを受けるであろう。
心の清い人たちは幸いである。彼らは神を見るであろう。

この「神を見る」というのはユダヤ教・キリスト教の伝統ではあまり言われていない。「信じる」とはもちろん言われていますけれども、「神を見る」と言われることはほとんどありません。でもここでは「神を見る」と言われています。

義のために迫害される人たちは幸いだ。天国は彼らのものである。

「祝福」はイエスの言葉をマタイ教団が編集したのだろうと思われるところがあります。また「ルカ福音書」にある並行箇所（ルカ6・20―26）と比べてみるとかなり違うので、実際のイエスの言葉通りであるかどうかについては問題があります。でも僕は、原始教団の人たちがイエスを見て、イエスに幸いな人の典型を見た記憶がはたらいているのではないかと、そんなふうに思うので、文字通りイエスの言葉だとは思えないけれども、かといってイエスの言いたいことと全く違うとも思われない。

これを「幸いなるかな」という祝福の形に編集したのは、おそらくマタイ教団だろうと思います。いずれにしてもよく見てみますとね、この「幸いなるかな」という一連の言葉の中に、表層から中層への道と、中層それ自体と、それから中層から深層へと至る道と、三つの層が見て取れる。以下そういう観点から見てみたいと思います。

まず表層から中層への移行として、「義を求める人たちは幸いだ」（「義に飢え渇く人は幸いだ」）と言われています。義というのは要するに正しいことですね。正しいことというのはどういうことかといいますと、一般的に言うと「あるべきものがあるべきところにある」ということ、これを正しいと言うのです。これは形式的な定義です。あるべからざるものがあるべからざるところにある。これが正しくないということで、これは非常に普遍的な定義です。しかしここで言う義というのは、それほど一般的なことではありません。特に聖書の世界では、義というと、「神が人間から求めていること」だということになる。神が人間から求めること、これを正しいことという。だから神様が人間に律法を守ることを求めていると考えれば、律法を守ることが正しいんだという、パリサイ人の考えになるし、神様は人間から信仰を求めている、それが正しいんだと考えれば、パウロみたいに「人間は信仰によって義と認められる」（ローマ3・21、4・9）ということになります。だから「正しい」というのは非常に広い意味なんですね。

それでもここでは、「正しいこと」は「真実」と言い換えてもいいと思います。人間を生かす真実、イエスの言葉で言えば「神の支配」ですが、それを第一に求める人、何をおいてもそれを求める人は幸いなんだ。そう取っていいと思います。そうするとこれは表層から中層への移行になるわけですよね。表層にいる人がそういう「願」を立てる。何をおいても正しいことを求める。

実際、マタイとルカに見られるイエスの説教の中に「まず神の支配を求めよ」（マタイ6・33、ルカ12・31）という言葉があります。「何をおいてもまず神の支配を求めよ」。これは何をおいても神の支配を求めよ、神の義を求めよ、そういう人は幸いだと言う。そうすると幸いだというのは、そういう人たちは結局はそれを見つけるだろう、それに至るだろう、ということなんですね。それが「求めよ。さらば与えられん」とか、「門をたたけ、さらば開かれん」（マタイ7・7）という言葉として残っています。だから「幸いなるかな」という言葉の中で、表層から中層へという部分が見える。まず「願」を立てる。正しいことを求める、神の支配を求める、それを第一にするという、それだ。それで中層に辿り着く。そうするとそこではどういう状態になるのか。

それが次に言われていることです。心の清らかな人。心が清いってどういうことか。これもただこれだけではあまりにも一般的なんだけど、心の清い人というと邪な心がない人ということですね。じゃあ邪ってどういうことかというと、自分だけ得をして、他人に害を与えること。競争相手を蹴落とすとか、要するにそういう他人に不利益を与えて自分だけ利益を求めようとすること。これは邪なんですよ。そういう心が一切ない、それで正しいことを求める。

そういうことだけど、清らかというともっといろいろな含みがありますね。たとえば透明。清らかな水とか、清らかな大気というのは透明ですよね。透明ってどういうことかというと、雑多なものが混入していない。だから光を通すんですね。光を通す、それが清らかなんです。心が清い人というのは、神からの光を通すんだ。神からの光が心を照らす。それを「神を見る」と言っているんでしょう。だから心の清らかな人は神を見る。そういう清らかさ、これは中層の特徴ですね。

それから心の優しい人。優しいというのも、日本語で優しいというとよくわかると思います。無情・冷酷・残酷の反対、他人が苦しんでいるのを見て放ってはおけない、他人の苦しみを自分の痛みとして感じるということです。それから憐れみ深いということ。これは対人性の事柄で、優しいとだいたい同じことです。心の優しい人というのは同時に憐れみ深い人であって、さらに単に隣人の苦しみを自分の苦しみとして感じるだけではなくて、平和ならしめる。「平和ならしめる人は幸いだ」とありますが、つまり対人的にあるいは社会的に平和を求める、こういう人は幸いなのであると言う。

「幸いだ」というのは中層の内容です。中層の人というのはどういう人なのか。心が清らかな人、優しい人、憐れみ深い人、平和を求める人。これが中層の内容です。こう言えばだいたい見当がつくだろうと思うんですよね。これを命令としてやるのではなくて、人間性の自然として行う、これが中層です。イエスの言葉で見ると、中層はこういう内容になるのです。

そういう人たちの心は同時に「願」でもあるのです。「願」でありつつそれに触れているので、そういう人たちは結局、「神の支配」を知ることができるだろうというのが、幸いだと言われていることの内容なのです。

「悲しむ人は幸いだ、その人は慰められる」とも言われる。ここだけ悲しい人が出てくる。悲しむ人、この人はいったい何を悲しんでいるのか。悲しむというだけではいろいろな内容がありますからね。やろうと思っていたことができないから悲しい、ということもあるけれど、だいたい悲しいというのは、愛するものと別れるということですよね。大事にしている人や物と別れる。それが悲しいということなんです。「悲しい」だけではその内容は実はさまざまなんだけれども、表層から中層へのこういう連関の中で悲しいといえば、やはり単なる自我である自分、「願」を発していたとしてもやはり自分の求めるところには達していない、そういう自分が悲しい。またそういうことを知らないこの世界が悲しい。そういう世界で起こるさまざまなことが悲しい。きっとそういうことをひっくるめているのでしょう。ここではただ悲しいと言われているだけだから、そういう内容を補っていくのは、我々の仕事だということになります。しかし、どうもこの言葉はルカ的で（ルカ6・20―26）、場違いですね。

中層から深層へ

さて中層では、「願」であると同時に求めるものにすでに触れているという。そして、それが幸いだという。じゃあこれで終わりか。終わりと言えば終わりなんだけれども、イエスはもうひとつ、一番最初に「心の貧しい者は幸いだ」と言っている。

「心の貧しい」っていったいどういうことでしょう。直訳しますと、「心において」、心と言ってもむしろ魂とか霊とかという意味を持ちうる言葉で言われています。だから普通に言う心理的な心ではなくて、もっと人間性の深み自体を自覚しているような心だと言ってもいいかもしれませんが、とにかく直訳すると「心において乞食である者」となります。その人は幸いだという。乞食には二つありましてね、ひとつは何も持っていないということ。もうひとつは「右や左の旦那様、どうか一文恵んでください」って言って、人から施しを乞い求める、そういう乞食。その二つの面があります。ここで言っている「心において貧しい」というのは、前者の方でしょうね。貧しいというのは無一物だという意味に取れる。つまり心の中に何もない人は、幸いだ。では心の中に何もない人とは何か。

これの一番適切な解釈は仏教でいう「無心」ですよね。「無心」にはいろいろな意味があります。イエスの言葉で見ても、無心にはいろいろな意味がありうると思います。あれが欲しいこれが欲しいと、求めることをしない人。つまり自分の生活のために、あれが欲しいこれが欲しいと言わない人。それから他人に対して悪意を持たない人。つまり他人に対して恨みを持って復讐しようなんて思わない、そういう他人が自分に対してしたことを全部忘れちゃうような、それで他人から何も求めない人。そういうことがイエスの言葉の中にあります。要するに、自分であれになろう、これになろうと思わない。他人からあれをして欲しい、これをして欲しいと思わない。そういう心が一切なくなったという、そういうことだと考えていいと思う。それを「無心」というふうに言い換えますと、ここでは中層の自分ですよね。神の意志を行う・神の意志を行いたい自分、そういう自分もなくなっている。ではなくなっているとはどういう意味か。心の中にはいろいろなものがありますよね。心の中にはいろんなものが「ある・ない」と言えます。それが何もかもひっくるめて、全部なくなっちゃう。そうすると何が残るか。「こころ」それ自身ですよね。「こころ」をどう考えるかというのは問題です。僕は「場」という考え方を適用していますが、それについてはこの次に説明します。

さて、「こころ」がひとつの「場」だと考えると、「こころ」の中でせめぎ合っているいろんなものが、全部なくなっちゃうと、残るのは「こころ」そのものだけだ。では「こころ」自身とは何だ。これは「創造的空（くう）」、僕の表現ですけれども。「空」とは空（から）っぽ、空っぽだけれども虚無ではない。「創造的空っぽ」。そこに至ると、イエスが神について言っていることですね。そこが見えてくる。たとえば「マタイ福音書」5章45節に、「神様は正しい者にも不義な者にも、善人にも悪人にも、等しく太陽を昇らせ雨を降らせる」という言葉があります。これも特別な言葉で、太陽、それから雨、これらはもちろん人間のために大事なもの、恵みを与えるものだけれども、恵みだけじゃないのですね。イエスの言葉の中にも、種が蒔かれて地べたに落ちて芽を出したけど、太陽に焼かれて枯れてしまった（マルコ4・6）とか、ある人が家を砂の上に建てたら大雨が降って流されてしまった（マタイ7・27）、という言葉があります。つまり太陽とか雨は、イエスの言葉で見ても恵みだけではない。それを正しい人にも正しくない人にも、善人にも悪人にも等しく昇らせ、降らせる。これはなんだ、全く非人格性の世界じゃないか。そういうところがあると思うのです。

これは、「こころ」の中に一切なにもない状態、しかしこころ自体は「創造的空」だということです。世界を包んでいる「場」、それを超越と言います。他方、「こころ」自体はその内容に対して超越です。世界を包んで、世界を世界たらしめている「場」は、世界に対して超越です。追々詳しくお話しします。つまり「場」それ自身で、それはただの「空」だというのではない、「創造的な空、究極の場」だ。その中にはあらゆるものが有り得る、何があっても不思議はない。しかし、その中に同時に「神の支配」と言われる「場」があって、生物はその「場」の中で生物になってきて、さらに人間に進化してここまで進化してきて、それからそのような人間として世界を作っているということが見えてくると思います。一切を包む究極の場には、そういうところがある。「主の祈り」というイエスが教えた祈りがありますけれども（マタイ6・9―13）、その祈りはだいたい中層に関わっているんです。しかも「我らを試みに合わせず、悪より救い出し給え」という言葉もあります。神の民にとっても、このように試みはあるんですよね。イエスは、それをちゃんと見ている。「主の祈り」は、そもそも神を知らず、神の支配も及んでいないこの世、飢餓も危険もある世界の中に置かれた「神の民」の祈りです。飢えとか試みとか悪とかがこの世界にあるのでね。ではいったいそれらはどこから来たんだ。それが問題になります。イエスはそれを詳しく語ってはいないけれども、事実そういうのがあるのですね。イエスを十字架につけて処刑する世界です。そういう世界の中に「神の支配・神の国」という領域があって、我々はその中で生きる。最深層というのは、それを超えて、それを包んでいる。

ですからイエスの言葉に見る三つの層というのは、まず日常生活の層、すなわちエゴイストが自分のためにに配慮をして、そうでなければ一所懸命に律法を守って、それで正しい人間になろうとしている、そういう最上層。そういうものを捨てて人間性の自然に目覚めてそこから生きようとする中層。それから一番底の一切を包んでいる底知れぬところの深層。その三つの層がある。それで我々の場合、最後の層である深層があるんだけど、やっぱり人間として選ぶのは中層だと、そういうことになりますよね。

「神の支配」ではなく「神」についてのイエスの言葉ですが、「無心」に対応するのは無差別の受容のことです。太陽と雨のことを例にあげましたが、そういう世界では、神様は同時に、善人も悪人も、義なる人もそうでない人も、無条件に受け入れている。そういうところがあるのです。善人も悪人も全く無条件に、無差別に、受け入れられている。したがってそこでは、人間の功績とか意味とかそういうものは一切問われない。皆消えている。「マタイ福音書」20章1―15節で無限の赦しということが言われています。神が人を、また人間と人間とが無限に赦し合う。「ルカ福音書」15章11―32節では、それが父が放蕩息子を赦すという場面として出てきます。無条件に赦し合う。ここでは善も悪も功績も罪悪もなくなっているわけです。イエスはちゃんとそれを見ていて、創造的空としての人間のこころが、世界を包む創造的空としての「神」を映すという。パウロもある意味で見ているのだけれど、後代になるとだんだんとそれが消えてしまうのです。そうすると偏りが出てきましてね。世界の実情と宗教の教えが合わないということになります。そのことは改めて述べていきましょう。

第三講　用語の説明

第二講では、イエスの言葉を使って、生き方には三つの層があるというお話をしました。それがこの講義全体の構想になります。そこで、第三講では、本講義で用いられるいくつかの重要な概念を、あらかじめ説明しておきます。

自我

まずは「自我」です。自我とはもちろん「私」のことで、「自分自身を意識している私」です。意識しているということはとても大事なのです。自分が何をしているか自分でわかっていないと、修正したり取り消したりすることができません。それができるということは自己意識があるからで、もちろん記憶ということにも関わりますけど、「自分が何をしているか知りながらそれをしている自分」、それが自我なんです。

では自我はいったいどういう機能を持っているのか。我々にはいつ何時（なんどき）でも、いくつかの選択肢があって、その中のどれを選ぶかということを自我がしているわけです。自我は与えられた状況で行動を選択する機能です。ですから自我は人間には不可欠なのです。ただ、自我を動かすものがある。それは身体全体です。身体の必要が欲望となって意識に表れ、自我を動かします。けれども自我はしばしば身体から切り離されて、もっぱら外からの情報を頼りにして、何を選ぶべきかを決めるということがあります。

少し説明を加えると、自我には、こういう場合にはどうするかという、個人的・社会的な行動の仕方（コード）があって、自我が置かれた状況の中で、そのコードに従って行動を選ぶものです。そのコードにはまとまりがあり、個人的には、自分は何をしたい、何になりたい、こういう処遇をされたい、というようなプログラムの中に位置付けられているものです。社会的には、仕事上の義務、一般的習慣、倫理、法律などがコードの内容になっています。生得的な本能に従って生きている生物の場合は、生体の内部外部からの刺激とそれは反応が直接に結び付いていて、変更はできないのですが、人間の場合はこの結び付きが切れていて、刺激を反応に変換する機能を自我が果たしています。そこで、状況をどう捉えるか、与えられた情報をどう処理して行動に変換するか、という問題が生じるわけで、それが以下の問題となります。つまり自我は身体から切り離されてしまって、自己完結的な情報処理システムになっている場合があるわけですね。そうすると、自我を動かすものが変わってくる。自我を強化しようという欲望とか、あるいは自我が身体から離れてしまったことによって、生きているという感覚の枯渇・欠乏、そういうことが起こってくる。

宗教にはそれを元に正そうというところがあります。「宗教とは自我を滅ぼすことだ」とよく言いますけれど、そうじゃない。自我を滅ぼしたら大変です。人間ではなくなってしまう。そうではなくて、自我の正常化が大切だと言うのです。つまり自我は身体の一機能であって、そこに戻す。それが大事なのです。

現実

では身体がどういう場に置かれているかということを、これからお話しします。

「現実」という言葉があります。現実っていろんな意味になりますけれども、ここでは「自我にはたらきかけて自我を動かすもの」、あるいは「自我を変え得るもの」、そう理解しておきます。すると、それは同時に自我の関心の所在でもあるわけです。もちろん自我自身も現実です。自我自身が自分自身にはたらきかけて変えるということがありますから、自我自身も現実のうちですけれど、外から来て変えるものもあるわけです。この講義ではそのような「はたらき」を中心に考えます。

この講義の主題は、「存在とは何か」ということではなくて、「現実とは何か」ということで、その際に「現実とは自我にはたらきかけて自我を動かし得るもの」と理解しておいてください。

現実にもいくつか種類がありますね。まず第一に人間がつくったものじゃない、与えられた現実があります。自然がそうです。それから生命もそうです。身体もそうですね。

次に人為的な現実があります。

まず社会的な現実です。社会とは何かということは後で述べますが、合意と裁可によって通用する現実というものがある。たとえば言語、お金、法律、文化、倫理、習慣、そういうものですね。社会と社会の構造もそうですし、職務もそうですよね。これらは全体の合意と裁可によって通用するものです。だから合意がなくなれば地位から降りなければなりません。

それから生活の必要。これはもちろん自我を動かします。さらに必要そのものではなくて、必要を満たすためにつくられた「使われるもの」がありましてね、これも現実のうちに入れておきます。衣食住とか道具、機械、建築など、そういうものも「現実」のひとつの領域になります。

それから最後に超越。これは存在ではありません。存在ではなくても、「現実」です。これについては追々述べていきます。

現実を知る知

次に現実を知る「知識」があります。知識にはどういう種類があるでしょうか。

第一に「認識」。客観的な事実を知る知です。必要に応じてまた詳しく話しますけれども、自然科学がその代表です。

第二に「理解」。これは他人の振る舞い・こころ・意図を理解するんですが、他人のこころは直接にはわかりません。ですから他人が言っている言葉を手がかりにして、つまり他人の言葉を通して、他人がした経験について、その経験なら自分にもあると思い当たる。そうするとその人の言っていることがわかる。それが「理解」です。人間の事柄でも、歴史・社会・文化には事実性の面がありますから、認識される面がある。しかし歴史・社会・文化は理解の対象でもあるわけです。

第三に「自覚」があります。我々の場合にはこれが大事なのです。自分自身が何かの状態にあり、あるいは何かをやっているというときに、私がそれをやっている、これこれの状態にある、それを直接に知る。それが自覚です。この自覚は非常に範囲が広くて、深まりもしますが、自分自身のあり方、状態を自分自身で直覚的に知るという、そういう自覚があります。自我の自己意識も広い意味でいえば自覚の一形態になります。

ただし、僕は自己意識と自覚とを区別して考えたいんです。「自覚」には自己意識より深いものという意味を持たせたいのです。しかし、一般的に言えば自己意識も自覚の一形態です。それから「感覚」ですけれども、「覚」という字が示しているように、痛みなら痛み、これには自分が感じているという自覚があります。感覚も自覚を含んでいるということが言えます。

さて、認識と感覚・自覚とはどういう点が違うか。認識は客観的な事実の認識ですから、それを言語化することができるし情報化することができます。またデータにすることもできます。そしてそういう認識は情報として処理できる。その場合コンピュータを使うことができるし、コンピュータはこういう場合にはものすごく有能ですね。

ところが自覚というものは他人に代わってもらえない。「私の代わりに感じてくれ」っていうわけにはいきません。ですから自覚の領域はコンピュータになじまないのですね。これは我々の時代にあっては非常に大事なことです。自覚という領域ではコンピュータは全然使えない。自分で自覚するより仕方がないということがあります。ただ一般には客観的情報が重視されていて、さらにコンピュータによる処理が一般化していきますと、それができない部分、理解とか感覚とか自覚とか、そういった知が、現代では一層無視されることになるんじゃないか。そういう危険がありますね。

超越

第四に「超越」。超越ってよく聞く言葉ですけれども、ここでいう超越とはどういうことか。これは我々の通常の認識能力、通常の知を超えるもの、つまり客観的に検証することはできないし、直接に感覚や自覚の対象になることもない。だから直接目には見えない。けれども見えるものにはたらいて自分を表現するということがあります。

第二講で、現実には中層と深層があるという話をしましたが、中層または深層は超越の領域です。超越というのは自然的な現実ではないし、また社会的現実でもないんです。だけど身体としての人の自覚に現れる。自我へのはたらきを通して間接的に知られる。そういうことがあります。

宗教の場合、自覚の言い表しがある。「私は自分を超えたもののはたらきの中にある、そのはたらきが私を動かしている」というひとつの知の形態があって、それが宗教の出発点になります。これはいったいどういうことかを突き詰めていくのが我々の問題です。ただし、一般的に言うと宗教の出発点はもっと広い。「畏怖される神秘」と言ったらいいですかね。自分を超えた恐ろしい力がはたらいている。それが何だかわからないけれど、それが我々人間に関わってくる。それは知とも感覚とも言えます。あるいはもっと複雑なものとも言えますね。これが一般的宗教の出発点になります。

我々の場合には、関心の中心は外に見られる神秘ではなくて、むしろ中心は生（life）、生きること、生が神秘だ、こういう実感からはじまります。ですから生の神秘、これを実感するというか、経験するというか、感じるというか、そういうことがないといけないんですが、しかしそれは単なる生ではない。単なる生だとたとえばニーチェみたいになりますね。ニーチェには生への直感がある。これはとても大切なことです。しかし、ニーチェの「生」は強者のエゴイズムと結び付いてしまった。そうではなくて、生とは一緒に生きることだ、生とは共生なんだ。そういう実感が超越の知につながっていきます。つまり「我」を超え、「我々」をも超えたもの、そのはたらきにつながっていく。

場と場所

では、超越をどうやって語るか。これにはいろいろな仕方があります。目に見えず形もないけれど、自分を超えたものが自分の中にあって、しかも、私を動かしている。私（主体）になるとも言える。他方では、自分は自分を超えたもののはたらきの中にある。このように表現される場合には「場」という比喩が適切だと思います。はたらきの「場」の中にあるということですね。「場」のはたらきが自分におよんでいるということだから、超越を言い表すのに非常に都合がいい。

「場」とは何か。たとえば重力の場というのがありますね。天体は重力の場の中にあるわけです。よく知られているように、太陽系の場合には太陽が地球を引っ張るとか、地球が月を引っ張るという面だけではなくて、天体が重力の場の中にあると、場の歪(ひず)みによって、そこに引力が生じる。そういうことなのですね。その場合、たとえば重力の場は目には見えませんが、物理学的にものの「重さ」は測定できる。ですから、それを一般化すると、「場」とは、その中にあるもの、置かれたものが特定の方向に動かされるような、そういう空間だ。場は「存在」ではない。「実現」に向かうはたらきの根拠です。ここに「存在論」との違いがあります。天体の場合は、重力の場の中にあると特定の方向に動かされるということがあります。その物体の運動というのが重力の場の構造を表現するのでありまして、重力は場の歪みによるというのはアインシュタイン（一八七九〜一九五五）の考え方ですけれども、一般的にもそういうふうに言うこともできる。とにかくその中にあるものが特定の方向に動かされる「場」がある。そうすると「場」というものが「超越の比喩」になるんですね。他方、「場」のはたらきが現れる「場所」がある。それは上の例では個々の天体になります。天体の運動が場のはたらきの表現になる。だから、「場」と「場所」を区別することができる。

では「場」にはどういうものがあるか。

まず物理的な場。重力の場、あるいは電磁力の場。そういう自然的なはたらきの場があります。二番目に社会的な場。「現実」の説明のところで合意と裁可によって通用するものをあげましたが、一般に社会では合意と裁可によって行動が方向付けられる。それらは社会的な場になります。たとえば教室というのもひとつの場で、そこでは何をするということが合意されています。出席者はその合意の方向に動きますから、そういうのがひとつの人為的な「場」ですね。そして、合意というものは言語で表現されるのが普通です。では、言語で表現されるとはどういうことかと言うと、「場」のプログラムが言葉で表現されていて、それが共有されているということです。社会的な「場」というのはそういうものです。そこでのプログラムの内容が合意され、言葉で表現されている。するとそれに従って動くということが起こる。ですから店とか学校とか、病院とか役所とか、銀行とか交通機関とか、そういう社会的なものはやはり「場」のひとつの形であると言えます。

この講義の主題は、超越というものを、場を比喩として表現してみようということなんですね。「超越」は実体ではない。「場」の方がふさわしい。ですから「超越の場」とはどういうことかと言いますと、まずは自分を超えて自分を包むものが、他方では自分の中に現れて自分を動かすんだという、そういう自覚から出発するんです。その場合、自分が動かされるといってもいろいろあって、自分をとんでもない悪い方向へ動かすものもある。よくない集団の中にいると、それが悪念とか邪念とか欲望とかを自分の中にも呼び起こすとか、そういうことですね。いま言っている超越というのはそういうものではなくて、自我にはたらいてあるべき自我の方向へ動かす。実はそういうことがなくてはいけないのです。それがこの講義で問題にする「超越」です。そこで本来的な生き方の自覚が現れるということなのです。だから自覚は、超越に動かされるという自覚でもあるわけです。

超越の知・まとめ

自覚を以上のように考えますと、自覚という知は客観的な事実の認識ではないんですね。そうではなくて、自分を超えたものが自分の中にあって自分を動かしているという、そういう気付き、それが自覚です。そういう自覚がもとになります。それで自分を動かしているものは、自分だけのことじゃないと気付く。他の人と話してみると、他の人もそうだと。そして他の人の言葉もそのように理解できる。同じような経験があると理解できる。そういう理解が成り立つと、そういう経験がいわゆる「間主観的」、単なる主観じゃなくて多くの主観に共通する「間主観的」なものだということがわかってきます。間主観性というのは客観性とは違うのです。多くの主観に共通するものを間主観性と言っていますが、それはある意味では客観的なものだと言えるけれど、厳密な意味での客観ではありません。つまり自然科学の対象になるような客観ではないのです。むしろ省察の対象になるような客観性です。

生・共生・統合（略述）

自分を超えたものが自分を動かすといっても、そこには仲介者があります。生、生きる、ということですね。生きるという言葉、生命とか生活とか命とか、そういう言葉があります。生という言葉、つまり英語の life とかドイツ語の Leben とかギリシャ語のゾーエー（zoe）とかビオス（bios）とかです。そういう言葉は、日本語ではちょっと使いづらいのですが、ここでは生という言葉を life とか Leben とか、それらと同じように使うということを覚えておいてください。

さて、日常生活、特に現代の生活では、現実って何かというと、情報なんです。先ほど社会的現実と言いましたけれど、情報は自分を動かす。自我は自分が何をすべきか選択をすると言いましたが、選択をする場合に自我が参考にするのが情報です。情報とは何かというと、「どうなっているんだ」、「じゃあどうしたらいいんだ」という問いへの答えなのです。そういう情報は多数ありますから、我々はそういう情報を手に入れて、取捨選択したり吟味したりして、それを参考にして何をすべきかを選ぶわけですが、いまここで、身体からのはたらきかけを抜きにして、単に外的な情報を集め、その情報を処理することだけによって、生きる上での選択を行っている自我、それを「単なる自我」と言っておきます。要するに、自分のプログラムとコードによって行動を選ぶ自我のことです。これは非宗教的な自我です。でも、人間はそれだけじゃない。さまざまな情報の底に、「生」がある。これが自覚されてくる。

生っていったいどういうふうに現れるのか。これは単なる欲望ではないのです。欲望ももちろん生の現れなんですが、欲望というのは少し複雑な形で自我と絡んでいるので、この分析は後に回します。いまここで言っている「生」の自覚、「生の現れ」というのはどういうことかというと、感覚、感情がそうなのです。特に「情熱」さらに「陶酔（熱中）」。要するに単なる知性ではなく身体性。ニーチェが重視したものです。しかし情熱と陶酔、これは宗教ではない。ニーチェがせっかく生の自覚へ到達していながら、それが宗教にならなかったというのは、彼の場合、生というものが共生で、その底に超越があるという自覚がないからですね。残念なことです。

その生、自我を動かしている生が、これは実は共生なのだ、皆で一緒に生きるということなんだということが知られると、では共生の形とはどういうことかが問題になります。それを僕は「統合」という言葉で言っています。つまり生きている諸人格のまとまりのことです。これはふつうに言っている社会とは違うのです。これは順々にお話しします。

統合

統合とは、要するに先述した「極」のまとまりです。どういうまとまりかというと、たとえば生きている身体というものがまとまりのいい例です。身体を見てみますと、いろいろな器官がありますね。皮膚とか骨格とか、循環器とか消化器とか呼吸器とか、泌尿器、生殖器、もちろん神経と脳があります。そういうものがそれぞれの役割を持ちながらひとつにまとまっている。それはどういうことかは順々に分析していかなければいけないけれども、とにかくひとつにまとまっている。それが身体だ。これが実に不思議なんですよね。どうしてそういうことが成り立つのか。

まとまっているというのは、お互いに連絡を取り合っているということです。さらに必要なものを作り、与え合っている。広い意味での交換ということが行われています。そういうひとつのまとまりとして、いまは簡単に考えておきますが、分析するといろいろとむずかしいんです。たとえば生物はみな代謝をします。外からものを摂取して、それを自分の一部に組み込んでいく。これは部品とは違いますから、外にある部品をはめるということではありません。外部にあるものを、自分の一部に変換する、ギリシャ語で言うメタボレーですね。それを「代謝」と言っています。代謝するというのがひとつの不思議です。外部のものを取り入れて自分の一部に変換するということですね。そこで作られた無数のもの、それが集まって身体というまとまりが成り立つというひとつの不思議。このはたらきを「いのちのいとなみ」と言うことができます。「いのち」は多くの要素をひとつの「身体」へとまとめる作用のことです。

それから、身体には本能が備わっているという、そういう不思議。本能は教えられなくても生きていく能力ですね。

以上のような身体的な統合がありますが、身体というのは、我々の場合は同時に人格です。これは「こころ」と言い換えてもいい。人格にはいろいろな面があるけれど、そのいろいろな面がひとつにまとまっている、そうでないと人格が分裂するということがあります。そういう「身体・人格」のまとまりがある。

また、社会としてのまとまりがあります。社会のまとまりにもいろいろな仕方があります。その中で特に「統合」とはどういうことか。それが本講義の主題です。

社会とは、一番表層では合意のネットワークだと言えますが、より深い層がありましてね。それが生、共生、中層です。さらにそこを超えた深み、深層がありまして、それは第二講で述べたことです。で、先ほど言ったように中層から深層にかけて、超越のはたらきということを言いますけれども、それが「統合」するようにはたらいてくる。それが人間の場合は、単純ではありません。

人間の場合、純粋な本能が失われています。本能とは学習しないで行動できる能力です。昆虫とか魚とかは、卵から生まれれば学習しないで自分だけの力で育っていきますが、その間に大人になれるのはほんのわずかだということが必然的に起こってしまいます。人間の場合は文化がありますから、純粋な本能はない。ただ本能的なもの、本能の残りのようなものはあって、自己保存の本能、種族保存の本能、それに付随して闘争本能などは、人間の中にある形で残っていますね。本能は元来は自然で無邪気なものです。けれども人間の社会の中では、本能が変わってきて、本能の意味も変わってきています。だから本能というと何か動物的なもの、劣ったものという感じがありますが、それは偏見で、本能というのは元来は純粋な、無邪気な尊いものです。

とにかく、本能は、我々の場合には社会生活の中で変形されている。ではどういう形で現れるかというと、たとえば自己保存の本能というものがエゴイズムと結びつくのでしょう。また仕事への情熱とか、闘争心・征服欲、これらは闘争本能の変形でしょう。それからエロスの情熱。人間の場合は動物とは違いますからずいぶん変わっていますけれども、やはりエロスの情熱として残っていて、それが人間を動かす。そういう本能的なものと、超越のはたらきとは、どういう関係があるのか、それは追々に考えていかなければいけないところです。

神

超越ということを問題としたついでに「神」、「神様」について。

多くの言語に「神」あるいはそれに相当する言葉があります。あらゆる言語と言えるのかどうかは知りませんが、ほとんどの言語にあることは事実ですね。そしてその内容もだいたい一致しています。大まかにいうと、第一に目に見えない、それから人間や自然を超える力を持っている。人間や自然を超えてそれらを動かす力を持っていて、しかも人間に関わって、人間のあり方に応答する。この上もなく尊い、敬うべきものだ。そういう共通感覚があります。それは「神秘」とも言われますね。多くの言語にそういうことを意味する単語があります。

それは直接には、驚くべき畏れるべきものということなんです。それが関わるのは、自然的なものである場合もあるし、社会的なものであることもあるし、あるいは人間の内面にはたらくというようなものでもある。それは目に見えないから、それを表現して伝えるときにはどうするか。

普通はまずは人格化して表象するのですね。イメージ化する。人間を超えた、自然も超えた人格的存在があって、それが人間と関わりを持って、そして社会にはたらきかける。これは解釈的な表現です。神秘の経験の記述ではなくて解釈・表現です。そういう畏るべきものの表現として、それを人格化して語る。表現は伝達するため、言語化するためのものです。何かの形にしないと言葉にならないし、伝達もできないですからね。また神秘に接したときに、やはりこれは何か人格的なものがあるんだという直接的な感じもあるのでしょう。そうするとそこに「神」というひとつの「形」が生まれてくるわけです。

表現と解釈

その神もいろいろありましてね。自然や人間に命令したり、支配したりする人格神。それらは人間の中にはたらいて自我を動かす。憑依（ひょうい）とか、狐憑（つ）きというと悪い例ですけれども、そういうことだけではない。

ソクラテス（前四七〇頃～前三九九）がある直覚を語っています。何かやってはいけないことをやろうとすると「それは止（や）めておけ」という声がする。動かしがたい、犯しがたい声がする。その時はなぜ止めなければならないかわからないけれども、止めると、やっぱり止めてよかったとわかってくる。ソクラテスはそれを「神の子」であるダイモニオンが自分に語っているんだと解釈・表現します。もちろんソクラテスはダイモニオンを目で見たわけじゃないから、彼の直覚をそういう形で言い表したわけでしょう。当時はそれがふつうの言い表し方だったのでしょうね。プラトン（前四二七～前三四七）が書いた『ソクラテスの弁明』の中に出てきます。

表現した人にとっては、それは経験の表現であり、イメージ化なんです。けれどもそれが他者に伝えられ、言葉として一般化していきますと、表現の方が実体化されてくるんですね。経験から離れて、イメージが実体化されてくる。イメージが一人歩きするのです。そうするとそういう人格的な神についていろいろな物語が作られる。これが神話です。わかりやすい例で言えば、雷が落ちるって怖いですよね。稲妻、雷鳴、これは怖いし、怖がっている人はたくさんいますね。ピカッと光ってしまえば放電が済んでいるのだから、もう怖くないのに、それから「怖い、怖い」と言って耳を塞いで布団に潜り込む人もいる。怖いというのは普遍的な感情なのでしょう。それでそういう怖いものを解釈し表現するために、雷神、雷様という表象ができる。すると雷様が描かれます。鬼だと、角があって、虎の皮の褌をして雲の上にいて、如雨露で雨降らしたり、太鼓叩いたりしている。こうして雷神というものが一般化して一人歩きして、雷神社という神社までできるわけですね。雷神は「天の神」と結びついた一般的な神様ですが、習合ということがあって、たとえば日本では菅原道真が亡くなったあと、京都で道真を虐めた人に雷が落ちたということがあったらしく、道真は雷神（天神）とされた。このように神格化された特定の人格と習合をするという現象がおきています。

　太陽もそうです。太陽神も世界中にありますね。太陽そのものを神とすることもあるし、太陽の中で太陽としてはたらいている神を立てることもあります。つまり太陽の神秘、有難いけど恐ろしい神秘がある。その中にはたらいている「何か」が人格化されて太陽神として祀られます。そうすると太陽神の神殿ができる。祭司が立てられる。祭儀ができて神話ができて、教団ができてと、そういうふうに発展していくのはよく見られることです。ですから「神」については、いきなり自然科学的じゃないとか言う前に、いったいどうして生まれたものかということを理解しようとすることが必要です。

要するに「神とは何か」を問うても始まらない。神観念は一般的なので、何が「神」と呼ばれたかが問題なのです。こう言ってもいい。「神」という表象・物語の底にどういう経験があるのか、それを経験にまで遡って、その経験を現代の言葉で語る、そういうことが必要なのです。

「場」と「場所」について、さらに一応の説明

「場所」について。これは大事だから詳しく説明しておきます。

共生を可能にする超越がある。共生といった場合には個々の人を超えてはたらくものがあって、そういう超越をどのように表現するか。もちろん人格神として表現することもできますが、僕は「場」として表現するのがいいと思います。『新約聖書』の中に「神・キリストが信徒の中に」、「信徒が神・キリストの中に」という表現が多出するからでもあります（ローマ8・10―11、ガラテア2・20、1コリント1・2、など多数）。つまり、人間がそのはたらきの中にあるという面と、そのはたらきが人間の中ではたらいて自我を動かすという、両面を言い表すためには「場」という比喩を使うのがよかろうと思うのです。

そうすると「場」そのものと「場のはたらき」が、そこで区別されて表現される。先ほどの重力の場で言えば、重力の「場」という空間と、その中にある天体。天体が「場所」になります。場の力が、天体の運動の中にはたらきとして現れてくる。だから「場」と「場所」とを分ける。つまり重力の「場」と言うと、天体が「場所」になる。物理的空間が「超越」の比喩になるわけです。

場所、極

しかもこの場合の天体は、単なる個ではなく「極」だ。天体間に相互作用があるのです。極は「場」の中で成り立っている「場所」だ。そしてそれは単なる物体ではなくて「極」である。一般にそうなのです。

では「極」というのは何か。一番わかりやすいのは磁石の南極（S極）と北極（N極）です。それらは独自性がある。他の「極」とは違う、それ自身だ。しかも、それは対極なしには存在できない。そういうものですね。北極は北極であって南極ではないけれども、北極は南極なしには存立しえない。南極についても同じことですね。そういう性質がありますから「場」の中に置かれたものを「極」と表現します。

そして「極」同士の関係。これを広い意味でのコミュニケーションというふうに一般化したいと思います。「極」にはいろいろな場合があって、人間の身体の場合は心臓とか肺とかを極とすると、それぞれにそれ自身の機能があって、お互いに必要なものを作り出し、交換している。そういう交換をコミュニケーションというふうに考えます。

たとえば、心臓は血液を全身に送り出しますが、血液は心臓自身にとっても必要なのですね。自分自身だけではなくて他のものにも必要なので、それを他のものにも供給する。一般化すると、自分自身に必要なものを産出しながらそれを必要とする他者に与えるという、そういうコミュニケーションがある。

それから、特に交換のように目に見えることではないけれど、そのものがそこにあることとそれ自体が、他のものが他の場所にあることの条件になっているということがあります。それもコミュニケーションのうちに含めておきたいと思います。協力とか協働とか分業とか、あるいは機能といえる場合がそうですね。人間の場合も、ある人がその人の場所でその人の仕事をしていると、そのお陰で自分が自分の仕事をやっていけるということがありますね。そういうコミュニケーションもあります。

場所論

それで、「場所論」とは何か。超越と世界・人間の関係を「場」を比喩として描く。「場」と「場所」、「コミュニケーション」、「極」。そういう言葉が出てきます。「場所論」は存在論ではないし、人格主義でもない。「神」は究極の「存在」ではないし、至高の「人格」でもない。

場所論は理性的存在論ではない

もうちょっと詳しく説明しておきます。

場所論は理性主義的な存在論――ヨーロッパの哲学の中心がそうなのですが――ではありません。理性主義的存在論とは何かというと、これはギリシャから始まります。パルメニデス（前6～5世紀）の原則で「思考と存在は同一である」と言う。こういう抽象的なことを紀元前六世紀に言い出すのだから大変なものだと思います。ところで「思考と存在は同一だ」とはどういうことかというと、まずは「存在とは何か」が問題なんだ。では存在とは何かをどうやって明るみに出すかというと、それは考えることだ。正しく考えれば、存在というものは考えた通りの仕方であるんだ。こういうひとつの原則です。つまり論証が実証になる。だから、存在を明らかにするものは思考だ。考えることによって、まずは考えるということを明らかにするんですが、同時に存在というものを明らかにしていくという原則があって、それがソクラテスを通してプラトンに伝えられました。プラトンで一応の完成を見るのですが、それがさらにアリストテレスの哲学にまで発展して、西洋哲学に受け継がれていくのです。近世までの西洋哲学の中心はこういう理性主義的な存在論です。つまりアリストテレスの場合がすでにそうなのですが、哲学というのは「考えるとはどういうことかを考えることだ」。ヘーゲル（一七七〇〜一八三一）もそうです。思考の内容を明らかにすることが「存在」の解明につながるというのです。

そういう存在論の場合、存在そのものと存在者との区別が出てきますが、それはともかくとして、考えることによって考えることがどういうことかが明らかになってくる。これは理性の自覚ですね。理性の自覚によって、理性がどういうふうにはたらくのか、認識や論理というものを明らかにしていく。理性が自分の認識内容を明らかにしていく。理性が認識内容を持っているわけで、その内容はいったいどういうものかを考える。理性の自覚ですね。それを正しく遂行することによって、認識内容の正しい理解が実際の存在そのもののあり方を明らかにする。こういう考え方が、ヨーロッパ哲学のひとつの中心になっていました。

さっき言ったように、パルメニデスからプラトン、アリストテレスを経てヘーゲルに至るまで、こういう考え方があります。これを理性主義と言ってもいいのですが、カント（一七二四〜一八〇四）はそれを批判しています。カントは感性的直観を欠いた単なる思考は無意味だと指摘した。しかしカントのあとで、哲学はまた理性主義に還（かえ）っていくという傾向が見られます。それは「絶対者を思考する人間の思考は絶対者が自分自身を思考する思考だ」という、シェリング（一七七五〜一八五四）からヘーゲルへと展開した原則です。神と人との思考上での「作用的一」ですね。異なった物体（実体）は重ならないけれど、力（作用）は重なるんです（合力）。ビー玉は重ならないけれど、波は重なります。生体内の反応は全て物質的な反応だけれど、それらは同時にいのちの営みです。このようなはたらきの一を作用的一と言います。しかしいつも作用的一が成り立つとは限らない。やっぱり「実証」(何らかの意味での検証)が不可欠です。

場所論は理性主義ではありません。これとは違います。どこが違うかというと、認識内容です。思考内容を詳しく分析していくことで存在自身が明らかになるという考え方は、「思考と存在が同一である」という原則に還元できるわけですが、それとは違う。思考と存在は違う。同じではありません。これは後で述べる「直接経験」ということではっきりしてきます。僕も以前はこういう西洋哲学に魅かれていたんだけれども、直接経験ということで「考えることと有ることとはまるで違う」ということがはっきりしたから、決別しました。

だけど、思考と存在が同一だということもあるのです。数学の場合がそうです。数学の場合、数学的に考えられたものは数学的に存在するんです。点とか直線とか、円とか円周率とか、無理数も虚数も数学的には存在するのです。考えられるものがそのまま在るものと等しいというのは数学の世界ではそうだけど、実際の経験的世界ではそうではない。実験、実証が必要なゆえんです。

場所論は人格主義でもない

それから、「場所論」は人格主義でもないですね。人格主義というものは「神」を人格化して表象し、超越と人間との関係を、語りかけと応答という枠組みで理解します。宗教は一般に「神」と呼ばれるものを人格化して表象します。そして人格の内容、「人格」についての考え・理解を、人格「神」の中に読み込んでいく。つまり「神」という観念は一般的だと言いましたけれども、人格神を立てると「人格」についてあらかじめ持っている内容をその神の中に読み込んでしまう。つまり、第一に神とは「人格」だという把握がある。第二に「人格」とはこういうものだという観念がある。そうすると三段論法で、神というものの中に「人格」について言えることがあるはずだとなって、人格神の観念が成立する。神には思考があり感情があり意志がある。神に従う者を祝福し、敵を罰し滅ぼす。神と人の関係は命令と服従、語りかけと応答が中心だ。そういう神観念が成り立つ。

確かに神を人格化して考えるということは可能だし、ある意味で必然だから、ある程度はそれでいいんですが、あまりに人間的なものを読み込み過ぎると神話になってしまいます。おそらく神話というのはそのようにしてできたのでしょう。もちろん神話にはいろいろな機能がありますから簡単ではありません。けれどたとえば神を「王」と解釈するというように、あまりにも人間的なものを読み込むと神話的になってしまう。本講義の場合は、それを避けます。

本講義の場合、「現実」、「自我を動かすもの、自我を動かして自我としてはたらかせるもの、そしてそれは何か」という、そういう問題設定を立てて、それを言い表すためには場所論的な比喩が適切だと思うのです。以下、場所論的な枠組みを使って、それを順々にお話ししていきます。

第四講　社会・コミュニケーション・エゴとニヒル

第三講までに、生き方には三つの層があるというお話をしました。そして、これからお話しする内容の理解のために、必要な言葉の意味を説明いたしました。これから本論に入ります。

総論

まず総論です。第三講で「超越」について説明しましたが、それをまずは具体的には「統合作用の場」だと考えています。そして自我にはたらきかけて自我を動かすものを「現実」と言いましたが、超越は確かに現実なのです。ただ、それがすぐに自覚されるというわけにはいかない。自我を動かすはたらきは、自我の意識に現れないと自我を動かさない。これは感情とか欲望とか、人間の内部から自我を動かすもの一般がそうなのです。「超越」も自覚という形で現れないと自我を動かさないのです。だから自覚が必要なのです。

さて、この超越という「現実」なんですが、これはイエスが「福音」といったことに当たると僕は考えています。「よき音信（おとづれ）」ですね。超越のはたらきがあるということを、イエスが説いたのが福音です。その「超越」を、イエスは「神の支配」と、また人格化して「人の子」と呼び、それが及ぶ領域を「神の国」と言ったのです。その後の世代になって、パウロはそれを「復活のキリスト」と呼んだ。「霊なるキリスト」、つまり「復活して我々の中ではたらいているキリスト」ですね。さらに「教会はキリストのからだ」であると言った（1コリント12）。つまりパウロは、教会形成は復活したイエス・キリストのはたらきだと解釈したのです。しかし、実はそう呼ばれた統合作用そのものはイエスが「神の支配」と呼んだもので、普遍的な現実です。

つまりパウロの言うキリストとは、実在する超越的な場であって、そしてその中には「場所」がある。それは場の中に置かれる信徒です。信徒が「場所」になって、場所に場のはたらきが現れる。そうすると、それが教会として現実化するということです。つまりパウロが「復活のキリスト」と呼んだもの、それは実は普遍的な現実（後述）で、それを本講義では「超越」とか「統合作用」と言い表しています。

ですから、『新約聖書』の言葉で「キリストのはたらき」と言うのは、まずは教会、つまり共同体の形成作用なのです。パウロを解釈する際の鍵ですね、それは実際にここにある。ただしことわっておきますが、ここでは「統合体」と言っていますが、それはイエスの「神の国」に相当するものでして、それはまだ完全に現実にはなっていない。原始教団はそれを将来に待ち望んだわけです。世界の中に入り込んではたらいてはいるのだけれども、神の国は全体としてはまだ現れてはいない、その実現は「終末」に期待される、そういうことです。そうするところで言う「統合体」というのもひとつの理念になります。「理念」は実際の教会形成を方向付ける目標です。それがそのまま現実であるというわけではない。それはちょうど、完全に健康な人間はいないけれども、健康体というものは人間の身体のあるべき方向を示している、それに似ています。

さて第三講で、「統合体」は「極」のまとまりだと言いました。「極」の間には相互作用があって、それは「コミュニケーション」に当たる。また極相互の間には「フロント構造」が成り立つのですが、いずれも後で説明します。

さらに、統合の「場」と「統合体」と「極」と言いましたけれども、共同体にはもうひとつ「統一」という要素があります。これはあらゆる極に同様に妥当する規範のことです。それは統合体、教会共同体においても、あるいは社会においても、全体に当てはまるものです。統合体の構造と秩序とか、倫理とか、法とか、教団では教義とか、そういうものに当ります。

コミュニケーション

重要な話題として「コミュニケーション」があります。ここではコミュニケーションを広い意味に使います。各人が自分にできるものを作り出す。作り出して必要なものをお互いに授受する、交換する。そこにフロント構造ができる。簡単に言うとそういうことなのですが、それはどういうことか。

ラテン語の「コムニオ」という言葉をひとつの手がかりにして考えてみます。ラテン語のコムニオについての論考は、八木洋一さんの論文（「コミュニケーションの語源とその原像」『四国学院大学論集』第九九号、一九九九）に負うところが大きいので、ここでおことわりしておきます。

コムニオ（communio）というのは「共有」という意味なので、何かを共有している状態。コムニオの語幹はムーヌス（munus）なんです。「ムーヌス」を共有する「コムニオ」が共同体です。これは society の原語であるソキエタス（societas）とは違います。ソキエタスは友人や仲間の集団のことです。

さてムーヌスなのですが、これがなかなか理解しにくい言葉なのです。義務・恩恵・好意・業績、そういうことを意味するので、いったいこれはどういうことだろうと考えてしまうのです。わかりやすい例としては、ローマの執政官と民衆の関係があります。執政官には自分を執政官と認めてくれた民衆がいる。執政官と認められることは民衆からの「恩恵」です。それに報いるために善き行政をする。これが「義務」ですね。しかもこの恩恵と義務の関係は、同時にお互いの「好意」によって支えられる。そういうことなので、ムーヌスはそれ全体を言っている。

日本での類例をあげるとどうなるか。ムーヌスは「義理と人情」みたいなものですね。武士の場合の義理と人情は、まず主君がいて、主君が家来に土地を与える。これは「恩恵」ですね。そうすると家来は主人に奉公する「義務」を負うことになる。そして、両者はただの義務関係だけではなくて、お互いに「好意」によって支えられている。それを中世の日本では義理と人情と言っていましたから、ムーヌスに当たるものはちょうど「義理と人情」になるでしょう。一般に宗教的集団では「神」との関係がムーヌスになっています。

つまりムーヌスは中軸的な人間関係です。それは社会を守るものでもある。面白いことに都市を守る城壁はモエニアという、ムーヌスと近い言葉で呼ばれています。

社会の軸となる人間関係

そういう言葉（ムーヌス）からできたコムニオ、これはムーヌスを共有する人の集団です。つまりコムニオ＝共同体で、キリスト教でコムニオ・サンクトールムというと聖徒の共同体、すなわち教会のことになります。そこでムーヌスの中核、社会の中軸になるような人間関係にどういうものがあったかを考えてみます。

ヨーロッパの例をあげますと、まず古代のギリシャ・ローマ、これは奴隷制社会です。中軸になっているのは支配者あるいは征服者と奴隷の関係だった。中世は封建社会で、領主と農民が中軸となっていた。これは日本とよく似ています。

それから近世の初期、資本主義社会のはじめは、マルクス主義では「資本家と労働者」という敵対的な階級関係が、資本主義社会の中軸だと考えられている。当時は確かにそういうことがあった。では現在ではどうかというと、資本家の階級あるいは労働者の階級もそれぞれ分化してしまった。株主と経営者が分離しているとか、労働者の方もいわゆるホワイトカラーとブルーカラーが分化したとか、自営業者がいるとか、こうして諸階級が多くの階層になったとか、いろいろなことがあります。ですからいまでは特定の階級関係が社会の中軸だとは言えないだろうと思います。戦時中の日本では神格化された天皇と忠良なる臣民との関係が中軸だとされていました。しかし、民主化された社会では、固定的で中軸的な支配—被支配関係はないのが本当でしょう。

さて、ではコミュニケーションの原語（ラテン語）であるコムニカチオ、これはどういうことかと言いますと、コムニオはムーヌスを共有している状態、これが中心です。コムニカチオというとコムニコー（共有する）を名詞化した動名詞ですから、共有している、あるいは共有させる、さらに何かを分配すること、そういう意味になります。それが近世になってくるとだんだんと情報伝達と合意形成の意味になっていきます。我々の言うコミュニケーションですね。いずれにしても、コミュニケーションとは共同体を形成して維持する行為だと解釈することができます。僕はそう解釈してコミュニケーションを広い意味にとっているのです。

さて、コミュニケーションとは、現代ではだいたい意思を通じ合って合意を形成する過程と考えられています。これを一般化すると、必要なものを作り出してそれを分配して共有するということ、これは情報の共有だけではなくて、財の分配と共有にも関わっている。ラテン語のコムニカチオにも分配という意味があります。こう考えるとコミュニケーションとは共同体形成作用になります。もともとのコミュニケーションにもそういう意味がないわけじゃありませんから、ここではそう理解しておく。かつての「ムーヌス」のような、これが基本的な人間関係だというようなものは現代ではないので、現代社会の中心は人間関係そのものだということになります。実際そうなので、本講義でもそう考えます。そして人間関係そのものを成り立たせるのがコミュニケーションで、それは実は極のまとまりである統合体の中で成り立つ。

そうするとコミュニケーションは社会の形成・維持作用のことになります。社会生活は、合意を形成し遂行して社会を維持するシステムないしネットワークだと考えられる。では実際のところ、自我を動かす社会の「現実」性とは何か。これは結局、法や通念を含めた社会的な合意が自我を動かしていると考えられます。現代の社会生活と言いますと、民主的な合意形成と維持と遂行で、これは広い意味でのコミュニケーションです。ただし繰り返しますが、交換するためには財が必要だから、一言で言うと合意に基づいて広義の財を生産し交換し分配し、行き渡らせる、皆が共有できるようにする、ということが、社会の形成と維持ということになると思います。そしてこの講義はその根底に統合作用という超越を語るわけです。

社会

そこで改めて個人生活とは区別された社会とは何かを考えてみます。一般的な理解では、社会にはその内と外とをはっきり区別できるような、ひとつの範囲がある。境界がある。そして、その中の集団の間には相互作用がある。普通そのように考えられています。これがきわめて一般的な姿ですが、集団が多数になりますと、そこには秩序ができます。つまり「統一」ですね。秩序を作り、社会の全体を統一する公認の権力があるのが普通だと思います。「統一」の重要な面は社会全体の方向を決めるということです。そこまで考えて分類すると、これは一般的な分類ですが、社会にはまず家族があって、また地域社会＝町、都市、県などがある。それから、それとは別に機能集団がありますす。学校とか病院とか役所とか企業などで、それぞれがそれぞれの機能を持っています。国家はその上位にあって、以上の全体を秩序付けています。国家というと普通、主権と領土、国民がありますす。

これはきわめて一般的な社会の定義ですけれども、社会的な現実——ここでいう現実とは自我にはたらきかけてそれを動かすもの——は何かと言うと、合意と裁可によって通用するものです。裁可というのは、それから外れると制裁を受けるようなことで、単なる合意ではありません。社会一般に通用する現実とは何かと言うと、言語・お金・構造・秩序・役職・権力、そういうものです。また、法律、道徳、習慣もそうですし、文化とか一般的な価値観、こういうものも社会的な現実のうちに数えられると思います。一括すれば「通念」だと言えるでしょう。

契約

そういうものを守る根拠として、契約ということがあります。国家とは何かというと、個人の平和的共存を守るために、個人同士が契約によって国家を成り立たせたという、近代的な社会契約説があります。契約というのは擬制(ぎせい)でありまして、我々が印判(はんこ)を押して国家と文書を交わしたわけではないけれども、事実上妥当しています。たとえば日本人の子として日本に生まれたら、日本国民と認められて国家の保護を受ける。しかし、そのかわりに国民としての義務を負うという、いわばそういう契約があるわけで、我々はそれに従っています。

契約とは、そもそもどういうことかを考えてみます。古い言葉では『旧約聖書』、これは「古い契約」ですね。「旧約」聖書の意味での契約がありまして、『新約聖書』は「新しい契約」という意味です。『旧約聖書』の古い契約とは、エジプトの奴隷状態だったヘブル人をモーセが連れ出して、シナイで顕現したヤハウェという神と結んだ契約です。その契約とは何かといいますと、民は畏るべき神と平和的な秩序のある共存をするという合意なのです。契約によって、民の義務は神に忠誠を誓い、神が与えた律法を守る。神の方の義務は、契約に忠実に生きた民を保護して祝福する。他方、契約に背いた人間はこれを罰する。こういう義務を負うことになって、それは『旧約聖書』のだいたい全体を貫いているわけです。完全な全体ではなくて、いろいろとヴァリエーションがあるのが『旧約聖書』の面白いところですが、それは別の話になります。

ところがこの契約がイエス・キリストの出来事によって更新された。これが『新約聖書』の言い分です。イエス・キリストを信じる人間が神との新しい契約関係に入る、つまり神の民になるということです。イエス・キリストを仲立ちにして「神」と「新しい神の民」としての契約に入るわけです。こういう契約というのは売買関係のような個々の契約ではなくて、神とその民の場合でしたら、秩序のある平和的な共存の合意をする、そういう約束のことであります。

そういう意味の契約なのですが、契約というのは合意の上の約束だ。こう考えれば社会生活の中で自我を動かす社会的な現実というものは、合意、つまり明示的あるいは暗黙になされた契約で、それはやっぱり広い意味の合意です。それが個人を動かしている。社会というのは自然的な存在者ではなくて、合意のシステムあるいはネットワークだと考えることができます。

他方、コミュニケーションというのは、意思を通じ合って合意を形成し、それに基づいて生産と交換を行うことです。そうすると社会はコミュニケーションのネットワークないしシステムだと言える面があることになります。ただし、ここで問題なのは、実際の社会はコミュニケーションのネットワークないしシステムになっていない。これは社会のあるべき姿であって、事実では必ずしも合意の上に形成されることになっていない。合意を無視した強制や暴力がいくらでもあります。

たとえば近代の歴史を考えてみますと、列強が弱小民族を奴隷にしたり植民地化したりした。それが背景にあって第一次、第二次と世界戦争が起こる。その後は世界的に経済優先の社会になった。経済優先にはいい面もあるのですが、環境の破壊とか富の偏在とか経済格差とか、そういうものを招いている。グローバルな人的物的交流が悪疫流行の地盤になっている。だから、社会のあるべき姿はコミュニケーションが円満に行われる「統合体」だけれども、実際はそうはなっていない。したがって我々にはそういうコミュニケーションが円滑に行われる社会が現実化する願いがあるということになります。

その願いとは何か。それはあるべきコミュニケーションへの意志だ、願いだ、意欲だ。言い換えてみれば、人間というのはコミュニカントだ。コミュニケーターという言葉がありますが、コミュニケーターとはコミュニケーションを仕事にしている人のことでして、ここで言うコミュニカントというのは「コミュニケーションが本質であるような人間」のことです。そうすると、人間とはコミュニカントだ。つまり自分にできるものを作り出してお互いに交換する。創り出す内容は多岐にわたります。そうすると、そういう社会では、おのおののコミュニカントが極になっている。他者なしにはあり得ない極になっていて、その極のまとまりが統合体というものですが、実はその統合体を創り出す根拠、超越的な根拠がある。以上が僕の言いたいことのひとつの中心です。その根拠からさまざまな形が創り出されますが、形の方は二次的で、一次的なのは根拠の方です。イエスは——パウロやヨハネもですが——そういう根拠があるということを説いた。それが彼の福音だった。そういうことになろうかと思います。

社会の営為

さて、ここで簡単に社会の営為ということをみてみたい。社会の営みですね。合意と契約によってどういう営みがなされているか。

まず政治があります。これはいろいろな主張と利害関係を異にする集団があって、その集団の間で合意を形成していく営為と言えます。つまり主張を異にする集団の間に合意を形成していく営みがあって、その合意を形成する仕方が独裁制であったり、少数者で決めるとか、民主的に決めるとか、そういう仕方があるわけですね。ただし実際は、権力が秩序をつくり出す。だから民主主義社会では権力は、たとえば国の場合だったら国民から委託されたことになっているけれども、実際上は、権力は多数の合意なしに自分に都合がよい秩序をつくりたがる。これが社会が統合体になっていないひとつの理由です。

それから経済。これも合意に基づいて個人や集団が、お金を媒介として交換をする。つまり生産・加工・流通・消費・廃物処理、そういうもののネットワークが合意を媒介としてなされている。これは必要な営みです。これなしでは社会は成り立たない。しかし現代の社会の実際では合意を無視した企業や個人の儲け第一主義になりやすい。

それから司法。民主主義社会では司法は国会の合意に基づいて公正な法を運用して遂行する。実際は国によって違いますが、権力寄りの司法がなされる場合があって、必ずしも公正ではない。

それから家庭。これは基本的な社会の単位ですが、これは夫婦両性の合意に基づく生活の場で、ここでは何でも話し合え理解し合えて、休息も安心してできる場です。また子どもを産んで育てて社会人を補給する機能があるし、また基本的な教育を施すという機能もあります。ところが実際は家庭内というものは必ずしも平和ではないので、ＤＶ（家庭内暴力）などが問題になっているわけです。

文化——世代を超えて受け継がれる生活様式

そのほかにもいろいろな社会の営為があります。たとえば教育・文化。文化とは何かと言うと、世代を超えて受け継がれる生活様式だと言われています。文化と言えば広い意味ですが、少し細かく見れば、たとえば教育——社会人の養成——と研究ということがあります。ただ、合意の形成と言いましたが、特に研究の場合は必ずしも合意に基づくものではない。研究は創造的なものですから、社会的合意があってもそれが十分でない場合とか、あるいは知が十分でない場合には、従来の通念を破って新しい合意を形成するという機能があります。だから大事でもあるし既成の勢力からの抵抗も強いのです。

で、コミュニカントと言いましたが、コミュニカントの本質は実は創造的自由なのです。新しく創造したものをお互いに交換する。そして一般化してゆく。コミュニカントにはそういう重要な機能があります。その場合、独創性が通念を破るということがある。それがどういうことかは、これから追々説明していきます。

それから、厚生。社会福祉、医療、あるいは飲食とか宿泊とか旅行とか、あるいは娯楽の施設とかですね。それらは一般にはたらくエネルギーを回復する機能だと考えられています。基礎的に重要な部門ですが、それがどこまでうまくいっているかはともかくとして、そういう不可欠の部門があります。

倫理

さて、それでは倫理はいったいどういうことになるのか。これは重要な問題ですが、とりあえずここで言えることを述べておきます。

善とは何か。これは非常に大きな問題です。善、善と言いますが、その内容はこれなんだと決まっているわけではありません。そこで、善という言葉がどのように使われているかを吟味してみます。自我は、いつも何か選択しなければいけないという選択の前に立っています。だから善とは選択の順位が上のものだと考えるとよくわかります。選択の順位が上のもの、これを善（良）いと言うのだ。だから、「善とは何か」よりも「何が善とされているか」の方が実際上の問題なので、内容は一定していないし、そこには善さの序列もあるわけです。そこで何を選択するかというと、それもまた一言で決められることではない。ここでは善とは円満なコミュニケーション・システムの形成と維持だと、そう考えておきます。これが一番必要なことだ。

そうすると逆に悪というのは、そういうコミュニケーションの破壊です。たとえば戦争、それは合意なしの暴力です。戦争とか人間奴隷化とか差別とか、コミュニケーションの合意なしに相手に自分の意志や評価を押し付ける、そういうことが悪だ。たとえば差別がありますが、社会のコミュニケーションのネットワークからある人たちを排除するという、これは戦争に次ぐ悪だと僕は思います。

特に現代で問題になるのは嘘です。嘘は普遍的なので、いまは各人が社会的に発信できるような時代ですから余計そうなんですが、嘘はコミュニケーションのネットワークを阻害する、あるいは破壊する。だから嘘というのは現代社会においては非常に大きな悪だと思います。

なお、付け加えておくと、コミュニケーションには、我―汝関係ですね、人格関係における相互理解という特別な機能があります。つまり特定の人と人との間のコミュニケーションですね。これは単に合意の形成ということではなく、理解し合う、もちろん合意といえば合意ですが、お互いに理解し合う、尊重し合い助け合う、そういう場があります。そういう意味でのコミュニケーションは人格関係を形成し維持する上の非常に大きな要素です。相互理解、これがコミュニケーションのひとつの重要な要素です。

それはどういうことかと言うと、特に特定の個人と個人の間の問題なのですが、他人のことを自分のこととして経験するという思いやり、そういう相互関係がコミュニケーションの基礎であり内容にもなってきます。

もちろん、倫理はそれだけで済むものではありません。コミュニケーションで合意を形成する、意思を通じ合って合意を形成して、それが社会の形成と維持になると言いました。人間の間ではそうなのですが、それを生物一般に及ぼしていきますと、これは環境倫理の問題になります。現代の非常に大きな問題です。人間って――人間だけではないけれども――他の生物を、植物や動物を食べないと生きていけない。そういう問題があります。そこまで考えると、牛や豚や鶏が「俺たちを食ってもいいよ」と合意して食われるわけではないから、これは人間が勝手に強制しているわけですから、そこにはコミュニケーションがない。そもそも生物界のコミュニケーションというものを人間が勝手に破っていいのかという大きな問題があります。実際、人間が自然界を破壊すると、それが跳ね返ってきて人間の生活自体が危うくなるわけですから、ここのところはどう考えるのか。人間が植物や動物を食べないと生きていけないということは事実だから、それはどうしようもないのです。そうすると、この場合、生物界では個ではなくて種。馬という種、牛という種、鶏という種。そういう種の保存というのが大きな問題になるだろうと思います。個々の生きものは殺して食べてしまう。あるいは利用したり、邪魔だといって排除したりしますけれど、実はここでは個ではなくて生物の種の保存を第一に大切なこととして考えるべきだというのがひとつの観点になってきます。ただし、人間生活を破壊するだけで益のないもの、病原になる菌やウイルスですね、これらは排除するほかはない。

倫理についてはもっと詳しくお話ししなければいけないんですが、ここではこれだけのお話をしておきます。

社会と言語──エゴイズムとニヒリズム

社会は円満なコミュニケーション・システムになっていないと言いましたが、そこで浮かび上がってくる重要な問題がエゴイズムとニヒリズムです。合意や秩序は言語で表現されるので、言語の理解と批判が必要になりますが、それはこれから順々にお話しします。

社会生活がいままで述べたようなものだとしますと、社会生活における現実とは何か。それは「事実」ではない。実は「言語」なのです。自我というものは、もともとは身体の一要素なのです。動物の場合は人間と同じ意味で自我があるとは言えません。動物の場合は本能に従って生きているものがあります。昆虫や魚がそうですね。この場合、本能というのは学習しないでも生きていける能力のことです。本能の場合には、外界からの刺激とそれに対する反応が必然的に決まってしまっている。刺激に対して決まった反応をすることで生きていけるようになっている。これが本能的な反応です。そういう場合は、刺激と反応が直接的・必然的に結びついているのですが、人間はそうじゃない。刺激と反応が切り離されてしまっています。刺激に対する反応を「考えて決める」ことになるのですが、そこに言語を使う自我が入ってくる。つまり言語を使う自我が、先ほど述べた必然的結合を切り離して、行動を選択するということになっている。それを可能にするのが情報なのですね。

情報というのは「何がどうなっているか」という問いに対する答えだったり、じゃあ「ではどうしたらいいか」という問いに対する答えだったりする。人間の場合、自分が置かれた状況に対してどう反応するかに関わってくるのが、情報なのです。自我は情報を勘案して行動を選びます。社会的合意に従うこともあるし、自分だけの利益を選ぶこともある。そうすると人間の自我というのは、実は世界と身体との直接の結合から切り離されているから、人間の自然の本性、真実の本性がそのまま行動にあらわれるということがない。いま言ったように人間の行動には社会的な合意が関与してくるのですが、常にそうではなくて、個人的な自分中心的な情報処理と行動が可能になってきます。そこには自己保存の本能や闘争本能の残りも関わってくるのですが、人間が自分自身を意識した場合には自分中心に行動するというエゴイズムが成り立つ可能性が出てくる。これも後で詳しく順々に説明していきます。

また、生、生きること、これは大事ですね。しかし情報に頼る人間は生の直接性から切り離されてしまっている。そうすると生命感の欠乏が出てくる。生きている感じがしない。生きる情熱がない。そういう生の欠乏感というのが現れてきて、これが自覚されるとニヒリズムになります。つまりエゴイズムが自分勝手を他者に押し付けることによって成り立ってくるとすると、ニヒリズムは生――元来、生の本質というのは共生なのですが――その生の実感を失っていることで、これがコミュニケーションの断絶をもたらしてきます。

気がついたら、自分の存在を保証するものはないし、人生にはこれだという目的がない。これはニヒルを生み出しますが、そうすると人間は自分の存在と意味を確保しようとして配慮する。これがエゴイズムにつながる。エゴの成れの果てがニヒルですが、ニヒルがエゴを生むという面もあります。

作家における例

ここでちょっと、人間を真剣に描こうとした優れた作家、エゴイズムやニヒリズムを表現している作家について、それらがどう表現されているか、僕は文学専攻ではありませんが、何人かについて僕自身の感想を述べてみたい。

まず芥川龍之介（一八九二〜一九二七）。後半になると厭世的になってきます。『鼻』とか『芋粥』とか人間の底意地の悪さを描いた面白い小説がたくさんありますが、『藪の中』を取り上げてみます。映画にもなりましたからね。武士とその妻、それから盗賊が出てくるのですが、彼らの裁判の場での自白が一致しない。武士は殺されてしまいますから巫女（みこ）の口を通して話すことになるのですが、武士の言い分と妻の言い分と盗賊の言い分が、皆何かしら自分の都合のいいことになっていて、他方では武士を殺したのは自分だと言い出す。武士は自殺したと言う。言い分が一致しない。これは社会ではコミュニケーションが機能していない、合意がなされない、自白すら真実を告げないという状況を暗示していると思います。

太宰治（一九〇九～四八）は、『走れメロス』という作品では真実の友情と信頼関係を描いたわけですね。ところが『人間失格』になるとそうではない。『人間失格』では人間というのは演技者だ、人生は演技だ、信頼は裏切られるものだ。こういうことを書いている。つまりコミュニケーションの不在だと言えるでしょうか。

三島由紀夫（一九二五～七〇）の場合、『潮騒』のような健康な生を求める作品を書いた。この頃、彼はギリシャ的な生に憧れていたようです。そういう時期があったのですが、それが後期になると変わってくる。ニヒルになってくるんですが、作品よりもそれを端的に表しているのが、東京市ヶ谷の自衛隊駐屯地で自決した事件ですね。そこを見ると、三島は一面では、自分の生の強化をずっと求めていながら、他方では死（切腹）の瞬間における生の高揚、その経験を求めていたというところがあるようで、それが市ヶ谷での三島事件で暴発してしまった。これはコミュニケーションの破壊ですね。

川端康成（一八九九～一九七二）も、『雪国』という作品では島村と駒子の交情を書いていて、「徒労の愛」でもここにはコミュニケーションがあるのです。だから読んでいても不愉快ではないのですが、晩年に『眠れる美女』という作品がある。これは薬で眠らされた美女と不能になった老人が同衾するお話です。ここにはコミュニケーションがないのですね。コミュニケーションなしのエロス、耽美主義です。いやな感じです。そういう世界を描いている。

以上のような作家たちの作品の中にはエゴイズムあるいはニヒリズムが見られると僕には思えます。むしろこれらの作家は作品を通して「あるべきものがない」という欠如態を切々と訴えているのでしょう。ちなみに以上にあげた作家は皆自殺しています。

もちろん他方では宮沢賢治（一八九六～一九三三）の「雨ニモマケズ」がある。宮沢賢治はここではコミュニカントですね。

東ニ病気ノ子供アレバ
行ッテ看病シテヤリ
西ニ疲レタ母アレバ
行ッテソノ稲ノ束ヲ負ヒ
南ニ死ニサウナ人アレバ
行ッテコハガラナクテモイヽトイヒ
北ニ喧嘩ヤ訴訟ガアレバ
ツマラナイカラヤメロトイヒ
………

これはコミュニカントです。コミュニカントとしての人間の自覚が語られている。そんなことをして何の効果があるのかなんて、この際言わないで、コミュニカントとしての人間を描いたというところを見ておきたい。

夏目漱石（一八六七〜一九一六）は、多面的で複雑なのです。『それから』『門』『こころ』も主題の一致からして三部作と言えるでしょうが、ここには友人の愛する人を奪ってしまうというモチーフがあるのですね。友人が愛している人を奪って自分のものにする。こういう設定は非常に巧妙で、こういう設定をしますと、愛人との関係だけではなく、世間との関係・家族との関係・友人との関係・妻との関係・自分自身との関係、これらが全部出てきます。そういうことの全体が描けるわけですね。そこで彼は何を描いているのか。友人が愛している人を奪うということ、ここにはものすごい情熱があったに違いないのですが、その情熱をストレートに書いてはいないですね。それで結末、二人が結ばれた後の生活はさだめて幸福なものかというと、そうではない。ひっそりとした、むしろ寂しい生活であって、『道草』での夫婦関係を予感させるようなところもあります。『こころ』では「先生」は自殺してしまう。こういう作品を見ていると夏目漱石は、近代的個人主義の行方を、他人のものを奪うというコミュニケーションの喪失という形で予感していたのではないかと思われる。そこから「則天去私」に向かっていくのですね。

第五講　言語と情報——表層批判と言語批判

1　言語とは何か

言語についてお話ししようと思います。人間生活は言葉なしには成り立ちませんから、どんなに重要なものかはよくわかっていますので省略します。この講義では、宗教にとっての言語の問題性を指摘したいと思います。

言語——記号の体系

言語とは何か。コミュニケーションの手段です。別の面からは記号の体系だと考えられています。では記号とは何かというと、一般的に言えば、「PならばQである」と言うときに、PはQの記号になって、QはPの意味になる。たとえば、夏の夕方に雲がもこもこと西の方から湧いてきて空を覆った。やがて夕立になります。そういう場合に、夏の夕方にもこもこと西の方から上ってくる雲、これは夕立の記号です。そのように広く使われるんです。

言語は人為的な記号です。つまり約束事なのです。「犬」を例にとってみますと、「イヌ」という音、また「犬」という字、それらを記号表現と言っています。記号表現は聴こえたり目に見えたり、何らかの意味で感覚可能です。それに意味がついている。意味とは何かと言うと、まずは犬に関する社会的な通念です。これを記号内容と言います。それで尻尾を振ってワンワン吠えている犬の実物。それを指示対象と言っていますが、僕は記号対象と言った方がいいと思っています。記号はこの三つ——記号表現、記号内容、指示対象（記号対象）——に分析されています。記号にはそういう三つの面があって、これは約束事です。例の尻尾振ってワンワン鳴く動物ね、あれは「いぬ」と言ってもいいし「dog」と言ってもいいし「Hund」と言ってもいいし、その他「狗（く）」と言ってもいいし「犬（けん）」と言ってもいいので、これは約束事です。社会的に合意ができていればそれでいいわけです。

記号とはそういうものですが、意味は直接伝わらないものなので、記号表現と結び付けるわけです。記号表現を提示すると、聞いている方はその意味を思い浮かべるというわけです。そうするとすでにここに大きな問題があるわけです。話す方が「いぬ」という記号表現に結び付けている記号内容と、聞く方が「いぬ」と結び付けている記号内容、ふつうは通念だからだいたいは一致していますが、正確に一致しているということはない。ですから記号によって意味を伝えるときには、完全に伝わるということはまずありません。伝わらないのが普通です。だから正確に伝えようと思ったら、詳しく説明しなければならないわけです。記号はそういう不便さを最初から持っています。

記号と象徴

記号と象徴は違うので区別しておきます。記号は約束事ですが、象徴は形を見れば意味がわかる——たとえば矢印みたいな——そういうものです。一般的には、現実の一部が全体を表現している場合に、その一部のことを象徴と言っています。たとえば十字架はキリスト教の象徴であると、そのように使います。記号と象徴は区別します。

比喩

それから象徴と似ているものに、比喩があります。宗教言語は比喩が主ですから、宗教の場合は、比喩を理解することが必要です。比喩も記号の一種ですが、直喩（ちょくゆ）と隠喩（いんゆ）と換喩（かんゆ）の三つがあります。直喩というのは、たとえば「花のような女性」というときの、「花のような」が直喩です。女性は比喩されるものです。直喩の場合は「花のような」と「女性」の両方がありますが、隠喩の場合には、比喩される方は直接出てこない。たとえば「両手に花」と言いますね。その場合の「花」が隠喩です。比喩されるものは直接出てきません。それから換喩があります。換喩は、比喩されるものと密接に関係があるものを提示して、それを比喩として使う。たとえば「今夜は鍋にしようや」という。もちろん鍋そのものを食べるわけではありませんから、「鍋料理」の換喩です。そういう記号とか比喩とか象徴とかを使って、我々はいろいろと話しているのです。

言語機能——総論

それで、言語の機能ですが、言語化とは何か。言語は、直接に経験していないものを記号や比喩のかたちで現前させる。つまり言語世界では語られるものが目の前になくても言葉だけで通じるわけですね。人間は事実の世界から言語化された世界を分離することができるようになったのです。言語化で会話が可能になる。もっと詳しく言いますと、言語化とはただ言葉にするだけではありません。その際には現実を分類して秩序付け、さらに内容を述べるということをやっています。秩序付けというのは時間と空間、つまり位置だったり、主と客だったり、自と他だったり、心と身体だったり、個人と社会だったり、原因と結果、手段と目的、いろいろあるわけですが、それらを使って秩序付けて内容を述べるわけですね。ですから、人間は事柄を言語化することで情報を正確に交換することができるようになりまして、それが文明の創造を可能にしているのです。

では一般の動物とどう違うのか。動物の場合は本能がある。本能というのは学習しないで生きていける能力です。この場合は刺激と反応が密接に、必然的に結びついていて、これは変えることができない。本能に従う動物は刺激に応じた反応をして生きていくことができるようになっている。昆虫や魚が典型です。その場合、刺激と反応が直接結びついているけれども、人間の場合はそれが切り離されていますね。人間が本能を失ったということなのですが、刺激と反応が切り離されてしまっている。それで両者を結びつけるものが言語情報を使う自我であるわけです。

つまり刺激と反応の間に言語が入る。言語を操る自我が入ってくるわけですね。人間は刺激と本能の結合を切り離して、言語情報をつくって伝えて、各人が言語情報を処理して行動したり選択したりすることができるようになった。さらに言語世界ができた。そのぶんだけ本能から自由になって、考えたり行動したりできるようになった。つまり自分たちが何であるか、どこにいるかを認識する。将来どうしたいかを考える、構想する。それを実現するために配慮して行動する。そういうことができるようになったのですが、それが同時に人間の思考や行動と、本能的な「生」と言葉を使う「自我」とを分けてしまったのですね。それがニヒリズムやエゴイズムの原因になっているのです。

言語（文）の基本形

さて、言語（文）の基本形は、主語＋述語という形で、主語は名詞です。述語は名詞だったり形容詞だったり動詞だったりします。さらに名詞には形容詞が、動詞には副詞がつくわけです。

ところで、言葉を使うときは必ず主語を定立するんですね。主語というものは、他のものと区別されて、「ああ、あれのことか」ってわかるものでないといけない。述語は、その主語の内容を述べるわけですね。文（主語と述語）の内容から対象が何かを知るわけです。そこで言語世界では記号内容が現実になる。「現実」という言葉には第四講でお話ししたように特別な意味を持たせてあります。つまり自我にはたらきかけて自我を動かすもの、それを「現実」と言うことにします。そうすると言語世界においては事実ではなく記号内容が現実になる、ということです。

その点をもう少し詳しくみてみます。

主語定立の問題性

主語を定立する場合には、ものや事柄ですね、それは元来いろいろなものと連関した中にあるわけですが、そこから切り離して際立たせる。他のものではない、「これ」だと。だから主語（S）というものは普通、SはSであってS以外の何ものでもない。そうでないとSについての述語が不定になります。だから主語の定立は他者との関係性を無視して、それだけを独立させてしまうわけですね。

つまり主語の定立というのがすでに仮構なのです。何でも他のものとの連関の中にあるのですが、主語を立てると、それが他のものから切り離されて独立してしまう。つまり一種の仮構として通用するわけです。それは個と一般についても、そうなります。個にしろ一般にしろ、実際に現実の中にある場合、語とは違ったものです。たとえば主語として「私」と言いますと、私は私以外の何者でもない私ということになる。そういう「私」になる。私は私自身によって私である、こういう私が「私」と発語するので、みんな私というとそういう私として了解しますが、これは実際は仮象でしてね、そんな「私」は実際はないのです。会話の必要上、仮に立てているので、それが現実化される。それがひとつの問題です。

記号自身もそうです。記号内容が現実として通用する言語社会、そこで「私（S）は何々（P）である」と言いますと、その「何々」というのは性だったり社会的地位や役割だったり、職業だったり業績だったり、いろいろですが、Pが私の現実性として社会で通用しているのです。まあ、私はこれこれだと言ったって、皆さんが信用するとも、わかるとも限らないわけだけど、とにかく了解され理解される範囲で通用してしまう。

言葉の主語、私は私であって私以外の何者でもない、私は私自身によって私であるという、そういう「私」を個人と言います。我々の世界ではそういう個人が基本になる。基本的な実体として通用するわけです。そうすると社会って何かというと、第四講で述べたように、個人が先で、個人が契約と合意によって構成するものだということになる。これもひとつの仮構ですけれども、それが現実として通用するわけです。そうすると我々の話の中心点である「極」とか「統合」とか「場」とかが、言語社会から抜けていくことになります。

言語の分類と有意味・無意味

もう少し詳しく説明します。言語はどのように分類されるか、それにはどういう有意味性があるのか。

普通、言語はその機能にしたがって、記述言語（関説(かんぜい)言語）と表現言語と動能言語に区別されています。記述言語というのは客観的な事態を述べる言語です。客観というのは個人ではなくて大勢の対象ですが、客観というと、自然科学が客観的事実を述べる代表になります。科学だけではなく技術や経済にもそういう面があります。これは正しくても現実の一部一面しか述べない。それについてはまた後で申します。記述言語は現実の一部一面を正確に述べるものです。それから、現実を利用したり管理したり序列付けたり支配したりするのに非常に適している言語です。

この場合、検証ということがあります。言葉（文）を事実と比べて、事実とあっているかどうか確かめる作業を検証と言いますが、事実だと認められるとその文は真、そうでないと偽だということになります。検証も反証もできないものについては、それを「無意味」と言っています。これは二〇世紀の言語哲学ではっきりしてきたことです。真と偽だけではなくて無意味ということがある。たとえば記号（指示）対象が不在だったり不明だったりすると、記述言語は無意味になります。無意味とは、問題にする必要がないということです。

記述言語

記述言語という場合には普通は指示対象があります。「これだ」と言えるような対象（普通名詞）にはそれがあります。机とか椅子とか花とかですね。固有名詞、これにも対象がある。生きている人はもちろんですが、亡くなった方についても固有名詞というと、少なくとも名前とイメージが記憶としてある。これも対象のうちに含めていいでしょう。集合名詞、これは「町」とか「国」とか「都市」などで、それにもやはり記号対象はあります。

ところが形容詞を名詞化したもの、たとえば「美」とか「真」とかいう、抽象名詞があります。これには指示「対象」がない。これらは表現言語と関係してくる場合が多い。表現言語だけではなくて、一般化された名詞にも、ほんとうに確定可能な対象があるかというと、かなり怪しくなってきます。名詞といっても、形容詞が名詞化された場合だけでなく、動詞が名詞化された場合（動名詞）がある。たとえば歩行とか食事とか睡眠とかですが、この場合、「これ」のことだよという客観的「事物」はありません。

たとえば「イエス」と言うと——本当は「イェシュ」が元来の発音に近いんですが——、これは固有名詞です。だけど教会で「復活のキリスト」、「霊なるキリスト」、「信徒のうちに生きるキリスト」と言われているもの、これには具体的、客観的な対象がありません。これはむしろ動名詞、はたらきを名詞化したものだと理解すべきだと僕は思っています。

それから「場」ということをここで言いますが、「はたらきの場」、これも目に見えない。はたらきを通して間接的に知られるのです。狭い意味での場は特定できることもありますが、「場」一般、あるいはここでいう「場」については、これがそうなんだよと指示することができない。これはむしろ表現言語を名詞化したものだという方が当たっています。

表現言語

だから宗教言語は記述言語ではありません。「神」を見て記述した人はいないのです。宗教言語は一般に表現言語です。表現言語は、外からは目に見えない心の事柄を言い表す。たとえば、「頭が痛い」と言う。「痛い」は表現言語です。では、それをどうやって了解するか。同じ経験を持っているとわかるんですよね。表現言語を使って「頭が痛い」とその状態を述べる。それに対して「俺にもそういうことあるなあ」と思い当たる。そうするとわかる。表現言語は表現のもとにある経験を共有することによってわかる。「甘い」とか「しょっぱい」とか、色などもそうです。

表現言語の代表というと文学がそうです。文学は広い意味で仮構の出来事を述べている。その経験は事実でなくていいので、そこで描かれる人間の姿は人間の心の表現です。また、自覚なしには表現はありませんから、文学の言葉は自覚・表現言語だと言ってもいいのです。

文学は要するに史実の記録ではなく、この世界を経験する心の表現ですが、経験ということについて、少し述べておきます。一般に何を経験したかの「何」を語ると記述言語になります。ところが「どのように」経験したかを語ると表現言語になる。大雑把（おおざっぱ）にはそのように分けられます。ところで、そういう、記述ではない表現言語にはどういう機能があるのか。

表現言語は、「ああ、あのことか」と自分の経験を呼び起こしてくれる、そういう機能があるのです。特に自分の知らなかった自分に気付かせてくれる。いままで気付かなかった自分の心の動きに気付かせてくれる。あるいはそれを呼び起こす。そういう非常に重要な機能が文学にはあります。そういう場合には語っていることが現実ではなくても、充分意味があるのです。でも理解不可能な言語は無意味だということになります。私には無意味だということがあるし、誰が考えても無意味だということもあります。

誰にでも通じるような表現言語は、客観的とは言いません。共同主観的と言いますね。ついでに「私」という代名詞は記述言語か。そうじゃないんですよね。私は「私」という意識、自覚があって言えることだから、確かに私が私を客観化しているという面はありますが、広い意味の表現言語で、それを名詞化したものだと言えると思います。

自覚の言語的表現はいろいろあります。文学がそうですが、哲学、特に西洋哲学は理性の自覚だと言うことができると思います。哲学というのは一般に人間性の自覚の表現で、その論理的な展開なのですが、古代・中世・近代のヨーロッパの哲学は理性の自覚が中心で、理性の自覚の言語です。

宗教言語

では宗教言語とは何か。神様を見た人はいないので、神様について語る言葉は記述言語ではありません。目に見えないものの経験、その経験を説明的に表現している言葉だと理解するのが正しい。「説明」という点が重要ですが、とにかく客観的な記述ではありません。

つまり宗教的な経験がある。これは外からは見えない当人の経験なので、そのまま直接には伝わりませんから、経験をした人はそれを広い意味の比喩で表現する。あるいはイメージ化して――イメージも比喩になりますけれども――表現することも多い。第四講で雷の経験を雷神として表現する例をあげましたが、恐怖のような心的な経験、一般に「宗教的」体験を語る宗教言語はイメージ言語です。そのイメージは比喩である。広い意味での表現言語は伝達の手段でもあります。

でも宗教的言語を中心として教団ができますと、比喩（イメージ）が客観的な事実として伝えられるようになります。表現言語が記述言語と混同されるわけです。そうすると教団の人はそれでいいのですが、外で聞いている人は、何を言っているんだ、それは幻想ではないのかと、言い出す。これは両方に問題がある。つまり語る方が、自らが比喩言語を語っているということをどれだけ自覚しているか、また聞く方も、それが表現言語だということをどこまで理解しているか、ということが問われる。不注意な聴き方をすると宗教は幻想だと取られることになります。語る方についても、一般に客観的事実として語られている事柄が検証・反証不可能だったり、またなんとしても理解不可能な宗教言語は無意味になるので、注意が必要です。

動能言語

さらに動能言語があります。これは人を動かす言語で、命令とか指令ですが、脅迫とか誘惑もその中に入ります。法律とか倫理とか習慣、そういうものも、自分たちに対する動能言語だと、僕は考えていいと思います。

倫理のように誰が命令しているということがない、そういう場合も動能言語に入ります。動能言語は記述言語や表現言語と結合することが可能なので、その場合には新しい問題が出てきますが、それは省略します。動能言語でも、内容が不明なもの、あるいは実行不可能な場合は無意味になります。動能言語の場合、「ああしろ、こうしろ」と言っても、それに対して形だけやればいいんでしょうと、そこに心が伴っていない、意欲も伴っていない、人間性の表現にもなっていない、そういうことが十分に有り得ます。これはイエスが当時の律法主義について批判したことですね。

2　言語使用の問題性

次に言語を使う場合の問題性を指摘しておきます。

問題性1

先ほど述べましたように、言語は事実から離れている。言語社会では事実を目の前に置いて語るわけではないから、情報の「内容」が現実として通用することになる。これが非常に大きな問題です。内容が事実ではなくても「現実」になって通用する。そうすると、ここに嘘と誤謬(ごびゅう)の可能性が出てくる。誤謬の可能性というのは最初から言語化に付きまとっていて、経験した事実をどれほど的確に言い表すかが問題になります。的確に言い表すとは限らないので、そうすると誤謬が生じることになる。

嘘というのは、わざわざ事実とは違うことを意図的に言うわけですが、嘘の可能性が言語化では成り立ってきます。猫や犬などの動物は、記号化、言語化がほとんどできないから嘘をつかないけれど、事実とは異なった言語世界を構成することができる人間の場合はそうではない。嘘はエゴイズムと結合するのです。つまり自分に都合のいい嘘をつく。現代社会では、自分（たち）に都合のいい主張が「真」として語られている。そうすると、これはかなり一般化していることですが、多くの人が自分たちに都合のよい主張を、これが本当だと言い立てる。これは大変やっかいです。本人に嘘だと認めさせるのは簡単なことではありません。このように社会では情報が現実として通用しているので、情報の真偽には十分注意しないといけない。

思考、あるいは語られたこと、が現実として通用することについては、ある意味で、哲学的な系譜もあります。理性主義的な哲学は、正しく考えられたことは存在そのものを明らかにする。思考と存在は同じだと言う。その場合哲学は「論理的な検証」をちゃんとやっています。

しかし、論理的検証だけでは、思考と存在は同一だとは言えないのです。やはり実証が必要なのです。

語られたことと事実とは、最初から必ずしも同じではないと考えた方が安全です。先ほど述べた、経験しなくても正しく考えられたことは現実そのものを映していると最初に言い出したのは、古代ギリシャのエレア学派です。それをソクラテスやプラトン、アリストテレスが継いで、西洋哲学の主流になってしまった。カントはこれを正確に批判していますが、彼の『純粋理性批判』でも、残念なことに、全面的に批判しているとは言えない。思考は感性的直観に基づかなくてはいけない、だけでは充分とは言えない。カントの言う「感性的直観」は完全な脱言語化にはなっていないと思います。もしなっていたら、カントは「純粋理性批判」ではなく、悟性批判を含めた「言語化批判」を書いたでしょう。

先ほど述べたように、厳密でない思考によって語られた世界が誤謬だったり嘘だったりすることが、有り得る。この場合、言葉ではなくてイメージが、客観的な事実の写像として通用する場合がある。これにはよく気を付けないと、宗教者自身が惑わされることになります。つまり神話や教義が現実として通用してしまう。通用してもいいのですが、その意味をちゃんと理解しておかないと、語られたイメージなどがそのまま客観的な事実だと考えると間違いだということです。

この点では近代以来の自然科学が模範になります。認識というものは必ず検証されなければならない。事実と即しているか、事実と比べて正しいかどうか確かめなければいけない。理論は実証を経て正しい認識と認められる。これは全く健全なことであって、自然科学が発展したのには、こういう態度が大きく役立っていると思います。

問題性2

次に自我が情報に頼って、もっぱら情報を処理して考え、また選択して決断するという場合に、情報だけに頼っているということは、思考と行動が、人間性あるいは「生」から遊離するということとをもたらします。

わかりやすく言えば、頭だけはたらいて身体性や人格性が関与していない場合、感覚とか感情とか意欲とか情熱、さらに理解が関与していないことがある。「生」が思考や行動に関与していないということが起こり得るので、これが非常に大きな問題です。

社会的規範としての情報がある。法や倫理や習慣などもそうですが、そういう場合に規範を守ればいいんでしょうと、行動が理解から、つまり生から遊離してしまうということが、一般に情報に頼る場合に起こってくる。通念に直接束縛されるということが社会的な思考や行動、個人的な思考や行動についても有り得るのです。直接通念に束縛されると、思考・行動が生から遊離するだけではなくて、創造性がなくなってしまう。そういう非常に大きな問題があります。

人間にとって創造的自由は本質であって、誰でもそうなのです。その創造的自由が、通念によって覆われてしまうということがあります。法律なら形だけ、法律に従っていればそれでいいということがあるのです。倫理の場合、本来はそうではない。理解が伴っていなくてはいけない。そもそも生きるということ一般がそれでは困る。こういう場合の問題性は、イエスが批判した律法主義、キリスト教の教条主義にも現れてきます。

問題性3

では、生から遊離するとどういうことになるか。問題性の3としてここでもニヒリズムとエゴイズムということを指摘しておきます。つまり思考や行動が自分の「生」の根源に触れていない、頭だけのことになってしまう。頭だけの思考と行動になっている場合には、そういうことがよくあるのですが、ニヒリズムが出てくる。ここでニヒルというのは、広い意味では生きている実感が乏しいということです。「生」の枯渇ですね。あるいは生きている意味がない、退屈だ、つまらない、ということがニヒルです。それを自覚するとニヒリズムになります。人間の「生」には意味も根源も、目的もない。そういうニヒリズムになります。ニヒルの感覚は、それとしては無自覚的なニヒリズムですが、自覚的なニヒリズムは広く一般化しているとは言えません。

そういう場合、ニヒリストは、これでは意味がないから、自分の生の意味を充実させるために、こういうことをやりたい、こうなりたいと、自分のあるべき姿を構想してそれを実現しようとする。そうするとそれは自分中心的になってエゴイズムと結びついてしまいやすい。他者との関係を無視して、自分さえよければいいということになる。これはエゴイズムですね。エゴイズムには集団的エゴイズムがあって、愛国心もエゴイズムになりやすい。自分中心になるとこれは完全なエゴイズムです。

エゴイズムの消極的な面は保身です。自分だけの保身。積極的になると、儲けること、勝つこと、たのしむことが優先するという形を取ります。エゴイズムについても詳しくお話ししなければいけませんが、いまはそれだけ述べておきます。ただ、一言いっておきますと、欲望が諸悪の根源だと言われますが、全くそうなのです。確かに欲望が諸悪の根源なのですが、この場合の欲望は人間性に本来そなわっているものではない。エゴイズムが欲望を無限化するということがあります。欲望が満たされれば鎮まるというものではなくて、無限になっているというのはエゴイズムのせいです。エゴイズムは満足することがありませんから。

問題性4

それから、いま述べたことの逆の面の問題性。言語化というのは限定になります。「SはPである」と言う場合、「Pである」と言うのは限定です。Sを立てること自体が限定ですが、Pと言うのも限定になります。そうすると無限なるものはどうなるのか。限定されないもの、拡がりにおいても、時間においても、深さにおいても限定されないものは——たとえば超越ですが——無視されます。言語化が限定である以上、無限は無視される。「無限」の経験は社会的には非現実だと見なされます。そして、「これ」と限定される客観的事実だけが現実として通用する。本当はそうではないことがわかっていても、事実上、社会ではそういうふうになっていて、客観的事実だけが現実性と見なされて、限定困難な表現言語の現実性一般が失われていくということが起こってきます。

そうすると「神」が非現実になる。それは確かに非現実な面があるのです。どこが非現実かというのは追々述べますが、全体が非現実なのではないのです。神が客観的な現実として語られてきたということがあるので、これがひとつの大きな誤解です。それを正さないと宗教というものは空想だとか幻想だとか言われることになる。

しかし、そういう意味の神ではなくて、超越の経験ですよね。それはあるのです。超越は無限なものとも言えますが、超越の経験というのはあるので、それが本講義の問題です。

3　言語機能の問題性、あるいは正しい情報の問題性

情報に用いられる一意的言語の問題性

問題性はまだあるので、それを続けて述べていきます。なぜ、このように問題性ばかり指摘しているのかというと、本講義ではこれから直接経験ということを考えていきます。言語なしの経験です。その直接経験で世界がどういうふうに現れるかということを語るためには、言語化とはどういうことかをあらかじめ述べておかなければならない。情報に用いられる一意的（いちい）な言語の問題性がここでのテーマです。

仏教はこれを分別知（ふんべつち）と言っていまして、悟りは分別知を克服するのだと言っています。仏教が分

別知と言っているもの、それを詳しく見てみる。これは一言でいうと一意的言語、特に情報ですね、一意的な情報の問題性です。

情報

情報とは何か。今の世界は情報社会ですが、では情報とは何か。情報は一般に「何がどうなっているのか、じゃあどうしたらいいのか」、そういう問いへの答えだということができます。「何がどうなっているのか」という問いに対する答え。「ではどうしたらいいのか」という問いに対する答え、これが情報です。だから情報はもちろん、有難い。ところが情報というのはなるべく一意的でないといけない。一意的というのは、Aだといったら A で、A以外の何ものでもない、という性質です。情報は一意的でなければいけない。一意的でない情報は役に立たないのです。たとえば明日は一〇〇%晴だ。これが一意的な情報で、そうであれば役に立つのですが、降雨確率五〇%だというのは困る。実際の生活ではたいして困らないけれども、傘を持って行こうかどうしようか、という場合には、五〇%じゃ困る。情報というものは、こうかもしれないけれども、そうでないかもしれないというのでは役に立たない。だから情報はできるだけ一意的でないといけない。こういう基本的な制約があって、その上で我々の社会が情報社会だということになっている。これはどういうことか。

一意性

一意性ということ、「ＡはＡであってＡ以外の何ものでもない」ということについては、伝統的論理学の原則があります。Ａといったら「ＡはＡである」、「Ａでないものではない」、つまり非Ａではない。また「Ａと非Ａの間に第三者は存在しない」。この三つの原則が伝統的な論理学では立てられていました。これは一意性の性質です。Ａは一意的にＡだということはどういうことかと言うと、ＡにはＡであるという内容がある。しかしＡは非Ａではない、またＡでも非Ａでもないものではない。それがはっきりしてこなければいけない。三番目については、もしＡと非Ａの間に中間があると、Ａはそれかもしれないから、そうすると「ＡはＡである」とは言えなくなる。だからそういう中間的なものはない。以上でＡの一意性が整います。つまり伝統的論理学の三原則は一意性の保証です。

情報というのはそういう一意性を求めているのですが、一意性についてよく知られていることがあります。一意性には「同時かつ同一観点から」という制約があります。一意性はそれで成り立つ。たとえば茶筒（ちゃづつ）ですね。真横から見ると四角です。上から見ると丸です。つまり見方によって形が違う。それから時間が経つとどうなるか。誰でも知っていることですが、子供は時間が経つと大人になり、やがて老人になる。つまりＡはＡであってＡ以外の何ものでもない、と言えるのは特定の時間、特定の観点においてだけだということです。ところがこれが忘れられるのです。一意性といってもそういう条件を抜きにしてしまうことがあって、これは明らかに誤謬です。一意性は一般化してはいけないのです。情報は正確でも現実の一部一面でしか言い当てていないということです。これは肝に銘じておいてください。

情報についても記述的な情報、それから表現的な情報があります。これは「あの店のラーメンはうまい」とか「あそこの公園の桜がきれいだ」だとか、そういう情報で、前半は記述言語で後半は表現言語です。それから「狼が来た、逃げろ」という情報の後半は、動能言語です。

価値にかかわる言葉があります。価値とは何だ、「いい」って何のことだ。「いい」というのは記述言語ではなくて表現言語で、かつ「いいよ」と言うと、それをやれという動能性も持ってきます。それでは「いい」とはどういうことか。これは「いい」という言葉の使い方を吟味するとわかります。これは選択の優先順位が上だということです。それよりこっちの方がいいよ、そういう使い方が基本です。とにかくこれは動能性を持った表現言語だと言えます。

一意的言語批判

情報言語は一般に一意的なので、気をつけなければならないことがあります。情報言語は現実の一部一面しか語りません。言語一般についても一意性が強調される場合はそうなのですが、たとえ正しくとも正しさは現実の一部一面でしかない。全体のこととしてはいけない。これを言語使用の問題性としてよく心得ておく必要があります。特に、一意的言語の常用は、「統合」の認知を不可能にします。「統合」は一意的言語では語れないからです。

それからもうひとつは、一意性の言語は情報として広く用いられていますが、特にものを利用したり支配したり、序列付けたり、性質を知って利用する、支配する、そういうことを可能にする言語です。一意性の言語が優越している世界では、ものを認識したり、利用したり、支配したりすることが非常に盛んになってくる。そういう社会だということが言えます。これについてはあとで述べます。

一意的に情報化されたもの、情報化された世界を受け取る人が注意しなければならない問題。一意的な情報だけに直接依存して考えたり行動したりする人、これを「単なる自我」と言っておきます。一意的な情報を受け取るのは「自我」ですから。検証されている場合でもそうですが、検証されていない場合は特に問題です。事柄自身にたずさわらないで、もっぱら情報だけによって考えたり行動したりする人（＝「単なる自我」）の生活は、ニヒリスティック・エゴイスティックになりやすい。欲望的自我が情報を処理利用して、自分に有利な主張と行動を選択するということになる。これは「単なる自我」のひとつの属性です。

近代以来、人間は単なる自我になる傾向が非常に大きい。情報化社会が人間を単なる自我にしているとも言えます。そうすると無自覚的ニヒリズムやエゴイズムが成り立ってくる。そういう社会が力を得ますと世界を植民地化したり、領土拡張を求めて戦争したり、経済成長を第一にして環境を破壊したりと、そういうことになってきた。それをちょっとまとめてみましょう。

一意的言語がもたらすもの――まとめ

思考、厳密な思考だけではなくて、一般に言葉で述べられた世界、あるいは情報を使って考える、そういう場合のことなのですが、思考と現実は同一であると、とかくそう考えられやすい。常識的にそうなのです。つまり事実と事実に関する情報を混同してしまって、情報が「現実」になる。事実と現実を先ほど区別しましたが、情報が現実になって人間を動かす、それで事実が無視される。こういうことが広く起こる。情報が氾濫していますから、いちいち情報が事実であるかどうか検証できません。

だから心得として、情報がそのまま「現実」とされる場合、これは非常に危険だと心得ておく必要があります。そういう情報はどういう性質を持っているのか。情報、一般に言語化は事実をそれが本来置かれている場所から切り出して、言語空間の中に移してしまう。そうすると、それが事実（現実）として通用する。認識だけではなくて、利用したり支配したりするために使われるということがある。法律の場合には形だけ合っていればいいのかもしれませんが――おそらく法律家はそうだとは言わないでしょうけれども——事実そうなる場合があるのです。それは倫理と宗教においては困るのです。情報がそのまま現実化されることは、厳しく批判する必要があります。

また価値に関する情報を受け取る人について。価値の根拠を見失って、人がそう言うのだからそうだろうと受け取ると、それが差別をもたらしてくる。差別ってどういうことか。これには分類ということがかかわります。特定の集団が、自分たちを特別なもの、つまり価値の高いものとして位置付ける。まあ自惚れですよね。逆に他者のある集団を名前を付けてくる。つまりカテゴライズする。カテゴライズして、その集団に属している人はすべて反価値的だと決めつける。反価値については無知だとか教養がないとか、不道徳だとか非倫理的だとか、不潔だとかそういう諸々のものが入る。このように特定の集団をカテゴライズして、自分たちを優れたもの、自分たちと違うものを劣悪なものとして価値付ける。価値付けられた集団に属する人はすべて劣悪な資質を持っていると考える。これを差別と言うのです。これは実はカテゴライズする言語化一般において行われていることなのです。これは違った社会、たとえば有色人種を差別している白人社会に行くとよくわかります。その人たちの価値観と自分の持っている価値観がいかに違うかがわかってくるのです。そうすると差別ということもよくわかってきて、ついでに自分もそういう差別をやっていたのだということを自覚するようになります。自覚しないと、これが現実として通用してしまうのです。差別を克服するためには、言語化一般の誤謬を見抜く必要があります。

それからもうひとつ、先ほど言語化は常に限定だ、主語だけでなく、述語は常に限定だと言いました。限定すると無限が見失われるのです。この講義では中層・深層ということを述べていますが、これは超越に関わる。超越には無限性があるので、そういう中深層、つまり超越が見失われる恐れがあります。もっぱら情報に従って、情報を根拠にして考えたり行動したり、選択したりする人は「生」から隔離されると言いましたけれども、「生」というものはすでに超越に関わっているのです。「生」は情報化不可能なもので、身体の各部分は一意的なものではなくて、互いに関わりあっていて、一が全体のため、全体が一のため、お互いがお互いのためという具合に深く関わりあっているものです。そこでは一意性が通用しないのです。通用するのは本当の一部一面に限られることになります。もちろん医学というのはそういう一部一面について正確で有用な情報を持っていますけれども、しかし、そうすると超越を見失うだけではなくて「生」ですね、生の全体性が見えなくなる危険があります。

単なる自我の危険性は、自我の成立根拠である身体を見失って、「生」も「超越」も見失う。すると不安になるのですね。それで無自覚的なニヒリズムに陥って、それがエゴイズムを触発する。そうすると一意的な言語が支配する世界では、強者と弱者とか、優と劣とかが分かれてきて、差別とか征服とかが起こってくる。情報社会の問題性です。情報化が進んでいくにつれて人間が単なる自我になっていく。単なる自我が「生」を見失っていく。生の内容は知に還元され、生のはたらきは欲望に変貌する。超越を見失って無自覚的なニヒリスト、あるいはエゴイストになっていく。平気で差別を行う。こういう状況があるので、言葉というのは非常に大事なもの、言葉がなければ人間生活は成り立たないのに、言葉を使う人間には、その裏面の危険が常にあるのです。

その結果

その結果を歴史的に見ていきます。記述言語の一面である科学的な言語を、最初に開拓したのはイギリスですが、それがいまのいわゆる先進国に及んでいくのです。経験科学の発達ですね。経験科学自体は優れた大切なものです。客観的世界はどういうものか明らかにしてくれた。それをできる限り一意的な言語で語ることを可能にしてくれた。ところが、そういう科学は技術と結合してくる。すると「単なる自我」を作りやすくする。つまり不注意に用いられた科学主義は単なる自我を作っていくことがあるのですけれども、そういう単なる自我がどうなるかは先に述べました。科学は技術と結合して、経済、つまり社会の営為に組み込まれるわけです。そして近代以来、それが利潤獲得の競争をもたらすことになります。実際上どうなったかというと、経済が人間生活の基礎だ、経済的繁栄が人間に幸福をもたらすのだという考え方と結びつく。

これは実は英国が生み出したものではない。近代経済学は元来社会倫理だったので、倫理的な感覚を持っていたのです。だけど経済学は倫理から独立してしまった。それが経済優先主義を生み出していく。資本主義も共産主義もその点では共通しています。資本主義が体制で悪、共産主義が反体制で善、という考え方が戦後、とくに六〇年代から七〇年代にかけて盛んになりましたが、経済が人間生活の基礎だという点においては資本主義も共産主義も同一です。経済成長は確かに生活を豊かに便利にした。安全にもした。しかし、他方ではそういう経済第一主義が自国ファーストというととと結びつく。植民地獲得の競争を生み出す。それが底流になって第一次世界大戦、第二次世界大戦が引き起こされる。さらに公害とか地球温暖化とか生物の大量絶滅というものが引き起こされる。経済的格差が増大する。さらにそういう世界では芸術とか宗教とか生の領域にかかわるものが軽んじられるようになっていく。そういうことが起こってきた。

一意的言語は認識を細分化する

一意的言語使用について重要な点を付記しておきます。一意的言語が妥当するのは「特定の時と観点のもとで」です。これは何を意味するのか。一意的言語を通用させると、その領域が限られてくる、ということです。言葉が通用する分野を特定しなければならない。すると、言語領域が無限に細分化されてくることになります。論理語の分野では主・客、自・他、原因・結果、目的・手段、等々。学問の分野でも、理系、社会系、文系という区別のなかに、さらに無数の学問領域が区別される。社会生活においても、政治、法律、経済、教育・研究、医療、宗教、娯楽などの分野が分かれ、経済でも一次産業、二次産業、三次産業など、教育の分野でも小学校、中学校、高等学校などなど、分け出したらきりがありません。そしてそのそれぞれに、特有の用語がある、という具合です。つまり、一意的言語は現実を無限に細分化して、「一」を見失わせることになるわけです。

以上、言語化の問題性の一面だけ言いました。言語って本当に大事なものなのです。言語なしに人間の生活ありませんから。ところが、その言語化には、以上の問題性が付きまとってくる。だからその問題性をしっかりと把握して、正しい言語を語る、そういう方向に向かっていく。それが必要だと思うのです。つまり正しい言語化と正しい使用です。それをもたらすためには、やはり言語批判をきちんとしておかないといけない。

一意的言語は他者を排除する

あまりに当たり前で、かつよく知られていることなので、後回しになりましたが、重要なことがあります。「Aは非Aではない」とされる通り、一意的に定立されたものは他者を排除するということです。知の世界では、一意的な主張は他者を否定します。競争の場合は序列争いが起こります。軍事や政治、宗教などの場合は、他者を排除します。つまり一意性の主張はとかく分裂と闘争を招きます。

しかし少し違った場合もあります。ヘーゲルは観念の弁証法を提示したわけです。観念（概念）の場合、概念Aは、「Aは非Aではない」という仕方で「非A」という概念を呼び出します。思考の世界の場合、実際の世界の場合とは違って、呼び起こされた概念「非A」は排除されずに、とどまります。すると、互いに否定し合いながら互いに定立し合ういわば不安定な概念対は、ひとつのまとまりとなって、両者を含む安定した一意的概念を呼び起こします。たとえば「有」という概念は、「無ではない」という仕方で「無」という概念を呼び起こし、有と無とは互いに否定し合いながら互いを定立し合う概念対として、ひとつのまとまりを作り出し、これが有と無の両者を含む「生成」という概念を呼び出すわけです。僕は「弁証法」をこう解釈しています。ヘーゲルはこの仕方で知の一大体系を組織しました。しかし、それは思考の世界であって生活の現実の世界ではなかったので、マルクス主義という対立を呼び起こし、両者の綜合は作られませんでした。弁証法といえども「Aと非Aは否定・排除しあう」という事実を克服できなかったわけです。では一は不可能なのか。私は「Aと反A」（極と対極）という現実の両極の統合があり、しかも統合は全体ではないので、「創造的空」という究極の「二」を指示する、と考えています。

もうひとつは、あまり詳しく述べませんでしたが、動能言語（命令）は一意的でなくては無意味になります。だからできるだけ一意的でなくてはならないのですが、この一意性ということは、他者の行動を規制したり、他者を支配したりするために、実に便利なのです。一意性の限定が束縛になるのです。よくよく考えれば恐ろしいことではないでしょうか。

4　補　論

ここまで一意的情報の問題性について述べましたが、まだ付け加えるべきことがあるので、追加しておきます。まず言っておきたいのは、これから述べることは全体としては哲学的によく知られていることなのに、一般にも宗教界にも生かされていないということです。それをここで改めて問題にするのは、情報（知）の非絶対性、非一意性に関わることだからです。

まず情報の問題性を列挙しておきます。

1　情報の内容が現実として通用する。
2　分断　一意性は関係性を見失わせる。
3　情報依存　生を見失わせる。
4　結果　利用と序列化・支配の面が優勢となり、共生（統合）が見えなくなる。

以下では言語情報の一意性だけではなく、思考による現実の把握の仕方を問題とします。それは我々の現実の把握の仕方自体が序列化や支配や利用に偏っていて、共生（統合性）を見失わせるということです。情報とは、何がどうなっているか、ではどうしたらよいか、という問いへの答えですが、情報が情報として機能するためには一意性が求められるということはたびたび述べました。以下それに関連することを少し立ち入って問題とします。

さて言語情報は「文」として述べられるのですが、文は主語と述語から成っています。そして文の主語は「これ」と特定可能でなければなりません。そうでなければ、そもそも何について語っているのかが不明になります。つまり主語は「他から際立たせられるもの」ですが、それは他者から区別されることです。言語体系は区別によって成り立つと言われるゆえんです。そして主語の内容を明らかにするのが述語です。つまり主語は矛盾律（Aは非Aではない）に基づいて立てられ、述語の内容は「AはAである」ということで述べられるわけです。ここで一意性の問題が生じることは先に述べました。

(1) 知（認識）

さて「知」は個々の情報ではなく、個々の情報の秩序ある集合から成っています。では秩序とは何か。例として、歩行者は歩道を歩くこととか、車は左側通行とか、信号の赤はストップだというような交通規則があげられます。それを見ると、歩行者と車を区別する、車の走行については右と左とを区別する、というような「区別」があり、区別されたものを一定の規則で「位置付ける」ことがあり、さらに交差点での通行には優先順位が設けられます。一般に秩序は集団の構成要素を内容によって「区別」し、区別されたものを「位置付け」、さらに「優先順位」(序列化)を設けることによって作られると言えるでしょう。では知の秩序付けはどのようになされるのでしょうか。

基本的区別について

論理学では最も基本的な概念をカテゴリーと言っています。実体、様相、相互作用、のような事柄です。これはアリストテレスが列挙し、カントが認識論で用いたのですが、何をカテゴリーと見なすかについては完全な一致はありません。ここでは論理学の意味でのカテゴリーではなく、情報の位置付けの最も基本的な仕方を考えます。すると時間と空間もその中に入るわけです。あらかじめ結論の方向を示しておくなら、情報に関しては、「一意性は情報の属性であって事柄の内容ではない」、また事柄については、完全な一意的区別は不可能だということです。

さて知を秩序付けるについては「事柄の内容による区別・一定の規則による位置付け・一定の観点(ものを見る立場)からの序列化」が不可欠ですが、実は区別も秩序付けも観点によるということを注意しておきたいと思います。すると区別は観点の別でもあるわけです。以下事柄の捉え方に関する区別とその問題性について若干のことを申しておきます。

捉え方に関する基本的区別

同一と差異（AはAである・Aは非Aではない）、主と客（自と他、主体と客体）。時間と空間、個と普遍（法則）、原因と結果、目的と手段、数・量・方向（上下、左右）。上下は序列化と結合することに注意してください。区別・秩序づけ・序列化は人間が設定したもので、「客観的世界」の構造ではありません。

以下ではその結果でてくる区別の非一意性に注意します。

区別の非一意性

同一と差異

何を一（個、ないし主語）とするかは話題によって異なる。

主と客（自と他）

自分を構成するものは実はすべて他者起源である。なお主観と客観は認識上の区別ですが、主体と客体は行為上の区別で、これについては後述します。

時間と空間

カントは感性的直観の基本形式としていますが、ここでは情報の位置付けの基本的形式と解しておきます。つまり時間と空間という一意的客観的事実があるわけではありません。現代物理学では時間と空間と質量は互いに独立な量ではなく、速度に関して相関的であることが解っています。

個と普遍

何を個（単位）として扱うかは話題によって異なります。

原因と結果

原因は結果によって定まります。ちょっと説明しておきます。たとえばラッパや尺八を吹いてみます。吹いた（原因）からといって鳴るものではありません。散々練習して、やっと音が出せます。つまり鳴るように吹けば鳴るのです。そして鳴るように吹いたということは鳴ったという「結果」から知られるわけです。原因には結果から定義される面があるので、「原因と結果は相互に独立で、原因がそれとは違った結果を生む」のではありません。川の流れについて上流を原因、下流を結果として、両者を近付けると一本の線になります。つまりある瞬間の事象について時間的に先行する条件が原因、事象そのものが結果と呼ばれているわけなのです。

手段と目的

これは因果の逆です。因果が解っているとき求められる「結果」を得るために、その条件を「手段」として設定するのです。目的は一般に人間が設定するもので、自然界にまで読み込むことは注意すべきです。牛の角は突くためにできたのでしょうか。できたから突くのでしょうか。進化の過程を目的論で理解するか、進化は偶然の結果なのか、論じてみてもあまり意味はないと思います。

数・量・方向

これらは客観的事実ではありません。数・量という客観的事物が存在するわけではありません。これは人間が認識を秩序付けるための道具です。座標が話題に即して作られるゆえんです。方向も距離も話題に即した原点と座標軸を設定することで決まるので、客観的事実ではありません。数・量・方向（上下）は序列化を可能としますが、価値の序列は観点によって決まる現実です。

実体・属性・相互作用（仏教では体・相・用）

何を実体云々とするかは観点により異なります。もし実体を「他者ではなく、自分自身によって自分自身がありうるもの」と定義するなら、実体は「一切を含む世界の全体」だけになってしまいます。

事柄が「何であるか」を一意的に決定して、それにかかわる「因果関係」を採用、技術に応用し、経済関係すなわち「目的・手段関係」に組み込む。これは事物本来の在り方も関係も無視して利用することで、経済中心の文明は人間の存立に危険なほど環境破壊をもたらしています。それと関連して「主体と客体」について、そもそも関係は一般に相互作用なので、どちらが主体か、一方的に決定できるものではないのですが、近代世界では、自然との関係では人間主体、社会では特定の人間、とくに「強者」（権力者）とされる人間が一方的に主体として客体を処理する傾向が強いので、相互性は破られています。つまり「強者」が一方的に主体としてふるまって自分たちこそ価値の序列の最高位にあると称して「支配」するわけです。

(2) 価値と実践

つぎに、実践と価値に関して若干のことを述べておきます。両者を一緒にする理由は、実践すなわち行為は、価値を実現ないし生むものと考えられるからです。「価値」とは、一言でいって、「生きるための必要を満たす性質」のことで、「生きるため」といってもさまざまな面がありますから、「生きるための必要」をどこに見るかによって、価値観が異なるわけです。行為にはさらに公認の秩序に従うという面がありますが、秩序も価値の内でしょう。他方、反価値の実現は悪とされます。

言うまでもないことですが、価値という客観的事実があるのではなく、何を価値と見なすかが問題で、現代世界の問題性はここにあるわけです。「価値」とは「生きるための必要」を満たす性質だと言いましたが、実践と価値の捉え方について、多少の説明を加えておきます。

行為の規範に関して

「場」と行為について、若干のコメントをしておきます。

言語には、行為に関して直説法（記述）・接続法・希求法・命令法がありますが、これを「場」との関連で解釈すると、――「場」とは「そこに置かれた人が一定の方向に動かされる空間」のことですが――「一定の方向に動かす」について区別があります。その区別は認知されないこともありますが、認知されれば、さまざまな仕方で言表されるものです。

（1）特に場が存在しない場合は行為に何の制約もありません。

（2）公園のように、場があり、行動には一定の制約があっても、大幅な自由が認められる場合があります。

（3）茶の湯の席のように、行動について一定の仕方（取り決め）があり、それに従うことが求められる場合。その仕方は「このようにするものだ」と言われます（命令法的な直説法）。これには一般に礼儀とされるものが属します。反した場合、咎められることはなくても不快感を持たれます。

（4）学校やカルチャーセンターのような訓練の場での規範は「このようにしなさい」と命令法でも述べられますが、「基準はこうこうだ」、「このようにすることが望ましい」と、接続法や希求法の形の言表もあります。

（5）商店や銀行、交通機関などのように、利用の仕方が決まっている場合には、行為の仕方を知らなければ利用できないし、反すれば少なくとも咎められます。行為の仕方には「利用したければこのようにしてください」と、依頼懇願ないし条件付きの命令法の形で述べられるのが普通です。

（6）法律や倫理のように社会生活の秩序にかかわる場合には、行為の仕方は命令ないし禁止の仕方で述べられ（命令法）、通例反すれば罰則があります。「殺すなかれ、盗むなかれ」などのように、普遍的な禁止に関しては、禁止について条件はないのが普通です。

以上のような行為の基準は一般に一意的言語で述べられますが、一意性は（2）から（6）の順に厳しくなります。以上のように、言葉で規範が述べられている場合、礼儀や文化、倫理や法律の場合は禁令の内容を知ってそれを守ればよいのですが、宗教の場合は違いがあるわけです。

宗教との関連では、命令と禁止、ないしそれに準ずる明示的な言表がある場合、ただそれに従っていればよいということはありません。それは、「身体・人格」としての人間について、目には見えなくても以下に述べる「超越的場」があり、そのはたらき（要請）に従って行動することが求められるからです。「要請」は具体的には「自己」の「自我」に対する要請ですから、規範ではありますが、それに従う行為は「自由かつ自然」です。逆に言えば、もっぱら言表された規範に従う行為は他律であり、超越の表現としての生からの隔離をもたらします。イエスやパウロが、当時の律法主義者が律法の言葉を守れば神に義とされると考えて「神の支配」・「内なるキリスト」のはたらきかけを見失い、みずから義人であると自認して、実は罪の支配下に置かれていると警告したゆえんです。

行為と関連する「価値」に関して

上下　価値には上下があります。生きるための必要を満たす性質には程度の差があり、程度の大きいものの価値が上とされ、序列が作られます。つまり上下は、生をどう理解するかで異なることになります。上下は強弱とも関係します。社会生活では一般に強者が上に位置付けられます。ただし強弱は生の理解によって異なるものです。

真　一般に言説と事実が一致するとき、言説は真だとされますが、隠れていた事実をあらわにすることも「真実」の究明と言われます。ギリシャ語のアレーテイア（真実）は後者です。「真」は発見され語られ検証されるものです。経験と検証から独立した無条件の「真」の認識はまずないと考える方が賢明です。

善　選択に際して順位が上とされるもの。

正義　原意は正しさ。正しいとは、あるべきものがあるべきところにあること。

つまり真・善・正義がいかなることかは形式的に定義されるもので、はじめから内容に関して一意的に決定されているものではありません。換言すれば、客観的な価値が定立されて我々はそれに従うのではなく、まずは何を価値と見なすかが問題なのです。ただし真については客観性があると言えますが、社会生活では自分（たち）に都合がいい主張が「真」とされることが普通だし、それは善や正義においても同様でしょう。正義の主張がしばしば争いを生むゆえんです。

では価値は全く恣意的に決まるのかといえば、そうではありません。諸価値には立場によって具体的な内容が与えられるものです。この講義でも、以下で共生（統合）を中心とした場合に成り立つ世界・人間解釈を述べることになります。なお「神」は価値の中心ないし最上位とされるものですが、すでに述べた通り、「神」は疑うべからざる仕方で自己証示をするのではなく、さまざまに立てられ語られているので、問題はどこに神のはたらきが見られているかということであり、さらに「神」と呼ばれているものは実は何か、ということになります。

神　人間の知性を超えた力（ないしその力をそなえた超越的「人格」）。世界を支え、秩序付け、善と正義をもって人間界を支配する力、限りない尊厳（超越的人格）。問題は、たびたび指摘したことですが、神の有無ではなく、何を「神」とするのか、ということです。

知と一意的言語の問題性と有用性

要するに、知は実践知も加えて、まずは読み込みなのです。ただちに客観的事実の写像だとは言えません。知の進歩とは、まずは読み込みを行って、不都合が生じれば訂正する、ということです。その繰り返しが結果として「読み取り」になっていくわけです。現代では現実を捉える基本的な仕方のうち一意的な「個と法則、原因と結果、手段と目的」が重んじられ、行為に関しても一意的な主体性が突出していて、「強者」が主体とされ、知も行動も、もっぱら支配と利用を可能にする方向に偏っています。

しかし一意性は伝達のためであり、区別は情報形成のためであって、写実ではありません。現実は一意的言語で捉えられるように構成されてはいないのです。さらにこれから共生を基礎付ける構造を述べることと関連してあらかじめ注意したいことは、無限は一意的に定義（限定）できないことです。一意性の埒外（らちがい）である無限自体は、その一部一面は別として、全体としては否定的にしか語れません。さらに極（他者とのかかわりの中で自分自身でありうるもの）にとって一意的情報は全て無用かといえば、決してそうではありません。あとでも述べますが、我々が「いま・ここで・何を選択するか」というときには、一意的情報は必要でもあり有用でもあります。一意性は特定の時間または特定の観点のもとで正当に成り立つからです。

第六講　言語批判と宗教批判・近代批判

第五講では言語の話をしましたので、第六講は言語批判を媒介にして、宗教批判から近代批判まで述べていきたいと思います。

1　自我と生

まず、自我と「生」。「生命」、「生活」の「生」です。この意味での「生」は、あまり日本語では使われないけれど、以下ではこの意味で使います。

第五講では言語の使用について話しました。現代ではコミュニケーションは主に情報の交換になっていて、情報が「現実」になっている。「現実」とは、前講で述べたように、自我にはたらきかけて、これを変える作用を持っているもののことです。言語化された世界では、事実ではなくて情報が現実になっている。情報が事実として通用している、あるいは事実が情報に還元されている。そういう状況になっている。

さて、ここでは直接情報に従って考えたり行動したりする自我、これを「単なる自我」と言っています。情報がそのまま現実になっているような場合には、自我が「生」（「いのちの営み」）に直接触れ、支えられることがなくなっていることが多い。それが問題です。つまり、思考と行動がいのちの営みとか感覚とかを媒介しないで、いきなり情報に規定されているということが起こる。それはよくないことだと僕は思っています。その結果、情報が正しくても――間違っていれば余計にそうですが――、ニヒルとかエゴイズムに陥る危険がでてくる。

情報と自我・情報の検証

情報と自我について。情報とは「どうなっているのか」、それから「じゃあ、どうしたらいいのか」という問いへの答えですが、なるべく一意的な答えが求められています。情報は、第五講で述べた三つの領域、つまり記述言語・表現言語・動能言語の三つの部門に分かれていますが、いずれにしても情報を受け取る側が、本当は自分で情報が形成された現場で、その情報が正しいかどうか確かめなければいけないのです。それが検証です。ところがそれは非常に困難です。

検証とは、たとえば記述言語の場合には、記述言語が記述している対象に実際に何らかの形で触れるとか、表現言語の場合には語られていることを実際に自分で経験するとか、動能言語の場合には、正当性だけではなく実効性も検討するとかですね、そういうことをしなければいけないのですが、それは事実上非常に困難になっているところに大きな問題性がある。とはいえ、困難ではあるけれども、いろいろな仕方でなるべく検証するようにしていかなければいけない。

単なる自我

その場合、単なる自我は、検証せずに情報に直接依存して考えたり行動したりする。情報の担い手あるいは言語使用の主体は自我です。だから「単なる自我」と言っています。そしてその場合の情報は、検証を経た正しいものでありうるけれども、だいたいは検証なしに通用しているものです。つまり、単なる自我は思考と行動において、自分で検証しない情報に直接規定されている自我のことで、これは現代では増えるばかりです。

そうすると、身体的・人格的ないのちの営みから切り離されてしまった単なる自我は、生とのつながりが希薄になる。その結果、単なる自我にとってのいのちの営みとのつながりというと、強い感覚とか強い欲望とか、そういうものに限られてくる。そうすると肉体性を恥じるようなことにもなる。自分の生体験を媒介しない自我は他者に対する共感を失ってしまう。さらに超越次元に対して無自覚的になる。これは情報化以前から、人間が言葉を使い出して以来すでにそうなっていますが、超越次元に無感覚になってしまう。その結果、生きる根拠がなにもない、生き甲斐も生きる目的もないというニヒリズム、万事自分中心に行動するというエゴイズムが成り立ってくる。

情報と言語

現代は情報化の時代です。いま述べたように、情報は単なる自我と結びついてしまう。それで、情報が単なる自我を立てる、あるいは単なる自我が情報を使うという、こういう悪循環の関係になっている。だから言語は現代においては単なる自我の言語になる傾向がとても強い。つまり言語使用の主体が単なる自我で、相手をも単なる自我として扱ってしまう。

しかし本当は、言語はもっと深い所から出るものなのです。本当は言語を語る自我は、超越を自覚した自我です。これを「自己・自我」と言います。まずは生、さらには超越のはたらきが同時に自分のはたらきであるような、そういう作用的一である自我、それが言葉の主体にならなければいけないのです。その場合に言葉は、共生、一緒に生きることを求める人格の言葉になるのです。また、相手を人格たらしめる、こういう作用もある。つまり言語の場合には、どこから出て、どこに語り掛けているのかという問題があります。単なる自我が単なる自我に語り掛けているのか、もっと深い根拠から出て深いところに語り掛けているのか。これは前講で述べた言語の分類とは関係がない、むしろ宗教の問題です。

この問題をもう少し詳しく述べてみます。

情報はいつも限定なのです。特に一意的な情報がそうですね。「SはPである」というと、そもそもSを定立することが特定のものを選び出すという限定であり、さらにSはPとして限定される。しかし実は人格も自然も、その内容は本当は限定されていない。そういう意味で無限。内容的にも無限だし、深みにおいても無限なのです。そのことについては直接経験のところで述べます。

ところが、単なる自我が一意的な言語を使うと、これは限定ですから、無限を見失ってしまうのですね。それが世俗化に直接につながってくるのです。だから、言葉を使う場合——考えたり行動したりする場合ももちろんなのですが——、そういう限定を超えた超越のはたらきに触れることが求められている。これが創造的自由を可能にするのです。

一意的な言語を使う「単なる自我」は超越を見失う。それと共生、一緒に生きるということも見失いますから、そういう意味でエゴイストになるし、根拠を見失うという意味でニヒリストになりやすい。そういう場合にどうなるかというと、保身と自我強化に向かうので、他者を利用して、さらに支配するという方向に動いていきます。この場合、他者とは人間だけではなく自然も含めて言います。一意的な言語というのは、前講で述べたように、利用し、序列付け、支配するためにはとても便利なものです。だから、単なる自我は第一講から問題にしている、中層と深層の人間性を見失うことになります。

それを人間本性の事実上の死だと言うと大げさに聞こえるかもしれません。けれどもイエスが当時の律法家に対して言った、「君たちは白く塗った墓だ」という言葉があります（マタイ23・27）。当時の律法家は、イエスから見ると、律法の言葉が根差す場（生と超越のはたらき）を見失ったまま、直接律法の言葉に規定されて行動している人たちが多かった。律法家たちは「律法を守ればいいのでしょう」、「自分は律法を守りおおせた義人だ」と言うものだから、イエスがそれを見て「君たちは白く塗った墓だ」と言った。これは一般に「偽善」という意味でとられています。マタイがそのように捉える傾向があるから余計そうなのですが、「白く塗られた墓だ」、「内側は死と穢（けが）れに満ちている」というのは、これは表面だけきれいだという偽善のことではない。イエスは「穢れは外から入るものではない」（マルコ7・15）とはっきり言っています。だから内側は死人の骨だと言っているのは、実際に人間性が死んでしまっているということを言いたかったのだろうと思います。

2　生（いのちの営み）

「いのちの営み」とその直接的感覚

「生」＝「いのちの営み」ということについて、次講のための準備にもなりますから、ここで少し触れておきましょう。

「いのち」という場合に、「いのちをやる」とか「いのちを捨てる」とか「いのちを貰う」とか「いのちを拾う」とか、そういう言葉があります。「いのち」が何か物みたいに聞こえる。もちろん物みたいに落ちている物を拾うわけではないと、みんな理解してはいます。だけど、何か「いのち」が実体化している言い方がある。これが問題です。「生」は実体ではありませんから。我々が知っているのは「生」の作用ですね、はたらきです。

では、「生」そのものとは何かというと、生は、統合作用の場という「場」で成り立つものだ。ここではそう言っておきます。超越の場において成り立つものが「生」なのです。場は直接的には目に見える対象にならない。認識の直接の対象にならないから、一意的な言語でも語れない。記述言語でも実は語れない。超越ということを、『聖書』では「内なるキリスト」とか「神」とか言いますが、実は「生」も超越的なものなのです。もちろん内在的でもあるのですが、「生」は超越に根差しているところがあるのです。それについては段階を追って述べていきます。

ですから、単なる自我にとって「生」＝「いのちの営み」を自覚するのは困難になっている場合があります。では「生」の感覚、「いのちの営み」の感覚とは何かといったら、それは我々の身体（からだ）、それを直接的に感覚するということがあります。生の感覚はまずは身体感覚に含まれているわけでしてね。たとえば違和感のない健康感、そういうところに含まれている。つまり自分が生きているということ、朝起きて「あ、俺生きているな」って、ほっとするかどうかは知らないけれども、そういう場合に自分で心臓に触れてみて「ああ、心臓が動いているから俺は生きているんだなあ」と推理はしないでしょう。その前に直接的な感覚で「俺は生きている」ってわかりますよね。そういう感覚。生きているという直覚です。それが希薄になったり枯渇したり、あるいは逆に充実したりするのです。そのあたりを掘り起こすことが大事です。

作用的一

この講義では作用的一という言葉をよく使います。これはどういうことか。身体を例にとってみます。身体の営みは全て物質的な反応だということが知られています。身体の中を調べてみますと、身体の中で起こっていることは全部物理的・化学的な反応なのです。ところが、身体の不思議というのは、物質的な反応が、身体という場の中では、同時にいのちの営みになっていることです。両者がずれると死んでしまうのです。そういうことを「作用的一」と言っています。つまり物質の営みがそのままいのちの営みになっている。違うものが作用として一になっていて、それをいのちの営みということにしています。作用的一というのは電話などでもあるのです。電話って声、つまり音なのだけれども、向こう側に人間がいるでしょ。人格の語り掛けですよね。音波が同時に人格の語り掛けになっている。聴く方にはそれがわかる。これも作用的一と言っておきます。

いのちの営みについてはこの次で述べますが、これは因果関係ではないのです。代謝（メタボレー）はむしろ変換なのです。それで、はたらくもの同士の間ではフロント構造が成り立つのです。これもこの次で述べていきます。

いのちの願――本能と自我

いのちには「願い」があるのです。身体的・人格的ないのちには、いのち自身の「願（がん）」がある。願は浄土教の言葉ですが、いい言葉ですね。誓いであり願いであり、しかもそれが阿弥陀様のはたらきによって成り立ってくるという。そういう願という言葉があります。いのちにはそういう願があるので、本能と自我というところから考えてみます。

生物一般、特に我々がよく知っている動物の場合、いろいろな本能があります。動物ごとに違うのですが、共通しているのは自己保存、種族保存とそのための闘争本能だと、普通そう考えられていますし、実際そういうところがあります。本能というと我々は動物的だと言って馬鹿にしますが、実は大切な尊いものです。魚とか昆虫のように、卵から孵（かえ）ったらすぐに自分で生きなければならない、教育ということがない、そういう生き物の場合は本能に従って生きているのです。本能とはつまり、学習しないで生きる能力のことです。ところが哺乳類になるとそうはいかないので、多かれ少なかれ、生まれてからまずは母親の世話になっていろいろなことを学ぶことになります。おそらくその過程で自我というものが発達してくるのでしょう。僕は動物にも、人間とは違うけれども、自我に相当するものはあると思います。さらに言えば、人格に相当するものだってないわけではないと思っています。もちろん人格ではなくてワン格とかニャン格ですけれどもね（笑）。あると思っています。余計な話ですが。

それで、その本能の場合、刺激が情報になって動物がそれを反応に切り換えるわけなのです。情報を反応に切り換える仕方は、本能として決まってしまっているから、反応は必然的で不可避だということになります。ところが人間はそこが切れているので、刺激をまずは情報として受け取る。その情報を自我が勘案して行動を選択する。刺激と行動の間に自我の判断が入っているのが、人間の特徴です。この場合の自我は単なる自我ではなくて、いのちの営みの自覚がそこにあるかないかというのが大事です。自我は生きるために必要なのです。しかし自我は欲望に動かされていて、情報を受け取ったら欲望からして行動を選ぶということになりがちなのです。

一時、盛んだった行動主義の心理学は、もっぱら刺激と反応から考えていたみたいですね。「こころ」とか感情とかの主観性を勘定に入れるのが嫌いでしてね、ネズミを使って実験したりしていました。それで行動主義心理学者はネズミを人間から理解することは止めたけれども、人間をネズミから理解しようとしている、とからかわれたりしていました。行動主義には正当な面が多々あると思いますが、人間の場合、行動主義心理学が考えたほど刺激と反応が密接に結びついていないのですね。そこが問題なのです。

単なる自我の場合、思考と行動が「いのちの願い」に気づかずに無視してしまう。もっぱら自我の知性で情報を処理して行動を選ぶ。このときはこうすることになっているからこうするのだ、ということになりがちです。わかりやすい譬えだと、もうお昼でご飯を食べることになっているからご飯を食べる、という。お腹(なか)が空いたから食べるというのではなくて、ご飯を食べる時間だからご飯を食べるという。知性で情報を処理してしまうとはこういうことです。こういう場合にはこうするものだという、社会的また個人的な規則がある。これを変換「コード」と言うことができるでしょう。つまり身体ではなくて頭で動いているのですね。その場合に社会的通念に従うことがよくあります。この世の中で生きる生き方がそうなのです。もちろん社会的行動の場合だけではなくて、個人的な場合もありまして、この場合は個人的な欲望ですね。それが情報を行動に切り換えるときにはたらくということになります。一般化すれば、人には短期的・長期的な生活の「プログラム」があり、生活はその実現へと向かうものです。置かれた状況の中でプログラムとコードに従って行動するというのが「単なる自我」の行動パターンだと言えます。これは「欲望」の構造だと言えるでしょう。ですから、その欲望が問題なのです。このプログラムとコードの結合を作るのは欲望ですが、この実現を支えているのも欲望だ、という構造があります。そうすると本能がもはや自我を動かす現実になっていない。人間の本能というのは一般に残滓（ざんし）というか残りしかないと思いますが、しかし本能の全てがなくなってしまったわけではありません。特に個人的な生活の場合には本能がエゴイズムと結合してしまって欲望になっている。あるいは社会的生活の場合には知識や社会のしきたりで歪められていて、情報と行動をつなぐものが、通念に隠れた欲望に変わっていたりする。つまり自己保存本能が自我中心主義に変わり、種族保存本能が愛欲になり、闘争本能が勝利の追求に変わってしまったように思われます。ほんのう（本能）が濁ると、ぼんのう（煩悩）になる（笑）。これは駄洒落ではありません。本当にそういうことがあるのです。現代人が求めるのは、儲けることと勝つことと娯楽だ。そういうふうに見えるので、これが本能が煩悩になっている証拠のように思われます。

人格

つぎに身体ではなく人格について。人間の場合には「生」は自覚的な共生です。先ほど述べた共生への願がありまして、これが意識に現れて情報処理と行動選択のときにはたらく。だから共生への願と言いましたが、それが感覚とか感情とか意欲と化して現実化するのが人間というものだと思います。つまり人間というのは「身体・人格」だと。

人格は他の言語では、パーソン、ペルゾーン、ペルソンヌなどと表現され、皆ラテン語のペルソーナ（persona）から来ています。ペルソーナは元来は演劇で使う仮面のことです。ところで仮面は役割を示すのです。だからペルソーナが役割という意味になって、言葉のやり取りの中で自分の役割を果たす責任主体という意味に変わっていきます。それが舞台を降りて一般に使われるようになったわけですが、僕もそのように使っています。つまり人格とは何かといったら、コミュニケーションのネットワークの中で自分の役割を果たしていく責任主体だと、僕はだいたいそのように考えています。

その場合の責任主体ですが、それが「生」の実感と共生への願いに基づいていないと社会生活が狂ってくる、それがない場合にはニヒルとエゴに傾いていくということになるのです。それが表層でどういう形をとっているのか。これまで述べてきたことと重なる部分もありますが、大切なことなので、ここで改めて述べておきます。

(1) 単なる自我の生――別の面より

表層

単なる自我とは結局、直接情報に頼って考えたり行動したりする自我なのです。社会生活の場合、特にそうなのです。そうすると自我は自足的な情報処理機構になってしまって、いのちの営みをバイパスしてしまう。そういうことが多くなります。つまり、「こうやれと言うからやるんだ」、「やらなきゃならないからやるんだ」ということで、深い本性の要求からして行うということではないのです。つまり生の感覚を喪失する、あるいは生きているという実感が枯渇する。するとどうなるかというと、生きているのが無意味だとなって、無自覚的なニヒリズムへと傾いていきます。その結果は、個人的な面では自我を動かす肉体的欲望にそのまま従ってしまう場合と、肉体的欲望を知性で制御する、抑え込もうとする場合があります。そうすると自我と肉体性とが分離してしまう。自我が身体から遊離して身体を支配しようとすると、身体が肉体に換わって、肉体性が自我に反逆するということになる。そういういろいろなことを含んで、しかも自我が自分だけの安全と強化を求めるという自分中心的な生き方が現れてくるわけです。単なる自我が行動する場合に身体性をバイパスしてしまうと、身体性が反逆して自我に逆らう場合と、それを道徳性が無理やりに抑え込んでしまう場合、それからそれに失敗してニヒルに沈み込んでいく場合、いろいろ出てきます。

そういうところをもう少し見ていきます。戦後の日本は実に自由だったのですが、最近はあれしちゃいけない、これしちゃいけないとなってきましてね。社会の本質がだんだんと進歩や成長ではなくて秩序に求められていくような傾向が起こっているのではないか。禁止すれば秩序が保たれると考えられているのではないか。戦争が終わったのが僕が中学二年のときで一九四五年、その後の数年間は本当に自由でした。数年間よりもっとあったかもしれない。その頃から比べると今はすごく窮屈になって、あれしてはいけない、これしてはいけない、そういう社会的圧力はやめてくれって言いたいぐらいです。

楽園喪失

ところで楽園喪失という話が『旧約聖書』の「創世記」第3章にあります。アダムとエヴァが、ふたりとも裸で、楽園で暮らしている。そこでは何を食べてもいいけれども、善悪の知識をもたらす知恵の木の実を食べてはいけないと言われていたのに、それを食べてしまった。それが神様にばれて楽園を追っ払われたという話です。禁断の木の実はよく林檎と言われますが、林檎なんてどこにも書いてありません。それでは禁断の木の実っていったい何なのか。

キリスト教の歴史を見てみますと、「アダムの原罪」というのは、神がやってはいけないと命じたことをやったことだと、そちらの方が強調されています。それは「パウロ書簡」(ローマ5・14)にもあるし、特にアウグスティヌス(三五四〜四三〇)ではっきりしてきます。しかし僕は、実はそうではないと思います。「知識を知る木の実」を食べたこと、それが問題なのだと思う。ではいったい、その木の実を食べるとはどういうことか。僕は言語を使う自我が成り立ったということだと思います。僕だけではなく、そう考えている人たちがたくさんいます。伝統的キリスト教では禁令に背いたという方が注目されているので、いま述べたことはあまり問題にならないのですが、言葉を使うようになって、単なる自我になって、アダムとエヴァは超越を見失ったのだと、僕はそのように解したいと思います。

それで、その後の話です。禁断の木の実を食べるとアダムとエヴァは裸であることに気がついて、イチジクの葉で腰の周りを覆ったと書いてありますね。そしてふたりは神様から呼ばれると隠れてしまう。神様が「どうして隠れたのだ」と問うと、「裸で出るのが恐れ多いからです」と答える。「誰がお前たちに裸だということを教えたのだ、さてはあの実を食ったな」となって、ばれちゃう、という話です。

裸を恥じてイチジクの葉で腰の周りを覆ったことと、知恵の木の実を食べたことと、どう関係があるのか。やっぱりあると思うんですよね。もちろんシンボリックに書いてあるのですが、自我ができて自我が肉体性を制御しようとすると、最初にそれに反抗するのがセックスの欲望ですから、それを恥じるようになる。そういうことが関係しているのではないか。採集狩猟の段階から農耕へと進んだのも言葉を使う自我が発達したからです（創世記4・2）。ただ、そういう観点から楽園喪失の話の全部を説明することはむずかしい。たとえば蛇って何だとか、どうしてエヴァが先に誘惑されたのかとか。蛇とは自我のこと、また女性が先に禁令を犯したというのは、女性のほうが男性より言語能力が発達しているということかもしれませんが、とにかく言語の獲得によって自我が成り立ったということがあると思います。

道徳と生

このことをもう少し詳しくお話しします。表層で、普通に見られる生き方というのは、単なる自我が通念的規範によって身体を支配しようとしている。社会的に生きるときにはだいたいそうなる。社会ではこういうふうに決まっているからこうしろというのです。先ほど述べた「コード」ですが、法律も倫理も習慣もエチケットも、いろいろありますね。さて先ほど述べたように、自我はもっぱら情報に従うから身体性（本性）から分離してしまう。そうすると身体が肉体に変わるのです。身体を一方的に制御しようとすると身体が肉体に変わって自我と肉体が分裂する。そうすると肉体が自我に反抗して自我が肉体的な欲望に負けるという構図が出てきます。さらに自我が肉体性を無理やり抑圧する、そういう生き方も出てきます。これは歴史的によくあることで、ストア派的な道徳主義だとか、儒教的な武士道だとかですね。特にイエスが批判した律法主義者がそうなのです。これについて、道徳主義者は偽善だというふうによく言われるのですが、偽善というより内側の人間性が死んでしまっているのだと考えた方がいいと思います。だから、与謝野晶子（一八七八～一九四二）がからかったようなことになるのです。

　やは肌の　あつき血汐に　ふれも見で　さびしからずや　道を説く君

とかね、そういう現象が出てきます。

中層を自覚した生き方がある

実は中層を自覚した生き方があるのです。つまり単なる生ではなく、共生、一緒に生きることを求めるいのちの営みが、感性あるいはひとつの傾向（実は「身体・人格」の本性）として現れてきて、それを行動が表現するということがでてくる。その場合、いのちの営みの中核は「共生への願」だということになる。それを生の「統合作用」と僕は言い換えています。統合作用の訴えかけが自我に届いて自我はそれを生かすという。そうすると超越と関わる自己・自我が成り立ってきます。これは次講以降に説明します。

ところで中層から深層に行くのですが、その前に表層と中層の間、これが問題としてあるのです。つまり中層の生ですね、生が現れてはいるのだけれども表層から脱却しきっていない、そういう生。つまり中層の中心に至らない、表層からの移行部です。そこには共生の願には至らない生の感覚があります。これが情熱として現れて自我を圧倒することがある。それは生の十全な自覚をもたらす感覚だったり、損得を顧みない情熱だったりするのですが、しかし多くの場合、単なる自我と結合して、生の本来は変質するわけです。必ずしもそうではないが、多くの場合にそうなる。先ほど述べたように、本能が濁ると煩悩になる。その場合に自己保存の本能が変質して自己強化、他者に対する征服・支配欲という、そういうエゴイズムに向かう。他方、情熱が常識的な自我を圧倒する。

それはたとえば損得とか名誉とか不名誉、場合によっては生死を顧みない情熱です。その典型的な場合がエロスで、これは悲劇になる。『ロミオとジュリエット』とか『ファウスト（第一部）』のグレートヒェンの悲劇だとか、あるいは『カルメン』だとか。日本の場合だと、江戸時代に出てきます。よく知られている「八百屋お七」とか「安珍と清姫」、『曽根崎心中』などほかにもたくさんあります。そういう悲劇に陥る場合がある。

　また、あらゆる困難を乗り越えて、努力を厭わない、仕事と勝利への情熱、これは闘争本能と結びついてきます。一般にこれは社会的に高く評価されます。これは生の発露ですから表層を突破しているのですが、これが必ずしも共生の願ではないということが問題です。その場合、先ほど述べたようにエゴとニヒルの克服には至らないことになります。

　その適例が第一講でも少し触れたニーチェです。ニーチェはたいへん重要な思想家だと思っています。最初に書いた『悲劇の誕生』という本は、作品の形成力であるディオニュソス（バッカス）を言う。これは肉体と分離した単なる自我を破って現れる情熱的な生の陶酔なのです。特に陶酔の面が強調されていますね。だから酒の神ディオニュソス（バッカス）と名付けたのでしょう。彼には日常性を破って現れる生への直接な感覚がありました。僕はこれがとても大事だと思う。ヨーロッパの思想の歴史では珍しいのです。多くの批評家たちはニーチェの思想内容ばかり気にして、たとえば「神の死」だとか「超人」だとか「永劫回帰」だとか「ニヒリズムの克服」だとか、そういった点ばかり言っているのだけれど、僕はニーチェには生に対する直覚があるのが大事だと思っているのです。ただ彼の場合それが純粋ではなかった。生が共生にまで深まっていなかった。だから彼が発見した生は無邪気により強くより深くより邪悪になろうとする。強者は無邪気に弱者を征服する。こういう結果になってくるのは、残念なことでした。ニーチェの思想は、とにかく弱者のエゴイズムを暴露(ばくろ)しても、強者のエゴイズムを精算していないから、強者の弱者支配を正当化している。だからナチス・ドイツに担がれたりして戦後酷(ひど)く評価を落としたということがありました。

実際、この場合は個人的な生が強いのですが、集団的な生への陶酔というものがあるのです。集団的熱狂ですよね。つまり祖国（国家）とか伝統とか、そういうものに対する熱狂が現れる場合がある。日本にもありました。ヒットラーはそれを巧妙に引っ張り出してナチの意味での理想国家を建設しようとして世界を戦争と殺戮の舞台にしてしまいましたが、そういうのもあるのです。

自己表現的生

さらに、生の自覚は自我を突破するので、音楽とか絵画とか文学とか芸術によく現れます。生は表現を求めるのです。例をあげる必要はないと思います。クラシックからロマンティシズムにいたる音楽、古典から近代にいたる小説・演劇・詩。「芸術は爆発だ」と言った岡本太郎（一九一一～九六）さんの画(え)はどうですか。ピカソ（一八八一～一九七三）なんかもそうだと思うのです。日常的な知性は現実の一部一面しか見ていない。だからそれをぶっ壊して多面的な形を平面上に再構成して生を表現して見せた。見ているとほんとうに生の表現になってくる。そういうことで日常的・一意的な知性を越えているところがあると思います。でも生はやはり共生というところまで行かないといけないのです。

(2) 知　宗教と文化の衰退――知の面から考え直してみる

認識（主―客関係）記述言語

宗教と文化の問題については、詳しくお話しするときりがないから、特に記述言語の場合をごく簡単に述べます。記述言語というのは対象を客観的に記述するのです。知が共有される領域の事柄です。この場合、一般的に事実について、定義が可能な一部一面が認識されるので、だから一部一面の認識としてはとても正しいのです。この場合は、特に情報化や情報処理が可能なので、他者の性質を知って操作したり利用したり序列化したり支配したりするのに便利です。記述言語は便利な言語ですが、その使用に際しては、先ほど述べたように記述の内容が事実そのものとして通用するということがよく起こってきます。一意的な因果性が立てられると、科学と技術が結合して、経済システムへの組み込みができるようになります。それが近代をつくった。ところがここでは客観的な記述が不可能な超越が抜け落ちてしまう傾向が強い。

理解（我―汝関係）表現言語

表現言語の場合、これは私とあなたという関係のことなのですが、ここでは記述ではなく、理解がある。自分と出会っている「あなた」を理解する。自分を理解すると同時にあなたを理解する。認識ではなくて「理解」です。この面が表面に出てきます。人間性に関する知は、認識ではなくて、助け合うことを可能にする理解が大切です。他人の言行を自分の経験に思い当たって理解する。同時に自分自身の経験――現実的あるいは可能な経験――に思い当たる。そういう面が強く出てくるのです。したがってこれは自覚に通じてくるわけですね。

表現言語の問題性

表現言語では特に目に見えないこころの表現が大事な役割を占めてくることになるのです。だから感情とか欲望とか意欲とか情熱とか、あるいは苦とか楽とか、さまざまな生き方、そういうものについて表現と理解がなされます。ただ、この場合の「あなた」の理解、あるいは「自分」の理解、生の理解、こころの理解は、先ほど述べた表層と中層の間に留まる場合がないとは言えない。

自覚（自己―自我関係）

それに対して自覚という知があります。記述と表現に対して自覚、これは自知です。自分に関わる知。自己理解。自分とは何か、何をしているか、何を感じ、求めているか、何によって生きているか、そういうことに自分で気がつくこと。そういう生の自覚は、自分がそれを生きることによって現実化される。だから自覚の深まりは意識されていなかった自我の部分、さらに自我を超えた自分の意識化のことです。自覚は客観的事実ではなくて自分の生に関わっているのです。ですから自覚の内容が表層の自意識から、生物学的な、煩悩と結びついた生に深まって、それと対決しながらさらに共生へと深まっていく、それが可能な領域ですね。自覚というのは今とてもおろそかにされていますが、そういう意味で非常に重要なのです。これをおろそかにしてはいけない。

一言付け加えておきますと、現代は情報化の時代で、情報化にはコンピュータが使えます。コンピュータが発達して人工知能というものも出てくる。機械が人間の筋肉を凌駕したように、コンピュータは人間の情報処理能力を遥かに越えています。だから、将来この領域がますます盛んになると思いますが、ただ自覚はコンピュータに代行してもらえないですね。自覚はそもそも他人に代行してもらえない。一般に他人に代行してもらえることは、かなりの程度をコンピュータないしＡＩにやってもらえるのだと思いますが、他人に代行してもらえないことがある。たとえばロボットに、「俺、今夜忙しいから代わりに飯食っといてくれ」とか、「俺の代わりに病院に行ってくれ」とか、そういうことは言えないわけでしてね。そもそもこれは他人に代行してもらえないことなのです。どうしても自分でやらなければならないこと。試験なんていうのも自分でやらなければならない。

代わってもらってはいけないのですが、そういうことだけではなくて、どうしても自分でやらなければならないことがある。自覚というのはその中の非常に大きな領域です。自覚はどうしても自分でやらなければならない。他人にもコンピュータにもロボットにも頼めない。ただロボットあるいはＡＩが支配的になっていく社会では、自覚ということがますます貧困になっていくのではないだろうかと危惧しています。

3　批　判

(1)　現代批判・宗教批判——言語使用の観点より

宗教

ここまで述べたようなことから現代批判と宗教批判とが出てきます。宗教とは何かということを話し出すと長くなってしまう。要するにさまざまな宗教的経験というものがあるのです。ただそれは目に見えないから、表現して伝達するためにどうしても形にしなければならないのですね。それでいろいろな形、表現的な形がつくられるわけです。宗教的な経験といってもいろいろありますが、ここでも雷を例にあげましょう。あれは典型的な宗教的経験とは言えませんが、雷は怖いから、怖さからいろいろな雷様の物語がつくられて、雷神社までできるわけです。だから一種の疑似宗教的な点があるわけなのですが、あれを見るとよくわかります。まず心情的な経験があって、それを解釈し伝えるためにイメージ化・物語化される。するとイメージが客観的現実とされ、崇拝の対象になっていく。そういう一般的なプロセスがあります。

批判

そうすると目に見えないはたらきを人格化して考える。イメージ化して考えると、恐怖と期待、想像と推論が加えられる。たとえば人間を超えた人格に対して何かを期待して願い事などをする、そういう事が始まって、さらに神話形成までいく。その場合の一番大きな問題は何か。雷は、今は雷様が太鼓叩いているって誰も思わないけれど、かつては、経験そのものではなくて、その説明的な解釈としてつくられた雷神のイメージがひとり立ちして、イメージが現実として通用したことがあるのです。そういうことがあるというより、宗教ではだいたいそうです。ここのところを批判しなければいけない。つまりイメージや物語は解釈的な表現であって、その根本にどういう経験があるのか、その経験まで帰って、経験されるものを現代のふつうに通用している言葉で語るという、そういう方法が一般化してこないと宗教はますます衰退してしまうと思います。

神という言葉は多くの言語にあります。その意味はだいたい一般化できて、目には見えないけれども人間を超えた力があって、人間の願いを聞いて世界の出来事に関わって影響を与えたり、人間の振る舞いに従って罰を与えたり、祝福したりする、そういう存在だとされている。そういう一般的な神観念があって、それに恐怖とか期待とか推論とかいろいろなものが混じり合って、いろいろな神様ができてきます。だから問題は、神があるかどうかということではないのです。何を神と言っているかということなのです。この場合も幸福とは何かが問題なのではなく、何を幸福というかが問題なのです。「幸福」みたいなものです。

さて何を神と言っているかということをつきとめれば、その「何を」を言い換え、言い当てていくことができるのです。それが本当の宗教理解です。そういうやり方をすると、神様を見て記述した人はいないから、神様というのは結局、古代人がある経験を表現したり伝えたりするためにつくった形＝イメージなので、さまざまな物語があります。つまり一般的に言えば、神や神にかかわる物語は古代人がつくったイメージですから、その通りに存在するとは言えない。僕はそう思っています。

だけど超越はあるのですよ。宗教的な体験のもとにある超越、これはあるのです。超越の形象化は人間のしたことだから相対的なもので、正しいとは限らない。ですから、ここで僕は人格とか場とかを比喩として使います。どうしても比喩を使わなければならないのです。人格神とか場所論とか、それだけをとりますと、やはり超越的な経験、宗教的な経験を解釈して説明するため、さらにそれを伝達するために言語化したイメージや概念なのであって、決して非現実ではないけれども、それがそのまま事実だというわけではない。現実態というわけではない。だから実はまず経験自体を伝えることが大切なのです。

ところがイメージの方が現実だと思われているわけだから、近代の世界で科学が発達すると、非科学的なものは到底信じられないというので、世は神様を捨ててしまう。これを世俗化と言います。そうするとイメージと同時に超越まで捨ててしまう。これが問題だ。

つまり神を否定した近代の世俗化は自覚に現れる超越を見落としてしまったと、こう言えるだろうと思います。どこで始まったかというと、啓蒙主義ですよね。「汝の悟性を持つ勇気を持て」という、科学的な見方が一般化し、客観的事実の認識と利用が一般化していく。つまり自然科学的な知識が進んで、それが伝統的な神表象を否定していく。そういう、客観化された表現言語には正当性があるのですが、それを根本まで遡らなかったから超越まで見失ってしまった。それで生の中層や深層が失われていく。

(2) 近代批判——総論

科学の成立と発展がもたらしたもの

最後にここから近代化がどのように見えてくるか。大きな問題だから一言では言いつくせませんが、とにかく一言でいうとどうなるか。

科学の成立と発展がもたらしたもの。それは客観的認識ですね。これは元来、表現言語すなわち自覚に現れる現実を否定するものではないのです。宗教は表現言語ですが、記述言語と矛盾するものでは全くないのです。「痛み」は主観的表現だから非現実だという科学者がいるでしょうか。宗教も了解すればいい。しかし表現言語を宗教者自身が記述言語に変えてしまった。そうすると科学と正面衝突するのです。

そうすると科学の本質に対する無知が、自覚されるはずの超越すなわち宗教の本質の無視に傾いてしまう。科学が発達して技術に応用されて経済システムに組み込まれる。感覚可能、検証可能な客観的事実だけが現実とみなされ、さらにそれが表現や理解、自覚まで駆逐すると超越を見失うということが起こる。人間の本来のあり方を無視した経済中心の社会ができあがってくるのです。経済が人生の一番の根本だという見方。これは近代になってだんだんと強くなってきた。

最初からそうだったわけではないのです。イギリスの近代経済学は元来は社会倫理だった。ところがだんだんと、産業革命を経て経済が発達すると経済が中心になってくる。資本主義だけではなく、共産主義も同じです。この意味では両者は同じ根から出た二つの仇花ですよね。ここには宗教と科学の関係に対するある誤解がある。現代の危機を招いたものについては、科学が悪いのではない、科学を悪用した人間が悪いのです。

その結果、社会全体が情報化されて全体が経済の指標で測られるようになってくる。文明が経済的指標に還元される。この場合にコンピュータが使われるのですが、コンピュータには学習機能があるので、コンピュータが学習して出した答えについては、コンピュータを設計した人自身、その答えがどういうプロセスで出たかわからなくなってくるのだそうです。そうすると、コンピュータ自体も、コンピュータが出した情報に直接依存することになります。こうして皆が情報を検証する前に依存することになってしまう。するとますます情報に依存する単なる自我が増えていくことになってしまう。つまり文明が単なる自我の文明になっていく。それは何をもたらすか。

(3) 単なる自我の文明、つまり近代化がもたらしたもの

次に述べることは、必ずしも今述べたプロセスによってできたものだとは言えませんが、しかしそれがかなりの部分ではたらいていたことは事実です。

植民地化

まず植民地化。一六世紀の大航海時代の到来とともに、いわゆる先進国が他民族を帝国主義的に植民地化し始めた。まずポルトガル、それからスペイン、オランダ、イギリス、さらに欧米諸国。最後にドイツと日本が割り込んだ。我々に縁が深いのはアヘン戦争、日清・日露・日中戦争、さら

に二度の世界大戦です。二度の世界大戦の背後には植民地争奪戦があります。この際、資本主義と共産主義の両陣営が分かれていきます。

一応資本主義の方が自由、共産主義の方が平等だと、一般化されています。確かにそういう面はあります。ところが経済を基本とする点では両方同じです。共産主義的な計画経済は失敗に終わりましたが、旧共産圏の場合には、まだその伝統が残っています。やはり無神論と自由の規制が随分強いように思われる。アメリカと中国の対立が目立ってくる。

戦争と環境破壊

それだけではないですね。生の中層深層を無視した科学的知識の発展と応用。これは産業革命をもたらした。産業革命は、機械工業へ、軽工業から重工業へ。さらに電子化・情報化というように進んでくる。そうであればあるほど人は生の直接経験から遠ざかっていく。生の感覚、自覚、それが希薄になる。

確かに生活は快適になったし便利にもなった。危険な面も出てきましたが、安全にもなった。他面では軍事産業の発展とか大量破壊・殺戮兵器の登場とか、資源の過大な乱費とか廃棄とか、環境汚染。地球温暖化、あるいは生物の大量絶滅。そういうことがいま起こってきている。

誰もがいま、これを問題にして何とかしなければいけないと思っています。けれどもやはり問題は、資本主義にも共産主義にも共通する信念、経済が文化の一番の基本なのだという考え方にあるでしょう。特に資本主義の場合には、最初は生産と販売で儲けていたけれど、だんだんと実体経済から遊離した金融操作による利潤追求が主流になってきて、富の偏在と所得格差の増大が起こってくるわけです。旧共産圏の場合、計画経済と統制がうまくいかなくなった。つまり自由の制限によって生産力と生産性の低下が起こりまして、いまいろいろな変化が出てきているわけです。とにかく共通点として、文化（人間性の表現と理解）の衰退ですよね。主として思想とか芸術とか学問とかがかかわるのですが、生の深みを自覚し表現する文化が軽視されている。都市と交通の過密化が進んでくれば、ウイルスの感染拡大などということも起こってくるわけです。

一番問題なのは、経済活動の主体ですよね。経済活動の中身や結果よりも、経済活動の主体自身に対する批判的な反省がなされていない。それで先ほど述べたような仕方で宗教と文化の衰退が起こっていると僕は危惧しています。

第七講では、そういう失われた面を取り戻すとはどういうことなのかを述べたいと思います。

第七講　直接経験

1　序説

直接経験

第七講では、直接経験という、ある意味では一番大事なところを述べていきます。ここでは直接経験と言いますが、普通は「言葉を媒介しない経験」だと言っています。たとえば西田幾多郎（一八七〇～一九四五）『善の研究』の冒頭に出てきます（注：西田では「純粋経験＝直接経験」）。あれは直接経験の一面です。言葉を媒介しない経験は、言い換えると自我の判断（個別的、一般的認識）を媒介しない感覚です。言葉には認識だけではなくて想像や推理も含まれます。想像も認識も推理も媒介しない直接性だから感覚なのです。それは場合によっては状況に即応した行動に発展することもあって、それは反射的な行動に似ています。反射的な行動も直接性と言いますが、それはある意味で直接性・直接経験だといっても、自我の意識的な思考・判断がバイパスされている、からだの動きについていうことが多いので、先に述べたような直接性と同じとは言えないけれども、やはり直接性ではあります。

言葉を入れない認識とは、どういうことかというと、言葉を使う自我による世界の認識と秩序付けからの解放と言うこともできます。換言すると、情報を処理して行動に変換するということを我々はやっていますが、その仕方がいわばリセットされるということです。キリスト教では回心（メタノイア）の本質がそれです。仏教の悟りに対応するとも言えます。

普通は自我が情報を処理して行動に切り換えることをしていますが、その場合、どうしても自我が中心になっています。上記のような転換が起こると、それまで隠れていた共生を求める「自己」が意識に現れて自我を動かすようになる。自己が現れると言ってもいいし、自己と自我が結び付くと言ってもいい。それを「自己・自我」と言うことにしますと、「自己・自我」が情報を行為に変換する主体になります。

最初の言語化

直接経験の現場には言葉も認識も自己意識もないのですが、自己意識の再現とともに言語化が生起します。言語化された最初の言葉には、まず「無限性」があります。いまここに現れているものは「無限」で、しかも「一」だと。つまり直接経験という場で現れる現実ですね、それは内容に関しても奥行に関しても無限で、無限というのは限りがないということでもありますし、限定されないという意味でもあります。そこでは一意的な言語世界はいわば吹き飛ばされてしまう。その中に自分も含まれている。しかも一だと。そういうことです。「一」とは、認識内容として言い直せば、まずは意識内在がそのまま意識超越だということです。ただし、「無限かつ一である」というとき、そういういわば感覚（直覚）を与えるのはまずは「自然」です。道具や機械や建物のように、特定の目的のために作られたもの、人為で成り立つものには、無限性も深みもありません。

直接経験とはどういうことか。その全体を言うことはできません。言葉ではどうしても一部一面しか語れない。だからそれを「知る、行う、出会う」という三つの面に分けてお話しします。それで「ああそういうことか、それなら私も知っている」とわかる人もいるだろうし、初めて聞いたという人もいるかもしれませんが、ここでは概論を述べてみましょう。

2　直接経験とはどういうことか

直接経験で明らかになることを言葉で言い表した場合、

①日常の言語世界、それは事実の正確な写像ではない。
我々は言葉で語られた内容を現実化して、言葉の内容を現実そのものだと思っている。直接経験でそのことが明らかになる。つまり思考と現実は同一ではないということです。
②日常の言語世界は、単に言葉の内容を経験に読み込んでいるだけではない。
第五講で述べたような、世界を秩序付ける枠組みがあって、それを自我が使っている。直接経験でそういう枠組みがあることがわかる。わかってみると現実の秩序とか組み立ては、言語世界のものとは違うということです。

直接経験をすると、言語と思考の回路、つまり「情報」を受け入れて、それを行為に変換する、その仕方が変わるのです。日常言語というのは利用と序列化と支配にとても向いている。現実そのままを捉えるのではなくて、利用したり格付けたり支配したりするのに都合のいい仕方で捉えている。そういう思考回路なのです。直接経験をすると、その思考回路が一緒に生きることを求める思考・行動回路に変わり、したがって言語体系も変わるということです。日常言語と言いましたが、この場合は特に一意的な言語のことです。Aと言ったらAでそれ以外の何ものでもないという、そういう一意的な言語、それが典型です。だから、そういう言語世界が問題の中心です。
念のために、日常言語の秩序形成のための枠組みについて述べておきましょう。我々はどういう枠組みを使って世界を秩序付けているのか。論理学でカテゴリーと言われているものに近いのですが、同一と差異、数と量、時間と空間、個と普遍あるいは法則、原因と結果、手段と目的。こういう枠組みを使って、経験を構造化し秩序付けています。直接経験でそれが相対的なものだということがわかるのです。実際生活の場面では、格付けとか序列付けとかを我々はやっている。権威や権力についても上下の枠組みを持っています。支配と服従、命令と禁止、何々をしろ、すべからず、そういう一意的言語の世界ですね。それが当然のことになっている。

考え方と生き方の転換

考え方と生き方の転換と言いましたが、我々がふだん使っている枠組み、それには一部一面の正当性はもちろんあるのです。だけどそれは言語化されていない世界の事実上の枠組みとはやはり違っている。普通の枠組みを使っていると、それに支配されましてね、実際、支配欲とか名誉欲とか所有欲とか、そういうものが基礎付けられてしまうのです。あるいはそういうものと枠組みとが強め合っている。だから、ここでいう転換とは、自我を動かしている思考や行動の枠組みから、統合(これについては次講で説明しますが)という枠組みに変わること、つまり思考様式・行動様式がそういう共生の枠組みに変わるのだということです。

それで直接経験の内容とはどのようなものか。そこは言語がない世界だけれど、でもやはり言語化しなければならないのです。直接経験の内容を何とか言語化する場合、先ほど述べたように、言語化以前の現実が現前する、露(あら)わになる。そういう現実は無限であってしかも一だ。それは直覚的にわかるということです。その無限性というのは超越的ですね。ただちに超越そのものが出てくるわけではない。けれど、無限性というのは超越に連なっています。一性というのもそうですね。

さらに詳しく言うと、言葉のない感覚の世界といいましたが、その感覚の内容が問題です。感覚とは意識内容なのです。感覚は意識の内容です。だけどそれが同時に意識超越だ。つまり意識の中にあるものが、意識の外から来ているという、いわば直覚ですね。これは簡単な実験でも経験することができます。私自身を構成するものは全て他者起源だということです。

それから、言葉の直接の支配から自由になったという解放感があります。さらに生きているという実感、これも戻ってきます。それが共生を求めることに繋(つな)がっていくのです。だから、単なる自我においては生きているという感覚がとかく失われがちなのですが、それが戻って来る。それで、何度も言いましたが、「真実と共生への願い」が自我を動かす。そういう「こころ」といいますか「はたらき」というか、それが自分になる。自我を外から動かすより、それが自我自身の内容になると、そういうことですね。だから言い換えると、言葉の支配から自由になったという解放感があって、それから生きているという身体感覚上の実感があります。

それでいま述べた自己ですね、パウロは「生きているのはもはや私ではない、私の中に神の子キリストが現れて生きている」と、そう言い表しています（ガラテア1・16、2・19―20参照）。エゴイズムとニヒリズムがそこで清算されると言ってもいい。ただ、言語が消失した世界は再言語化されますが、それについて簡単に述べておきます。

再言語化について

直接経験の現場には言語はない。「私」はないし自己意識もないのですが、もちろんそれは戻って来ます。「これは私の経験だ」ということに気がつく。そうすると反省が戻ってくる。自と他という区別が戻ってきますが、経験の内容はまずは無限性なのです。では日常言語の世界はどうなのか。日常言語の世界は一般に一部一面については正しいのです。それを全部無くしてしまうとか、全て間違いだというのではなくて、むろん間違いもありますが、一部一面においては正しい。また、日常世界の常識は実際的にも、行為を選択するときに必要なのです。だから、直接経験論は学問や文化を無用にするわけでは全くありません。そうではなくて情報による直接的支配が破れるというだけの話で、そこから改めて世界を見直すということが起こる。だから僕は直接経験というのは学問研究のためにも、進歩のためにも、有用なのだと思います。

3　直接経験の諸相

直接経験の領域の区別

直接経験の諸相ですが、直接経験の全体を一度に述べることはできませんから、「知る」と「行う」、それから「出会う」、この三つの面に分けてお話しします。

まず、「知る」というのは、いわゆる「主―客関係における直接経験」です。それから「行う」というのは行為にかかわります。これは「自己―自我直接経験」で、自分の行為や自分を動かすものの直接経験です。三つ目の「出会う」というのは、いわゆる「我と汝」、「私とあなた」の直接経験、そういう三つの面があります。

主―客「知る」

「主―客直接経験」は、「知る」ということに関わっています。「知る」というと、論理学では普通「SはPである」という形に直す。「何々は何々である」ということですね。それを「SはPである」と記号化していますが、「主―客直接経験」はそれに関わる直接経験です。ですから一般に「あれはこういうものだ」というだけではなくて、「私は私だ」ということにも関わってくる。つまり「私は私である」という、一見当たり前のことが実は一面的だったということです。「何々は何々である」という、そういう面に関わる直接経験は、次の自己―自我の直接経験にも関わってくるし、当然「わたしとあなた」関係にもかかわってきます。これらを呼び起こすことが可能だということです。禅的な経験の場合は、「主―客」直接経験が目立ちますが、三つが一緒になっていると思います。キリスト教と浄土教の場合は次に述べる「自己―自我直接経験」が中心だと思います。

念のために改めて述べておきますと、言語化された我々の日常的な世界には、認識があるし、その内容があるし、イメージがあるし、枠組みや秩序もある。一般にそれを観念的なものと言っておきますが、それが消滅する。消滅するといってもいろいろな程度と深浅があるのです。全面的にかつ徹底的にというのはやはり稀(ま)れだろうし、日常世界にそういうものが顔を出すこともたぶんあるのだろうと思います。

とにかくそれが起こると感覚がはっきりする、明瞭になってきたという感じがありましてね。世界を秩序付けていた、先ほど述べた枠組み、同一と差異とか個と普遍とか原因と結果とか手段と目的、これは客観世界に内在するものではなくて、そういう枠組みは認識する人間の方にあるのです。人間の主体の側にあるのです。それはカントが認識論で指摘した通りです。それが世界を秩序付けているのだということが明らかになってきます。

だから、そういう意味でそれが消滅するということは、言語化された客観世界が消滅するということであって、言語化以前の感覚が改めて顕現するということになるわけです。それを言語化するとまずは無限性と一だと言いました。そこに露わになっているものの内容に関しても奥行に関しても無限だ。つまり限りがないということと限定できないということ、それが超越の感覚に連なるのだということも言いました。

自己―自我「行う」

自己―自我直接経験。これは「行う」ということに関わる、むしろ「生きる」ということに関わると言ってもいい。これは言語の消滅といっても特に動能言語に関わっています。

動能言語とは他者を動かすための言語ですが、特に「何々をなすべし」、あるいは「なすべからず」、こういう形での動能言語です。それが問題の中心になっているのですが、それが消滅する。というのは、そういう「すべし」「すべからず」という命令や禁令、これにはしばしば「こころ」が関与しないで、「やれ」と言うからやるんだ、「やめろ」と言うからやめる、という他律的な情報で、自分の「こころ」とか身体性の関与なしに自分の思考と行動を支配するということがありますが、それがなくなるということです。

つまり一般に社会的な秩序を守る規律や習慣や法律、そういう実践的な規範と、規範だから守るという知的・意志的な自我ですね、それがなくなる。だから同時に規範から解放される。そうすると自由だという解放感と生命の充実感が戻ってくる。自分は「身体・人格」である。つまり「身体としての人格」＝「人格としての身体」だという自覚が戻ってきます。そこで現れてくるものの内容は「共生」だということを、繰り返し述べてきました。だから、「自己」の内容は「共生の願」です。「統合心」とも言えます。そして自我は共生の願を表現するはたらきになる。

それを「自己・自我」と言います。パウロは「私の中にキリストが現れた」、「私が生きているのは、私が死んでキリストが生きている」と言う。キリストとは「自己」のことですね。しかも自我がなくなるのではない。「私が生きているのは」とパウロは言います。そこでは自我が消失するのではなくて自己・自我として生きるのですね。どういうことになるかというと、まずは言語化された規範がなくなってしまう。だからパウロの言葉で言うと「パンタ　モイ　エクセスティン」、私は何をやってもいいのだ、何でもありだと言う（1コリント6・12）。本当に文字通り何でもですよ。規範なんかゼロ。何をやってもいいんだ。ただし、全てが人生にとって有益なわけではない。パウロは続いてこう言います。全てが人生に「貢献する」わけではない。だから、パウロは何をやってもいいのだけれども、パウロの言葉で言うと、「キリストのからだとしての教会」、これは人格の共同体です、それを建てるためにはたらくのだと。これはとても典型的な自己・自我の言い表しです。

なお、以上は自分が他律的な規範に束縛されていながら、規範を守ることに自分の本来性があると確信している状態からの解放ですが、これは自分で自分の理想状態を思い描いてそれを実現させようという自縄自縛（じじょうじばく）状態からの解放でもあるわけで、一般になりたい自分になろうと懸命になる生き方からの解放も含まれます。

「自己」の顕現・「自己による自由」の現実化

自己の顕現について、典型的なのが、パウロの「ガラテア人への手紙」の2章の19節以下です。

わたしは、神に生きるために、律法（社会的に通用している行為規範のことだと考えてください）によって律法に死んだ。わたしはキリストと共に十字架につけられた。生きているのは、もはや、わたしではない。キリストがわたしのうちに生きておられるのである。しかし、わたしがいま肉にあって（つまり、自我として）生きているのは、わたしを愛し、わたしのためにご自身をささげられた神の御子を信じる信仰によって、生きているのである（ガラテア2・19―20）。

古い私（単なる自我）は死んだというのです。それで私の中にキリストが現れた。もはや、生きているのは私じゃない、そのキリストだ。しかも「私」はそのキリストによって生きている、そういうことが書いてあるのですね。

「わたしは、神に生きるために、律法によって律法に死んだ」。つまり律法研究と順守という行に全身全霊をあげて精進した揚句(あげく)に、律法に対して死んでしまったというのです。これは自分に対して律法が死んだということでもあります。「わたしはキリストと共に十字架につけられた」。この私というのは、律法的行為をしている自我です。「生きているのは、もはや、わたしではない。キリストがわたしのうちに生きておられるのである」。

「しかし、わたしが肉にあって生きている」、これは再び自我のことですね。「私を愛して私のために十字架についたキリストへの信仰によって生きているのだ」。これはパウロの信仰です。

パウロが「キリスト」と呼ぶものは、親鸞（一一七三～一二六二）の場合は阿弥陀様です。超越的・内在的な阿弥陀様です。阿弥陀様の願は存在の全世界に行きわたっているのだけれども、それが私の中にもあって私を動かしている。そういう自覚が親鸞ではとてもはっきりしています。親鸞の場合は、「南無阿弥陀仏」と唱える主体そのもの。念仏行が阿弥陀様の願によって成り立っているという構造がはっきりしています。そういう意味で「私は私によって私だ」という自分理解が清算されるので、私は単なる私ではない、私でないところから生かされている私である。私を超え、しかも私に内在する阿弥陀様とひとつである私だという新しい理解が成り立ってくる。

我―汝「出会う」（わたしとあなた）

それから私とあなたですね。我―汝、そういう局面における直接経験がある。そこで人格としての自分がはっきりしてくるわけです。つまり私、単なる自我としての私は、私は私だ、あなたはあなただ、そもそも関係がないという「私」がなくなるのです。

私は言葉を語っている私だ。言葉を語っている私というのは、それを聞いて応答するあなたなしにはあり得ない。つまり私はあなたなしには私であり得ないのだと、あまり気付かれていないけれども、そういうことです。つまり語りかける私は応答するあなたなしにはない。

語りかけと応答、これはやはり言語の、つまりコミュニケーションのひとつの原体験だといえると思います。語りかけと応答に言語の原体験を見るというのは、単なる自我ではなく、共存を求める自我から出てくる人間関係で、あなたは超越の表現として私に語りかけている尊厳な人格だ。

もう少し詳しく説明します。ここでもやはり無限性、他者の無限性ですね、私に出会っているあなたの無限性ということがあって、しかもあなたと私との一という――一だけではないのだけれども――、一の面があるということが明らかになってくる。ここでキリスト教的には愛ということが出てきます。「ヨハネ第一の手紙」4章の7節以下に「愛は神から出る」、「愛する者は神を知る」という言葉があって、これは典型的です。他方では、私もあなたも、自由なのです。愛とは自由な愛、愛における自由です。単なる癒着でも断絶でもない。その関係が「超越」に基礎づけられている。

人格

人格ということについては第六講で説明しましたが、復習しておきます。パーソンとかペルゾーンとかペルソンヌとか、そういう言葉はラテン語のペルソーナ（persona）から出ている。ペルソーナとは元来、演劇で用いられた仮面で、したがって役割という意味を持っています。そういう言葉が、日常世界、あるいは法律の世界で使われますと、言葉のやりとり、つまりコミュニケーションのネットワークの中で自分の責任を果たす主体ということになってきます。日本語で人格というと「人間としての資格を持つ人間」という意味だと思いますが、ここでは人格というのは、「個人」としての個ではない「関係存在」だ。「人格」をそういう意味で使います。コミュニケーションのネットワークの中で自分の役割を果たす責任主体という意味で使っておきます。

人格をそういう意味で用いながら、「私—あなた」関係を説明しておきます。ここでの「言葉」なのですが、言葉は普通は内容を伝達するための言葉です。知識とか意志とか、そういうものを伝達して合意を形成する。しかしそういう内容に限定されない言葉の原体験があります。キリスト教の場合には仏教と違って言葉が消滅するということがないかというと、もちろんあるのですが、消滅するのは律法の言葉です。律法の言葉がなくなる。しかし言葉一般ということに関してはそうではない。

なぜかというと、言葉の原体験ということがあるからだと思います。つまり言葉の原体験というのは人格の直接経験だと言ってもいいのです。それは「語りかけ」なのです。語られる内容ではなくて「語りかけ」自体によってコミュニケーション、あるいは共生が現実化することがあります。だから人格同士の出会いと言ってもいいのです。あなたに語りかける、するとあなたが答える、そこに人格関係の実現があるわけです。この意味で人間はコミュニカントだと言えます。この点をとてもよく書いているのがマルティン・ブーバー（一八七八〜一九六五）の『我と汝』という本です。日本の神学者では野呂芳男（一九二五〜二〇一〇）さんが「我―汝」という関係を中心に考えていました（『実在論的神学』創文社、二〇〇九）。禅の場合はむしろ「はたらきかけと即座の対応」という、いわゆる「禅機（ぜんき）」として現れることが多いと思います。

「あなたと私」関係における「あなた」について、もう少し述べておきます。人格の直接経験においては、相手の肩書とか社会的な意味、さらに私にとっての意味、そういうものが消えていると言ってもいいし、それらはあなたの全てではないということ、あなたの中核・本質ではないということが明らかになるのですね。つまり人種とか性別とか年齢、学歴、職業、思想、信条、能力、業績、財産、容貌、趣味、等々。まだあると思いますけれども、上下関係とか、価値の高低関係とか、そういうものも含めて、それがあなたの本質ではないと。そういう社会的意味付け、位置付けが消滅する。しかも「語りかけ―応答」の原体験がある。それが「私―あなた直接経験」です。

この意味での直接経験は「主―客直接経験」と同じではないけれども、通じるところがあります。特に倫理というような社会的規範について問題になります。規範を守るというとき、規範に則ること自体が問題なのではない。「あなたと私」関係では「あなた」が中心問題で、規範はそのためだという。ところが「あなた」はどうでもよくて、規範を守ることが中心になる、という逆転が起こることがよくある。「私―あなた直接経験」では、そういう逆転がなくなります。この点では「主―客直接経験」と同じではないけれども、また「自己―自我直接経験」とも同じではないけれども、それに通じてくるところがあります。

だから、他律的な規範が消滅する。法的倫理的な規範が消滅する。言葉の内容が消滅するだけではなくて、規範性がなくなるのです。そうすると人格との直接的な関係が現れてきます。つまり「あなた」に対して直接的に「私」が語りかけるという構図です。

実際、イエスの場合、その点がはっきり現れています。イエスの人に対する接し方は第一に律法に拘束されていない。律法にこう書いてあるからあなたに対してこうするのだ、あるいはこういうことはしないのだ、そういうことがないですね。それから相手による区別、差別がない。コミュニケーションについて相手を選ばない。だからイエスは社会の最下層の人と交わった。彼らと一緒に飲み会をやっているというので、当時の紳士である律法学者やパリサイ人の顰蹙を買ったというのですが、イエスは平気でそういうことをやっています（マタイ11・19）。差別がない人間関係、それが現実化する、そういうことですね。

ここで日常言語の復活なのですが、では倫理とか法律とか習慣とか、そういうことは一切いらないのかというと、そうではない。やはり一部一面の正当性を持つものとして復活してきます。その点については後でまた詳しく述べていきます。

4　直接経験で見えてくること

統合という構造

直接経験で見えてくることはたくさんあります。次講以降もこれに関わりますが、ここでは簡単に述べておきます。

まず統合という構造です。この次に説明しますが、これは一意的言語では見えてこないのです。経験上、統合ということを一所懸命説明しても、全然ピンとこない人がいます。よくよく聞いてみると、そういう人は一意的言語の世界にいるのです。だから直接経験を踏まえないと統合と言っていることがなかなか見えてこない。なじめないのですね。

じゃあ、直接経験を経たら明らかになるのかというと、少なくともその可能性が出てきます。直接経験の現場を経た反省によって明らかに見えてくることがあります。これまで述べてきたように、我々が普通日常的に考えている世界とか人間とかいうものは、我々が利用したり支配したり秩序付けたりするために便利な言葉で組み立てられているということがはっきり見えてくる。そういう枠組みから脱却した思考様式・行動様式が成り立ってくるということです。

(1) 直接経験の全体について

それはどういうことか。これはこの次の問題ですが、概論的に述べておきます。直接経験を経た後の現実はどうなるか。

時間

時間。これは直接経験においては現在です。現在しかない。感覚は持続ではない。瞬間ごとに新しく成り立ってくる。こういうことですね。じゃあ、過去・未来はどうなるのか。それらはもちろん反省的に帰ってきます。でもやはり現在中心だというところがあります。それで過去や未来は、当然の話だけれども実在ではなくて、自我（たち）が構成した世界だ。イメージと言語から成る言語（イメージ）世界だ。時間というものは、月の満ち欠けのような規則的な変化を単位にして、変化を数量化し秩序付けたもので、客観的事実ではない。そういうことが改めてはっきりしてきます。

では直接経験で経験される時間とはどういうことか。それは現在ですね、現在が中心なんだ。しかも「考えて」みればその現在というのが過去を含んでいる。過去が変わってきたものだ。また現在は可能な未来を孕んでいる。我々がそれを社会的には歴史的には展開していくのだという。そうすると過去・現在・未来という時間同士の相互関係、相互の浸透関係というのがはっきりしてきます。いわゆるタイム・マシーンというものは、思考（イメージ）が実在だという錯誤の産物です。

空間

空間、これも現場、「ここ」が全てです。反省によって「ここ」は「あそこ」を含むということが明らかになってくる。これは実は日常経験でも実感できるのです。我々の小さな目でもいいのですが、望遠鏡がありますよね。これが広い宇宙の空間を見ている。これはどういうことかと言うと、無数の遠い星から出る情報が私の、つまり全ての人の、目に集まってくるということ、それぞれの「私」の目という一点に集まっているということなのです。星からは光が全方向に放射されている。たった一本の光の線が出て私の目に入るわけではないですからね。星の世界でいえば、あらゆる星から出た情報が私の目に集まっている。目ではよくわからないけれど、望遠鏡にするとそれがはっきりしてくるわけです。ただしここでいう時間と空間は日常言語での時間と空間で、物理学でいう時空のことではないことをおことわりしておきます。

生体

さらに考えてみれば、一本の木がここにあるということは、大地があり、水があり、空気があり、太陽があり、つまり地球と太陽があるということ。地球と太陽があるということは太陽系があるということで、太陽系があるということは銀河が、さらには宇宙があることだから、一本の木がここにあるということは宇宙全体があるということを意味しているのです。そういう構造ですね。

これは身体の場合が特にそうなのです。ここはここ、あそこはあそこ、ではなくて、身体の一点にあらゆる身体情報が集まっているということがあるのです。だから脈をとれば健康の全体の状態がわかるとか、あるいは一個の細胞が実は人間全体に展開できる情報を遺伝子として持っているとか、そういう事実があるのです。そういう事実がはっきりと見えてくるということもできます。実はこの性質は統合体において最もよく実現されていることです。

個物

個物（individual）は実は「個物」ではない。「私」は個人ではなくて「関係存在」だと言いましたが、一般に個物と言われているものはそうなのです。自分自身によって自分であるような実体ではないのです。後で説明しますが、実は相互作用の場の中にある「極」だということです。「極」というのは磁石の両極みたいに対極なしには自分自身でありえないものでありまして、磁石の極も、南極なら南極という独自性＝自己同一性は、北極との関係なしにはあり得ない。人間にもそういうところがある。

人格というのは関係性の中にあると言いました。これは個ではなくて極である、独自性は関係の中にあるのだ、あるいは社会の一員としてあるのだ、そういう意味で人格というのはコミュニカントなのだ。そういうことが統合という構造ではっきり見えてきます。

言語

次に言語です。繰り返しますが、我々は言語化された世界を現実だと思ってしまうわけですが、直接経験から見ると、それは言語社会で二次的に構成された世界です。世界に関する概念的な知識は、実は一意的な認識と伝達のためで、知識を伝えるとか意志を伝えるとか、あるいは人間と事物を利用と支配のために用いるとか、そういうことを可能にするものである。つまり一意的な言語は一部一面の正しさは持っているけれども、決して全体ではない。

だから、それは全体ではないけれども、一部一面の正しさは持っていることとして、やはり検証作業を行わなければいけないのです。その言葉が正しいかどうかですね。検証作業というものは、本当は全てについてやらなければならない。それはなかなか難しいけれどもね。しかし、一意的言語は検証作業を経れば一部一面の妥当性を持つものとして復活してくる、蘇ってくるのです。だから直接経験があると言語世界がなくなってしまうというわけではありません。それぞれが一部一面の正しさを持つ世界として復活します。日常言語というのもそういう一部一面を語るものとして復活してくるわけです。

認識

それから認識ということですが、思考と存在は同一ではないということです。我々の言語化された世界、思考とイメージの世界、それは存在そのものと同一ではない。思考と存在が同一だと言い出したのは——その発見自体がある意味でとても意味深いことで、確かにそういうことはあるのです——古代ギリシャのエレア学派のパルメニデスで、はっきりそう言っている。それをソクラテスやプラトンが磨き上げて、展開した。

思考と存在は同一だと言う。そうするとそれは実証ではなくて論証の世界です。数学や論理学の場合は論証だけでいいのですが、経験の世界では論証がそのまま実証だというのは間違いです。にもかかわらず論証が実証だという考え方が成り立ったのですね。それが西洋哲学の基本になった。僕は西洋哲学にのめり込んでいた一時期がありますが、「主—客の直接経験」で思考と存在は同一ではないということがはっきりして、観念論哲学に別れを告げました。思考と存在は同じではない。論証は実証ではありません。思考と存在が同一だと言うためには、それを示す検証が必要です。

ただ、ソクラテスについて弁護しておきます。ソクラテスは以上のようなことを言い出した、あるいは発展させた一人なのですが、ソクラテスが問題としたのは、善とか幸福とか正義とか、そういうことなのです。善とか幸福とか正義とか徳とかいうものは、客観的な存在ではありませんから、いったいそれは何かといっても、それらを客観的存在みたいに捕(つか)まえて調べるわけにはいきません。それらの理解はどこに現れるかというと、言葉の使い方に現れてくるのです。だから、ソクラテスがそういうことを問題にしたとき、まずそれらにかかわる言葉遣いを問題にした。これは正しいのですね。それだけでいいかというと、少し言い足りないのですが、とにかくそれは正当な方法なのです。ただ、それをプラトンのように存在者一般に及ぼすと、経験を重視したアリストテレスも全体としてはそうですが、それは間違いになるのです。

だからそれを修正するものとして、経験的な実証が必要なのだと、歴史的にはイギリスの経験論が言い出したわけです。ただし経験論も実は直接経験ではないので、思考から完全に自由になっていないというところがあります。それは別の問題です。

それから、それと関係しますが、数学は思考の世界です。だから数学の世界では考えられたものは存在なのです。経験的世界にはなくても数学の世界では思考と存在は同一なのです。たとえば幾何学でいう空間とか時間とかね。あるいは点、直線、一般にゼロ、無理数とか虚数とか、そういうもの。それは数学の世界では存在するものですが、それらと経験世界とがどういうふうに関係するかを簡単に言えば、たとえば経験的世界には完全な円は存在しません。だけどあるものが円と見なされる限り、それは円の幾何学的性質を持っているということが言えますね。そういうふうに繋がるわけです。だから、そのようなところは除きますが、除いた上で思考と存在とは同一ではない、これをはっきりさせておくことが僕は必要だと思います。

それから生き方とか世界とか社会とかについては、詳しくは次講で述べます。ここまで三つに分けて「主—客」、「自己—自我」、「我—汝」の三つの面で説明しましたが、それをひとつにして、いったいそれではどういうことか。直接経験全体があったら、後はどうなるか。

生き方

これを一言で言えといっても無理ですが、ただこういうことはある。直接経験は全体に関わる。それに比べて、単なる自我の活動は人為だ。自然ではないということです。それで僕が次講以降に述べる統合の世界、さらにそれを超えて創造的空とも言いますが、つまり直接経験を経た全体性の現れですね。それはどういうことかと言うと、ひとつのこととして自然性だ。「単なる自我」の人為ではない。おのずからそうなるという自然だということが言えると思います。

世界・社会

じゃあ、世界と社会はどうなのだ。これも到底一言では言えませんが、世界と社会はどう見えてくるのか。

社会というものは契約による個の集合ではない。本来は極のまとまりだ。しかし一般の社会では、そういう極であるはずの人間が個になっている。極のまとまりではなくて個の集団になっている。だから普通の社会、つまり個の集団は、本当のあり方とは違う。本当は極のまとまりなのであり、全体は一で極と極の関係は相補的だ。どういうことかと言うと、他者のためが自分のためになるような、そういう構造です。

人間の身体ではそうなっています。俺は俺で、あなたはあなた、関係ない、というのではなくて、心臓は心臓としてはたらく、すると身体全体を生かすわけです。心臓が、呼吸器とか消化器とか神経系とか筋肉系とかを生かすから、結局心臓自体がそれらに生かされるわけです。これは身体の各部分について言えると思います。だから複雑なことも、それを構成する個別の集まりとして理解できるという「要素還元主義」は、一部一面の正当性しかないのです。

それから、機械ですね。機械というのは、複雑な機械でも特定の目的があるのです。すると関係が一方的でしょ。目的―手段関係がはっきりしています。機械には機能がありますから、それが目的で他のものはその手段になっている。たとえば、車の場合に車輪というのは走行のためにあるので、走行が車輪のためにあるのではありませんね。ところが人間の身体の場合はそうではないのですね。

一は多のため多は一のため。全体は部分のため、部分は全体のため。自分自身であることと共生とがともに――自然に――成り立ってくる。その構成要素は極であり、全体は部分と部分、部分と全体のコミュニケーションによって成り立っている。その関係は、一意的な言葉だけでは叙述できないのです。語れない。だから、そういう一意的な言葉の限界をはっきりさせる。一番いいのは直接経験をすることですけどね。

関係

関係についても、人間同士の関係は、手段と目的とか、原因と結果とか、そういう関係ではなく、変換だということです。変換の一番いい例は翻訳です。英語を日本語になおすという場合、これは変換です。翻訳者がいます。英語が原因で日本語が結果だというわけではありません。そういう変換には変換の機構というのが必ずあるのです。一般化すると、それぞれの人が、他者に由来するものを、自分の一部に変換する。人間関係というのはそのような変換だ。だからそれを一方的な命令とか支配とか目的―手段関係とか、そういうものにしてしまうのは間違いです。変換関係の中で他者との共生関係が成り立ってくるのです。つまり他者がそこにいるということが、自分が自分である条件に変換されてくる。他者のはたらきとはたらきかけを受容して、それを自分自身の存在条件に変える。そういうことですね。そこで共生が成り立つ。

変換と言えば、生体で一番基礎的なものとして代謝があります。ものを食べて消化して自分の身体の一部分にして、いらなくなったら捨てる、空気を吸うについても水を飲むについても同じですが、因果ではなくて代謝、変換です。分業もそうですね。分業もそういう相互関係です。

命令というのも本当は直接的に命令してはいけないのです。命令とは、命令された方が了解して、自分自身の意志に変換する。そうすると初めてうまくいくわけです。命令したことを、とにかく言う通りにしろというのでは、つまり命令をうける方が自分の「こころ」を媒介にしないで、ただ命令に従うというのでは、人間関係としてうまくいくわけがないのです。極端な場合が主人―奴隷関係です。

そのひとつの例で、イエスの言葉で「右の頬を打たれたら、左の頬を向けてやれ」(マタイ5・39)という有名な言葉がありますね。報復するなという文脈で言われているんですが、それを文字通りに受け取ると、イエスの「命令」になるのですよ。左の頬を殴られたら右の頬を向けてやれという命令になってしまう。命令と服従になるのだけど、これでは全然だめなのです。そういうひとつの例として、こんなことを言った人がいます。右の頬を打たれたら左の頬を向けてやれ……右の頬を打つ相手は左利きだろう(笑)。あるいは往復ビンタなのか。そういうことを一所懸命考えていた人がいましたけれど、それはイエスの言葉を一意的な命令として受け取るからなのです。

そうじゃないんですよね、イエスが言っているのは、相手から酷いことをされても、それがそれに対する自分の行為を決定するわけではない、人間には自由がある。相手から行為を受けた場合に、それを自分自身の内から出る行為に変換する自由がある、というのです。その変換のひとつの表れが「左の頬を向けてやれ」という、そういうことだ。決してひとつの倫理を与えているわけではない。ところがイエスの言葉は往々にして一意的な倫理と誤解されましてね、そうすると何もかも無茶苦茶になってしまうのです。

直接経験と「自然」

そういう変換というのは人間の修養とか努力とは関係がない、いや全然関係ないとは言えませんけれども、修養とか特定の目標を設定した努力とか、そういう行為の結果ではなくて、自然に変わってくるということがあるのです。それが直接経験のひとつの重要な眼目であると言えると思います。もちろん直接経験の内容を明確化したり深めたりするためには瞑想とか省察とか信仰とか、そういうものが必要でしょう。それが無用だとは言いませんが、しかし変わるのは努力の結果ではないのです。

(2) 自己―自我直接経験への補論

律法主義からの解放ということを述べましたが、「配慮の生」からの解放ということをあまり言っていなかったので、付け加えておきます。

律法主義からの解放・配慮の生による自己束縛からの解放

先に、一意的で他律的な規範（律法）を自分に課して、それを遂行しようとする律法主義から解放されたときに、自我が滅びて自己が露わになると述べました。解放前の生き方を「命令と順守」と言うなら、もうひとつ別の種類の生き方があります。それは自分が望ましいあり方、つまり一意的な目標を設定して、それを実現しようとしてひたすら努力するという生き方です。これを自分のための「配慮」と言いますと、ハイデガー（一八八九〜一九七六）が『存在と時間』の中で「配慮は人間の基本的なあり方そのものだ」と規定したことと一致します。それに対して、イエスは「生活のために思い煩うな」（マタイ6・25）と言っているので、そこの違いがとても面白い。そこをはっきりさせなければいけません。

「配慮の生」はエゴイスティックになって、おまけに幻滅してニヒルになる可能性がとても高いのですが、とにかく自分自身による自己支配で自縄自縛になることがあります。そうすると他者への配慮が抜けてしまって、誇りと絶望が交替する。これはパウロも律法主義について言っていることですが、一般化すると、「単なる自我」が、「身体・人格」としての自分自身を、自分が設定した規範と目的によって支配するということです。これは「単なる自我」のひとつのあり方で、そこからの解放があります。つまり、そういう自縄自縛から解放される。自縄自縛の縄が落ちるのですね。これは律法主義からの解放と並ぶのです。

律法主義では、自分自身の行動に目が行きがちで、他者との関わりは見失われる。それで、ここから解放されると、「解放された自由」とか「温かい生命感が帰ってくる」とか、「あるべからざるあり方が解消した」という一種の幸福感があるわけです。大切なのは、そこで「自己」が意識に現れてくるということです。その意識に現れる自己の内容が、次講で述べる統合心なのです。

プログラムフリー・コードフリー

こう言い換えたらもっとはっきりするでしょうか。望ましい自分を実現しようという営為は、この世界で暮らす人が個人的また社会的にプログラムを設定してそれを実現するという営為です。人それぞれに、明瞭さには違いがあっても、プログラムがあるでしょう。それだけではありません。人生のそれぞれの場面に、こういうときにはこうするものだという決まりがあります。自分で設定した決まり、また社会的に定められた決まりです。これをコードと言っておきましょう。すると、自我というものは与えられた状況で行動を選択するのですが、その選択の仕方はその人のプログラムとコードによって決まると言えます。プログラムとコードの集合体は、行動を選択する自我の内容そのものだと言えるでしょう。すると、自己―自我直接経験は、プログラムとコードの解消、それらからの解放、つまりプログラムフリーとコードフリーを伴う、生（統合心）の自覚だと言えます。これらは「何をしてもいいのだ」というパウロの言葉（1コリント6・12）に表現されています。これらの思い切った表現は、誤解しないためには、割引しないで受けとるべきでしょう。以上のような観点からは、主―客直接経験を含む、言語化一般からの自由を、レーマ（ギリシャ語で「語られたこと」）フリーと言うことができますが、これについてはなお以下での説明が必要です。

第八講　統合ということ

第八講では、統合ということについてお話しします。ただ、この統合ということは一意的言語では語れないのです。僕には全く当たり前のことを言っている気がするのですが、聞いている方は必ずしもそうではないらしいです。

統合心は直接経験で露わになるもので、「自己」と言ってもいいし、「いのちの願」（願は浄土教の願と同じ意味で、願いであり誓いでもある願）と言ってもいいのですが、その内容が問題なのです。

律法主義から解放された場合、そこで現われる自己の内容すなわち統合心は、統合された人格共同体の形成へと向かいます。それから配慮という自縄自縛から解放された場合は、創造的自由ということが正面に出てきますが、要するに目指すところは同じです。

以下では、①統合体とは何か、②統合体の構造、③統合体の性質、④場と超越、について述べていきます。

1　統合体とは何か

統合とは何か。「場の中におかれた極のまとまり」のことです。

その範例が人格共同体です。『新約聖書』「コリント人への第一の手紙」12章にパウロが教会について論じていますが、パウロは人間の身体を比喩にして教会を語っているのです。教会はただの個人の集まりではなくて、「キリストの体」だと言っている。ここがとても問題なのです。そこをちゃんと捉えないといけない。

一般に人間の身体のように複数の要素からなっているもの、これは頭とお腹と手足というふうに分けることもあるけれども、骨格系・筋肉系・神経系・循環器系・呼吸器系・消化器系などに分ける分け方もあって、そちらの分け方の方が統合ということがよくわかります。統合体とは、そういう複数の要素からなる「まとまり」のことです。その構成要素の間には必ずコミュニケーションがあり、お互いがお互いのため、全体は部分のため、部分は全体のためという、そういう相互性があり、パウロが指摘している通りです。では「全体」とは何かというと、何かのためということではなく、それ自体のためという一面が出てきます。

それは機械とどう違うのか。機械には、複雑な機械でも特定の機能があって、その機能を果たすのが目的ですね。そのための操作は因果関係になっている。つまり目的・手段関係と因果関係で貫かれていますから、設計可能だし操作も可能なのです。操作というのは因果論的ですよね。このボタンを押せば（原因）このように動く（結果）というように。因果関係は目的・手段関係をひっくり返したことになっているわけです。

ここで言う「まとまり」の場合にはそうではありません。まず、構成要素間には広義のコミュニケーションがある。それぞれが独自なものを作り出して、交信を媒介して、作ったものを他者に伝達・提供する。こうしてある構成要素のはたらき、作用が他に及ぶのですが、及んだ作用は全体に拡がっていくのです。分散するけれどもまた集まってきて、自分に帰ってきて、自分の活動を支えるという構造になっています。つまり円環的なのですね。たとえば心臓がそうですし、身体のあらゆる部分がそうですね。このような仕方で、全体のまとまりが可能となっているのです。

いきなり社会のことに飛躍します。統合された社会での富の配分ということを考えますと、これは支配者が富を一方的に吸い上げるという、ピラミッド型構造ではないのです。ピラミッド構造では一方的な支配体系、差別と収奪ということが優越するのですが、統合体ではこれがないのですね。全てが全てのためということになっている。統合体の各構成要素には機能の独自性があります。しかしその独自性は他者との関係なしには成り立たないのです。こういう要素のことを僕は「極」と言っています。つまり統合体は極のまとまりだと言えます。換言すれば、極が統合作用を見失うと、自分自身によって自分自身であろうとする「個」になってしまうのです。

一般に統合体には作用の場があります。そのような統合作用が成り立つ場、統合作用をまとめる場があるのです。これについては、第九講で述べます。極は場の中にあり、場のはたらきを表現する＝現実化する場所になっている。統合体自体も分化していきますが、これは一個の受精卵が分化して身体になっていくことと同様な仕組みになっていて、機械のように部品を組み立てるということではないのです。ここにも機械との違いがありますね。だから一意的な因果関係、目的・手段関係で設計することはできないのです。統合体は自然に成り立つという面があります。

人格についても自我を超えて自我を動かすはたらき、換言すると超越に基づいた作用があって、それを僕は「自己」と言っています。その自己が身体全体のはたらきを表現して自我に伝えるのです。自己が自我を方向付けるという形になります。

こういうことで統合体の成り立ちは「自然に成り立つ」という意味ではやさしいのですが、自我の努力ではつくれないという点では非常に難しいのです。だから統合論は国家論ではないし一般的な社会学説でもないのです。伝統的な神学に当てはめると教会論です。しかし、実は統合論といった場合には狭い意味の教会論ではなくて、社会というものは本当はこういうものだという、そういう主張を含んでいます。そうでない社会というのは不完全なのだという認識があります。

要するに以上のようなことなのですが、少し説明しておきます。

統一とコミュニケーション

まず、統一とコミュニケーションということ。コミュニケーションというのは、一般に活動に必要なものの共有化です。第一講で説明したように、communicatio は「共有化」という意味ですからね。つまり、各部分が自分にできるものを生産する。要求に応じて必要なところに必要なものを配分する。そういうことをコミュニケーション（共有化）と言います。また各部分の要求は何か、それを知って、産出された必要なものを配分して、うまくいったかどうかを確かめる信号も必要なのです。つまり全体を調整するコントロールセンターが必要なわけですね。このコントロールセンターというものは支配者ではないのです。いわばオーケストラの指揮者みたいなものです。人体でも脳がそのような機能を果たしていて、脳の場合には調整機能があるのです。他方、我々は情報を集めて検討して何かをひとつ選ぶということをしますね。ひとつ選ぶということをするのは自我ですから、その場合に決断を下す。ある意味で脳が全体に命令を下すことになります。脳にはそういう機能もあるわけなのです。たぶんオーケストラの指揮者でも同じようなことがあるでしょう。

先ほど述べたようにコミュニケーションの流れというのは一方的ではなくて、円環的・相互的で、一般的な社会と同様にそれぞれの極には位置があって役割があって序列もあるのです。日本には位置と役割と序列を含む「分」という言葉があって、身分の「分」のように封建的なニュアンスがあるから、いまはあまり使われませんが、「分」と言えば「分」があって、「分」の組み立てを構造と言うと、構造がよくわかります。はたらき方にも秩序がある。これはパウロが教会論で言っています。ところで構造には一定性がある。身体の部分は細胞が死んで入れ替わりますが、構造自体は変わらない。一定性があるのです。そのように変わらないものを「統一」と言います。これはどの部分にも共通する性質を持っています。

国家を例にとりますと、国家の場合は法律が統一に当たります。法律を制定するのは権力ですが、国家の構造と秩序を表現して、これを支えるものが法律に当たるわけです。もちろん通貨とか言語、それから文化や習慣なども統一に入るわけです。そもそも統一面というのは、第五講で問題にした一意的言語が優勢になる場所なのです。ただ統一というのは共同体の中心ではないのです。統合体の一面としての統一なのであって、そうでないと統一が独立して一方的な支配者になってしまう。そういうことがよくあるので、そうすると統合が壊れます。一般社会の場合、権力が秩序を作って支配するから、統合を維持する調整機能が弱くて、権力が一方的に思想まで支配することになりがちです。こうなると統合が壊れます。単なる自我が自分自身を支配する場合にも、そういうことになってしまう。これはコミュニケーションの流れを阻害するのです。身体の場合にはコミュニケーションが阻害されると病気になって、途絶すると死んでしまいます。

いわゆる有機体（organism）との違い

二番目に有機体との違い。生体は統合体ですが有機体でもあります。人格の統合体が一般的な有機体とどう違うのかというと、人格共同体の場合は構成要素（個、実は極）の間の自由度が大きいです。統合体としての身体の場合は、構成要素の自由度がとても小さくて、たとえば心臓と肺を切り離すと両方とも死んでしまいます。人格共同体の場合は、たとえば夫婦が統合体だったとして、一方が死んだら他方も死ぬということはありません。自由度がとても高いわけです。自由と関係性とが一致するというのが統合の特徴ですから、人格の統合体と有機体にはそういう違いがあります。社会学説に生物の有機体になぞらえて社会の構造や機能などを説明する社会有機体説というのがありましたが、統合体と有機体との違いははっきりさせておく必要があります。

自我の役割

自我の役割はどうなるのか。身体、生体の営みは本来自然で、ほとんどが自動的に行われています。代謝ということがありますが、代謝も自動的に行われている。ただその場合に身体だけでは自動的に処理できない必要が出てきます。そういう必要が出てきたときに、信号が自我（意識）に行くわけです。信号は、たとえば食べたいとか、飲みたいとか、眠りたいとか、そういう欲望として現れてきます。身体に異常があるときも、痛いとか、熱いとか、苦しいとか、そういう感覚が意識に現れて、自我を適当な処理へと促すのです。それをするのが自我の役割ですね。自我にはそういう役割があって、このとき自我は情報を処理して決断するという必要があります。つまり自我は身体の一機能であって、身体の支配者ではありません。

場

一般に場とは何かと言うと、社会的な「場」はその中にいる人を一定の方向に動かす性質があります。商店とか飲食店とか学校とか交通機関とか、たくさんあります。全部にそれぞれの目的がありまして、目的を果たすための仕方があります。つまり飲食店に行ったら客はどうするかという振る舞いのプログラムとコードがあって、それが共有されているわけです。だから店のプログラムが自動的に進行するのです。必要な時だけ情報が必要になるわけです。たとえば喫茶店で「何にしましょうか」「コーヒーください」というような、そういう場合には情報――この場合はコーヒー――が必要ですが、あとは自動的に行われていく。場というのは一般的にそういうものなのです。

ただこの講義で言う場は、合意されたプログラムがあるという場ではない。そうではない場がある。これは広い意味での「超越」ということになります。人格を、統合体を形成するように動かす超越的な「場」があり、そのはたらきが統合作用です。次講で触れるユダヤ教―キリスト教の考え方と連関させれば、場は統合体の「実現」に向かうはたらきとして「エメス」的なものです。エメスとは「存在者」ではなく、自己実現力を持つもののことです。この場のことを超越と言いましたが、超越の現実性は確認を要します。まず統合作用というのは確かにある。これは経験的に確認できます。では統合作用を成り立たせる場があるのか、というと改めて検討しないといけないのです。いまはそれを統合作用の場と言っておきます。

イエスの場合は、統合作用の場を「神の支配」と呼んだ。パウロはそれを「キリスト」と言うのですね。パウロは「私たちはキリストの中にある」（1コリント1・2）と言う。この場合「キリスト」は場になっていますね。それから「私の中にキリストが生きていて、そのキリストが私を動かす」（ガラテア2・20など）と言う場合、このキリストは「自己」です。さて「私がキリストの中にある」という場合はキリストが場になっていますが、「私の中に生きるキリスト」では自己が「場所」です。場のはたらきが現実化する「場所」です。つまり統合作用があるということと、そういう作用の場があるということとは、一応区別して考える必要があるのです。いまはこれを関連し合うものとして語っておきます。

統合体の諸例

統合体にはどのような例があるか。これはついては、原子とか太陽系とか生体、それから音楽、こういうものが統合体の例になると思っています。

原子にははたらきの場があるのです。つまり重力、電気力、強い力、弱い力と言われていますが、そういうはたらきの場があって、陽子・中性子からできた原子核と外側の電子から成る原子があるのですが、陽子と中性子はくっついている。どうしてくっついていられるかというと、陽子と中性子の場合は中間子を交換し合って、一定の距離を持つようなまとまりをつくっているという。そうすると中間子の交換がコミュニケーションに当たりますよね。太陽系の場合にも、重力の場があって、その中で諸天体が重力を及ぼしあって（コミュニケーション）ひとつのまとまりをつくっている。これもひとつの統合体の例になる。

生体では、いろいろな部分が、相互にコミュニケーションを営んで、そして全体のまとまりをつくっている。人間の身体の場合、コミュニケーションは細胞レベルでもあるらしいですね。伝達物質を出してお互いにコミュニケーションするということを、器官同士だけではなくて細胞レベルでもやっているらしい。

音楽についても——あらゆる音楽というわけではないですが——統合のひとつのよい例としては弦楽四重奏をあげたいと思います。弦楽四重奏の場合、四人の奏者がいますが、それぞれ自分のパートを演奏するわけですね。ところが自分のパートといっても、実はそれぞれのパートが、他のパートが成り立つ条件に成り合っているのです。自分自身でありながら、お互いのあり方の条件になっているというのが、聞いていてうまくいくものだなあと思うのですが、ちゃんとできるのですね。それはもちろん技術が問題ですけれども、そういうまとまりを作っているのは、やはり「こころ」だと思うのですね。こころには音を音楽に統合する、そういう作用があると思います。作曲はその一例です。音楽だけではないけれども音楽が一番よくわかる。

2　統合体の構造と構成要素

ちょっと復習・確認をしておきます。構成要素と重要概念、これは「場・極・統一・コミュニケーション・まとまり」。これは覚えてください。

太陽系でたとえますと、場は物理的空間＝重力の場です。極は太陽、惑星、小惑星などの天体。コミュニケーションは重力の相互作用。統一は構造と形の一定性。まとまりは太陽系です。

場

「場」。統合体には作用の場がある。僕には当たり前のように思えるのです。統合作用があるのならその場があるに違いないから。ところがよく考えてみると、それほど簡単でもないので改めて問題にします。「場」というのは先ほど述べたように、その中に置かれたものが一定の方向に動かされるような空間なのです。先ほどあげた例で言えば、重力の場がそうです。人格統合体の場合には、超越的な場がありますが、伝統的な神学でもそれに当たるものがあって、それは「聖霊に満たされた空間」です。「聖霊に満たされた空間」は聖なる場のことですね。それが統合作用の場になっている。

それから「いのち」ですね。いのちというのはもちろん実体ではないのです。「これがいのちというものです」と顕微鏡で見せたり、ピンセットで挟んで見せたりできるようなものではない。そうではなくて、いのちというのは身体における統合作用のことですね。いのちが統合作用だとすると、身体は統合作用の場だと解することができると思います。

場所（極）

「場所」あるいは「極」。「場」の中にあって、そこで「場」のはたらきが現実化するような個体あるいは構成要素、それはつまり「極」です。これを「場所」と言い換えることができると思います。「場所」なしには「場」が見えないのです。そういう意味では「場」のはたらきが現実化する「場所」があって、「極」がそうなのですが、それは「場」を表現すると言えます。

つまり「極」というのは、自分自身で自分自身であり得るような実体的な「個」ではないのです。「極」の場合、自己同一性、「私はこれこれである」という同一性が相互関係の中で成り立つ。こういうことがあるから統合は一意的な言語の世界ではわかりにくいのです。

「そんなものあるものか」とよく言われるのですよ。「あるよ、磁石を見てみろ」って。磁石は両極から成る。単極の、北極だけの磁石なんてないだろう。北極と南極はそれぞれの関係の中でしか存立しないのだ、と答えますと「なるほど」と言いますけれども。区別できるけれど、分離はできないもの、それぞれが関係の中にしかないというものは、よくあるのですよ。まあ、磁石が一番わかりやすいのかな。

場の諸面

問題は、そういう関係がきわめて普遍的だということです。それから場のはたらきにもいろいろな面がある。場そのものについても、内部に区別を立てることができて、これは三位一体論に通じます。これについては、次講以降でお話しします。

場と空

それから場と空について。僕の言っている超越的な場というのは、普通に言う「場」を使ったひとつの比喩なのです。超越の場は見えませんのでね。これはまずは比喩なのですが、僕は「場のごときもの」と言わないで場と言ってしまっています。でも厳密に言うと、それは「一般によく知られている場によって比喩される何か」ということなのです。というのは、普通、「場」には限界があるのですが、超越は無限で限界がない。でも超越をここでは場と言っております。

そういう場を考えますと、場そのものはいわば「容れ物」ですから空っぽだ。では「容れ物」の中のものはどうかというと、中のものについては、有るとか無いとか、現れるとか消えるとか、動くとか動かないとか、そういうことが言えるわけです。特に有と無、これは極について言えることなので、場そのものは「空」だ。こういう形で空と無を区別します。というのは仏教とか仏教的哲学の場合には、空と無とが、ごたごたになっていることがあると、僕は思うのです。言っている人にはわかっているのでしょうが、聞いている方は空と無を区別しないから何のことだかさっぱりわからないということがある。空と無は区別した方がすっきりします。

極

磁石の南北の極のように、特定の性質（自分性）を持っているけれども対極なしには存立し得ないもの、それを極と言っています。ただここで注意したいのは、極というのはそれ自身が中心になった作用の拡がりがあるということです。重力にしても磁力にしても。身体の場合、たとえば心臓の場合は血液がそれに当たる。僕はそういう作用の拡がりをフロントと言っています。極にはフロントがあるのです。

人格の場合、人格のフロント、作用圏とは何かと言うと、それはその人の言葉がおよぶ範囲ですね。それがその人の作用圏だと思っています。そう考えますと人格は実は個ではなくて極なのだ、そしてその相互作用というのはコミュニケーションだということになります。

極のフロント――フロント同化

極と言った場合には、作用の拡がりがあるので、それをフロントと言っています。言葉がその人のフロントだとすると、フロント同化ということがあります。つまり他者の言葉を、「こうだ」と言われて「ああそうですか」と丸呑みにするとか、「ああしろ」と言われて「ああそうですか」と形だけ実行することもありますが、本当はそれではだめなのです。理解する、同感する。それを媒介にして他人の言葉を自分の言葉、自分の意志に変換することができる。全部できるというわけではありませんし、拒否する場合もありますけれど、ただ聞くだけではなくて自分の意志に変換するのです。理解抜きで直接に他者の言葉に制約されるのは、「単なる自我」の非人格性です。

イエスの言葉についてもそうなのです。イエスが言ったからそうだと言うのではないのです。まずは理解する。理解するとイエスの言葉が自分の言葉になる。第七講で例としてあげた「右の頬を打たれたら左の頬を差し出しなさい」という言葉。それを単なる指令として受け取る場合は、そんなことできるものかということになりますが、そうではないのです。「打たれたら打ち返せ」では、他者の行為が自分の意志を決定することになる。了解すれば、他者の作用に対して自分がどう反応するかを決定するとき、自分の自由が介在している。自分の自由を媒介にして他者への反応が起こるということです。一般に他者の言葉を理解して、それを自分の言葉に変換することは、自由のひとつの現れです。極同士の関係は因果関係ではありません。支配従属関係でもない。変換です。ギリシャ語でメタボレーというのがそれに当たると思います。これはラテン語でそのまま使われて、今ではメタボリズムというと代謝の意味になっています。僕はこれを他者のフロントを自分の一部に変換して同化することだと、そのように理解しています。この場合、もちろん要らないものは取らないということもあり得ます。

統合体における関係性というのは、そういうフロント同化のことです。他者のフロントを自分自身の構成要素あるいは存在条件に変える作用ですね。たとえば、心臓が送り出す血液は心臓のフロントだと考えられます。その心臓のフロントを肺は受け取って自分自身の作用の一部に変えてしまう。それで炭酸ガスを出して酸素を取り入れるということをやって、それでまたそれを心臓に返して心臓がそれを全身に配る。つまり心臓自身の作用の内容になっている。それを繰り返しやっていますけれども、それをお互いにフロント同化だと考えることができる。要するに変換ですね。

変換

第七講でも述べましたが、変換の典型な例は翻訳だと僕は思います。英語を日本語になおすという場合には翻訳者がいるのですね。翻訳は因果関係ではなくて変換の関係だから、翻訳者によって翻訳が違うということが出てきます。変換とはそういうものですね。人間の感覚もそうなのです。目が一定の波長の電磁波を受け取って、網膜でそれを電気信号に変換するのでしょう。その電気信号に変換されたものが脳に到達して、さあそこから先はどうなのでしょうね。僕にはわからないし、まだ説明を聞いたことがない。いずれにしてもこれは、電磁波の感覚への変換なのです。

そういうフロント同化とか変換の具体例は、飲食とか呼吸とかですね。また人格関係における言語の理解、さらに学習とか分業もそうです。分業というのは、お互いがお互いの作業を自分の存在条件に変換しているわけです。要するに共同生活はコミュニケーションの授受、フロント同化をやっているわけですね。だから人間関係というのは因果ではないし、単なる目的・手段ではないし、命令・支配でもないのですね。人間関係は自由を媒介にした変換だ。これを摑むのがとても重要なことだと思います。それなのに一般にすべて因果関係で操作できるように考えられているわけです。たとえばイギリスの経済学者であるケインズ（一八八三〜一九四六）が展開したケインズ経済学では、不況を克服する際に利子率を下げて、政府主導で公共事業を起こす、というやり方がありますよね。一九三三年にアメリカが世界恐慌を克服するために行ったニューディール政策では、このやり方は成功したのですが、そうすれば必ずうまく行くかというと——確かにある程度はうまく行くのでしょうが——必ずしも思い通りにはならない。一般に人格間の作用関係は命令と服従、手段と目的、原因と結果ということではなくて、他者のフロントを変換すること、フロント同化だ。これを十分に理解しておかないと、他の人格を自分の思うままに動かそうとして失敗することになります。

3　相互作用とバランス

それから統合体の性質としてバランスということがあります。統合体は互いに反対の性質を持つ多くの極と対極から成り立っているので、一極支配はできないのです。一極支配は統合を歪めて破壊することになります。まとまりを保つためには一極の支配・優越だけではだめなのです。極というものは互いに対立するところがあるので、お互いにコミュニケーションを営む極同士のバランスが必要になる。極というと北極と南極みたいに対極があって、それには相互否定的な関係があるのですね。だから一方だけを重視すると他方を圧迫するという結果になります。その局面についてわかりやすい例をあげると、自由と平等がそうです。自由だけを立てると平等が引っ込むのです。

「平等、平等」と言うとこんどは自由が不可能になる。正義と平和も残念ながらそうなのです。正義は皆が俺は正義だと言いますからね。皆が自分の正義を立てると平和が成り立たない。他方、平和が大事だからと言って、まあまあそう言い立てなさんな、とやっていると、今度は正義が引っ込むことになる。進歩と安定もそうですね。繁栄と秩序もそうです。こういうことがいくらでもあるのです。換言すれば、こうしさえすればいいという一意性は成り立たない。戦時中のように「お国のため」と称して直接軍備増強につながらないものを排除しようとする。これは文化の破壊になります。統合体と言った場合にはバランスが大事なのです。だからバランスを回復するためには、いまここでは何をしなければならないか、それを考えることが必要なのです。

そのための手段というのは、一〇〇％はうまく行かなくても、いろいろあり得るわけでしょう。統合体自体がそれを望んでいれば、それはうまく行くわけです。それでいまここでは何をするのかを決めるのは、個人の場合は自我だし、社会の場合には総意を表現するリーダー、支配者ということになります。

統合体の消滅

統合体についていろいろと話してきました。統合体がどうしてできるかというと、むろん統合作用の場があるからです。それは自然にできるのだと言ってしまいましたが、これはとても不思議なことなので、設計したり、プログラムを設定強行したりすることだけではできません。またできあがった統合体は消滅するのですね。

　そもそも物質はいわゆるビッグ・バンで生成したと言われています。はじめは水素やヘリウムが多かった。それが集まって星ができる。星雲もできるわけですが、星ができて自分の重力で縮んでいって核融合が始まる。そうすると水素やヘリウムより重い酸素や窒素ができてくる。太陽の場合には核融合が炭素まで及ぶと膨張飛散するといいますね。それで中心に白色矮星（わいせい）を残して終末になる。太陽より十倍以上重い星では核融合が鉄に至って超新星爆発が起こって中性子星が残る。中性子星の衝突によってさらに重い元素、金や何かができる、という話なのです。そういう元素が我々の身体の原料になったと言うのです。そうするとやはり統合された系をつくる天体にも、終わりがあるわけですね。

　できた物質もそうなのです。物質にも寿命がある。陽子についても自然崩壊があるのだそうです。ニュートリノの観測で有名な岐阜県のカミオカンデは元来、陽子の自然崩壊を実測するために作ったのだそうです。いまはスーパーカミオカンデに引き継がれましたが、まだ陽子の自然崩壊は実測できていないようです。

　宇宙にも寿命があるのです。加速度的な膨張が続いているから、何兆年先のことか知らないけれども、膨張の果ては光が届かない速度と距離にまでなってしまう。そうすると、せっかくできた宇宙も消滅するのだそうです。

生命についても同様です。生物は地球上で発生して、単細胞生物から雌雄のある多細胞生物へと進化したわけですが、個体としての多細胞生物にはもちろん寿命があるわけですね。細胞分裂が行われていて、代謝がなされ、老化した細胞と入れ替わっていくのですが、細胞分裂にも限度があって、五十回ほどと聞いています。それ以上細胞分裂が行われなくなると、老化して死んでしまう。結局、生体全体もいつか老化して死ぬということになります。生体にはコミュニケーションがあるし、傷ついた部分を修復するという機能もあるのですが、寿命には限度があっていつか死ぬ。

とはいえ個体は死んでも種は生き延びるわけですね、繁殖しますから。しかし、種の寿命についても自然に滅びるということがあるのかどうか。自然に滅びる前に、地球の気候変動とか、あるいは小惑星との衝突、そういうことで今までに消滅した種は数知れないというわけです。要するに地球上の生物には、個体としても種としても、結局終わりということがあるのです。

この講義では最後に創造的空ということを述べます。世界の最も基礎的な超越のことです。それは創造的な空だと言えると思うのです。

創造というと、できていたものが無くなって新しいものができるということです。最初から、古いものは滅びて新しくなっていくようになっている。しかし、それにもいつか限度があるということなのでしょう。何でわざわざこんなことを言っているかというと、この講義の課題は「生きるとはどういうことか」ということであって、宗教に関係していますが、不死や永世を求めるということではないのです。

統合体形成への願

それで統合体形成への願と統合作用の場、これは次講で詳しく述べますので、ここでは簡単にお話しします。「身体・人格」としての人間、これにはやはり統合への願があるのですね。自己の内容がそうだといいますが、これには「願」という浄土教の言葉がとてもふさわしいと思います。「願」というと願いであり誓いであるのですね。願いと誓いが一緒になって願と言っている。とてもいい言葉ですよね。「願」というと自力で成就させるというように聞こえますが、仏教の場合そうではない。これはもともと「阿弥陀仏の願」です。阿弥陀さまの願力が信徒の願に変換されて、自然に――来世においてですが――成仏するという含みです。さて、その願の内容ですが――これは浄土教ではなくて我々の場合ですが――「自己」の願の内容です。

個々の人格――「極」ですけれども――としては、これには「清らかなこころ」というものがあります。エゴイズムの消滅ですね。これは超越のはたらきに基づいて自然に出てくるので、自我が自分でつくるのではないのです。自分ではつくることができないのですね。自己が露わになると、そこに備わっているということです。

個々の極のあり方については、「やさしいこころ」ということがあって、これは隣人愛に繋がるのです。

それから特に情報のコミュニケーションについては、「真実を求めるこころ」というものがあります。嘘を言うとコミュニケーションが成り立たないですからね。嘘はコミュニケーションを破壊します。コミュニケーションがうまくいくためには、真実を求めて真実を伝えないといけないのです。

それから全体に対してはバランスを保つ「平和を求めるこころ」。

全体の営みについては「自然に任せる」。

こういうことがあって（マタイ5・3―10）、それが自己の願の諸側面なのです。どういう側面があるか、繰り返しますと、個々のあり方には清らかなこころ。それから関係性についてはやさしいこころ。情報については真実を求めるこころ。全体については平和を求めるこころ。全体の営みについては自然に任せる。そういうこころのことなのです。僕はこれをひっくるめて統合心ということにしています。なぜ統合心と言うかというと、このこころが統合体を成り立たせているからです。

統合体形成力ですね。だから言い換えてみれば宗教心なのです。宗教心と言ってもいいかなと思うのです。

宗教

統合心というのは経験可能な事実です。だれでもそれぞれが、自分にそれがあるということに思い当たると思います。それを場の統合作用の現実化だと解すると、場というのが問題になります。それは次講で述べる問題なのですが、ここで宗教について一言しておきます。

統合心あるいは宗教心が実際にあるということは、これは身体としての人格、人格としての身体、つまり人間ですが、人間において総合作用が実際にはたらいているということです。身体について統合作用があるということは先ほど述べましたが、こころについても統合作用があるのです。作用があるということは「統合の場＝超越」があるということになるのです。

統合の場の直接経験はない

では統合の場は直接に経験できるか。直接経験については前講でいくつか述べました。主観と客観とか、自己と自我とか、我と汝とかですね。それらはありますが、統合の場そのものの直接経験というのはないのです。経験できるのは場のはたらき、経験的現実との「作用的一」です。社会についても社会の直接経験はないのです。社会は経験できるような対象ではありませんから。社会の場合、社会「性」の直接経験はあります。これは統合作用と結びついてくるのです。場の直接経験はできないけれども、統合作用の直接経験は統合心として現れてきます。

したがって統合心ということについて「信」があります。統合の場そのものは直接経験できないから、やはりそこには信ということがある。どうしても入ってくる。人間の単なる自我の欲望を法律とか倫理とかで制御しようとしても不可能なのです。そういうものは単なる自我が滅びて統合心が現れてきてはじめて滅びるので、それができたなら世界には平和が成り立ってくることになるのでしょう。ただ、残念ながらそれはあまりにも遠い話ですから、キリスト教は終末論ということを言っているわけです。

そういう統合心の自覚と成就を求めるのが宗教なのです。僕はそのように考えています。ただ、宗教の実際というのは、場が目に見えないので、それを解釈して表現する。そうするとどうしてもイメージ化することになる。イメージ化してさらに物語をつくる。それが発展して神話とか教義とか、そういう形になって出てくるわけです。ですが、そうすると実際のコミュニケーションの場では、目に見えない直接経験ではなくて、そういうイメージが現実そのものとして通用する。そのイメージとか物語、さらに教義を信奉することが宗教だということになっています。すると客観的事実だけが現実だと思いならされている現代人には、それがありもしない非現実だと思われてくる。宗教言語が通用しなくなるのです。はっきり言ってそれでは困ると、僕は思っています。それは宗教の表現面なので、宗教の根底はそこには無いということをはっきりさせることが、現代において必要だと思います。

ただ、こういうことを言いますと、たとえばキリスト教団の職にはまずつけません。でも、物語や教義を信奉することが宗教の本質ではないことを、どうしてもはっきりさせなければならないと、僕は思っています。

宗教の必要性

統合体にも進化があります。原子が統合体のひとつの例だと言いましたが、原子ができてから星、太陽系、というような形ができる。それから地球の上では生命が発生して進化していく。そういう形で統合体の発生と進化を見ることができます。つまり統合体にも歴史がある。人間だけを考えても、チンパンジーやゴリラと共通の先祖から人間の祖先が分かれて、さらにホモ・サピエンスが出現して現代に至るという進化があるわけです。

それでホモ・サピエンスについては狩猟採集時代から農耕時代を経て、都市生活への発展があって、そこで人格が単なる自我になる傾向が現れてくる。つまり都市で言語が発展すると、言語世界が現実そのものだと思われる傾向が現れてくる。ここでひとつの間違った生き方が出てきます。そうすると社会構造についても、ドイツのテンニエス（一八五五〜一九三六）が「ゲマインシャフトからゲゼルシャフトへ」という社会発展の図式を立てた。これは一九世紀後半のことですが、とてもわかりやすい。村落共同体（ゲマインシャフト）から株式会社を典型とする人為的な機能集団（ゲゼルシャフト）への発展、簡単に言うとそういうことですよね。子供の頃からお互いに知り合って仲良く暮らしている村落共同体から、契約による規則ずくめの機能集団への「発展」です。そういう発展はすでに十分に語られているわけです。ゲマインシャフトから都市の出現ですね、農耕が成立して余剰ができると商業が発達して都市ができる。これがいつできたかは地域によってかなりのばらつきがあります。

さて都市生活において、そこでは自然的な共同体（ゲマインシャフト）とは違って互いに知らない人たちが集まってくるわけだから、生活全体を秩序付けるために、支配機構と法律ができてくる。しかし法と文化・習慣だけでは秩序と平和は保てない。それが明らかになってくる。おそらく倫理と宗教というのは、そういうところで成立したのだと思うのです。都市生活は法だけでは成り立たない。権力が定める秩序、つまり法ですね、それだけでは成り立たない。それで倫理と宗教が現れてきたと思われる。これはドイツの哲学者ヤスパース（一八八三～一九六九）が提唱したいわゆる「枢軸時代」でのことです。紀元前六世紀から紀元後一世紀頃にかけて、『旧約聖書』では預言者、キリスト教ではイエス、ギリシャではソクラテス、プラトン等、アジアでは仏陀、中国では孔子、そういう人たちが現れて、法ではない倫理と高度な宗教を説いたわけです。それで宗教が成り立って、発達して一般化していったというのです。

しかし、他方、社会の発展に伴い、一意的な言語や一意的な知識や法、そういうものが発達してきた。すると単なる自我ができてきてしまう。単なる自我が出現すると、統合を喪失した、個と統一だけの社会になってしまう。社会というのは個ではなくて極なので、極と統一と統合という構造を持っていると思いますが、一般の社会ですと一意的言語で語れる個と統一しかない。個と統一の社会になってしまうのですね。その結果、歴史の実際は、個と個が争い、個と統一が争う、統一と統一——これは国同士ですが——も争う、そういう歴史になってしまう。つまり人間は農業を発明して、農業の生産力の増大とともに職人や商人が現れて、古代都市が形成されて、権力による法的秩序が形成されるのだけれども、そこで役人と軍隊が成り立って、律法・行政・司法という機構を持った近代社会が発展してきたわけですよね。そこには同時に宗教とか文化、学問、そういうものが形成されて発展してくる。特に近代は科学と技術が発展して、啓蒙主義による世俗化を経て、科学と技術が発達して、それが経済関係に組み込まれていく。つまり科学的・技術的な思考と、それを組み込んだ経済関係が人類社会の正面に出てきまして、近代になって人為的な機能集団の集合としての経済中心の社会秩序ができてきた。

ところがそこでは人間が単なる自我になる傾向がとても強い。近代では認識と利用、支配と序列化をもたらす言語領域が優越して、一意性の言語ではない言語はほとんど通用しなくなってしまう。人間の人格性と、客観的認識ではない「自覚」という知の面が軽視されてくる。統合心は自覚の問題です。宗教は結局、自覚の問題です。近代文明は統合作用とその根源である超越まで見失う結果になっていて、それで列強による植民地支配と戦争の時代を経て、大国の対立と経済成長競争、核戦争と環境破壊への危険が見えてくる。そうするとここで統合された社会、そこへ還ることが必要なのではないか。つまり客観的認識だけではなくて、直接経験を経た自覚から統合心を掘り起こして、そこから平和な社会というものを作り上げていくことが必要なのではないか。そのためには伝統的なイメージや教条主義・教理主義の世界、そういうものを超えた現実が語られなくてはいけないのではないか。僕にはどうしてもそう思われるのです。

要するに、統合体あるいは統合された人格共同体は構造を設計して規則を作り、それに従うことで成り立つのではなく、統合心が核になって自然に形成されるものだということです。むろんその経過を自覚することによって、形成の次第を述べることは可能なのです。

（注）統合ということについて、詳しくは拙著『創造的空への道――統合・信・瞑想』（ぷねうま舎、二〇一八）を参照されたい。

第九講　超　越

第九講のテーマは「超越」です。

前講までで、我々は「統合作用は実際にある、それは現実である」という結論に至ったわけです。今回は、統合作用の場を考え直してみます。

1　一意的言語の世界を超える統合

我々の日常生活は一意的言語の使用で成り立っています。その領域は一意的概念だけではなくて、同一と差異、自と他、主観と客観、一と多、原因と結果、手段と目的、また社会の合意や約束というような、現実を秩序付ける一意的枠組みでもあるわけです。先端的な科学、相対論とか量子論ですね、それでは一意性はとっくに過去のものになっているのですが、我々の日常的な社会生活ではそうではない。一意的な言語は意志を伝えるためにはとても大事なのですが、「利用と序列化と支配」に都合のよい言語体系だと言えます。それが存在の秩序を正しく写すものだと、現代文明はそう決めてかかっていますが、そうすると人間が自然を利用したり、人間世界では強者が弱者を序列化して支配したりするという面が優越してきて、世界を歪めてしまう。キリスト教でいう罪や、仏教でいう煩悩や苦が蔓延しているのは、そのせいがとても大きいと思うのです。

しかし、一意的な言語体系を相対化するについては直接経験がある。直接経験で一意的な言語や一意的枠組みが正しいものではないとわかってきます。そうすると日常生活が前提としている世界とは別の世界が見えてきます。直接経験は言語を媒介しない現実ですから、それを言語で言い表すのはとても困難ですが、あえて言語化すれば、それはまずは「無限と一」だと、前講で述べました。それはどういうことか。

以下は「無限と一」という「概念」の分析ではありません。それでは元の木阿弥になってしまいます。そうではなくて、そう言われる事柄自体を何とか言い表してみよう、非一意的言語で言い表してみようということです。そもそも無限は一ではないし、一は無限ではないから、「無限と一」という言葉自体が一意的ではないのです。

統合作用

わかりやすいところから始めると、「二」はまずは自他の一のことです。「主客の一」と言ってもいいのですが、一とは「私を構成しているものは、ことごとく他者起源だ」ということです。この講義で「フロント構造」と称している事態ですね。身体は生きるために必要なものを外から取り込んで、それを身体の一部に変換していますし、身体には多くの部分がありますが、それはお互いにコミュニケーションを営んでいて共存している。ここで言うコミュニケーションはお互いのフロント同化作用のことです。さらにそれら全てをひとつの身体に纏める作用がありまして、それをここでは統合作用と言っています。そのことを本講では身体の「いのち」と称してきました。

では、身体とは何か。これは大変な問題ですが、身体の内部と外部とでは、物質の振る舞いがまるで違うのですね。物質はどこまでも物質であって、身体内の反応はことごとく物質相互間の物理的・化学的反応だということが知られていますが、身体の中ではそれが同時に「いのちの営み」になっている。これが不思議なところですね。それをこの講義では「身体はいのちの『場』であり、そこでは統合作用があって、身体の各部分は大小の極だ。その極同士がお互いにコミュニケーションつまりフロント同化作用を営み、互いに生かし合って、ひとつの生体を構成している」と、言ってきたわけです。これは生体を語るための「統合」というモデルです。体内の統合作用は自動的(自然)ですね。ほとんどそうなのです。ただ、不足や歪が生じた場合にはその信号が自我に現れます。空腹感とか渇きとか眠気とか痛みとか不快感とかの信号ですね。それが意識に現れて、自我のしかるべき行動を要請するわけです。そういう仕組みになっている。

直接経験の言語化

さて、以上の仕組みに接して、直接経験で露わとなる事態を構造化してみるとどうなるか。これまでみてきたように、世界には原子とか太陽系、生体（生き物）、こころ、人格共同体というような統合体があるではないか。これはまた宇宙の進化の様相をも示している。また、人格統合体を構成する「はたらき」としては、客観的なものだけではなく、主体的なものとして、「きよらかな・やさしいこころ、平和への願い、真実への探求心」、こういう統合を求めるはたらきが実際にある、あるいは現れてくる。そういうことを指摘しました。このような統合作用のモデルを使って直接経験を言語化すると以下のようなことになります。

世界には——宇宙と言ってもいいのですが——統合作用の「場」がある。その中に置かれたものは個ではなく極だ。極は統合化に向かう相互作用、つまりコミュニケーションを営むようになる。原子、生体、こころ、人格というような統合体は、その「場」の中で成り立って進化してきた。そして、それぞれ自身が新しい場にもなるわけです。なお、敷衍（ふえん）するとそれぞれの統合体には特有の相互作用と構造があります。それがそれぞれの統合体を維持するようになっている。

以上が統合というはたらきを使ったモデルで、これは利用と支配のモデルではないのです。共存・共生のモデルです。すると統合化の枠組みに入らないはたらきがあるということが明らかになってきます。ある、というより、そちらの方が多いのですね。その点は「創造的空」ということで後で述べます。創造的空の場の中にそれと重なって統合化、統合作用の場があると、僕はそう考えています。なお、「場」は極に対しては「超越」に当たります。哲学が超越と言っているものですね。極と場の関係が個と超越の関係に当たる。それをそのまま超越と呼んでもいいのですが、逆に我々は、主として哲学が「超越」と称してきたものを「場」と捉えなおしたと考えてもいいでしょう。

さて、この世には統合作用があって世界内に統合体が成り立ってくるという事実から、我々は「統合作用の場」があるという結論を導いたわけですが、それは本当に「現実」なのか。我々は思考と存在は別物だと言ってきたわけです。ところが「統合作用の場」を考えるのは、解釈的説明的な思考の産物でもありますから、それが実際にあるかどうかは改めて検証しなければいけない。それはなかなかむずかしいのです。

2　統合作用は存在する

検証――善きサマリア人の場合

検証作業のひとつとして、イエスの言葉の中にある「善きサマリア人の譬え」について考えてみましょう。『新約聖書』「ルカ福音書」の10章30―36節です。すでに言及した譬えですが、ここでも引き合いに出したい。

あるユダヤ人が荒野を旅していると強盗に襲われる。身ぐるみ剝がされて暴行を受け、半死半生で倒れている。そこに一人のサマリア人が通りかかる。これは元来は同族だったのに、歴史的な事情で別れて以来、ユダヤ人から差別され、付き合ってももらえなかった人たちで、サマリア人にとってはユダヤ人はいわば敵ですね。ところがそのサマリア人が倒れているユダヤ人を見つけると、どーんと衝撃を受けて、気がついたら走り寄って、ユダヤ人を介抱していたというわけです。そのサマリア人はユダヤ人を自分のロバに乗せて宿にいって、宿の主人に介抱を頼んで、費用まで置いて立ち去った。こういう話です。

これは直接経験のとてもよい例ですね。直接経験は、経験だけではない、はたらきをも起こすのです。これを直接性といいます。サマリア人は、種族や宗教の違い、義務や損得勘定、保身、そういうことを一切忘れて走り寄った。我を忘れた行動で、これは言語情報を処理して行動を決める自我抜きでのことです。それは我々の用語で言えば「自己」に発する行動で、これは自我の考量を媒介しない「直接性」だ。以上は統合作用の「場」という枠組みで解釈されます。人が傷ついて倒れている。これは人格共同体のあるべき形、つまり統合された状態に生じた歪みです。場の歪みは極に対しては歪みを矯正する行為を促すものです。これは健康体に生じた歪み、過多や不足、構成要素の傷やコミュニケーションの阻害などですね、これが生体自体の修復作用を促し発生させるとともに、自我にもしかるべき処置を促すのと同様です。

これはまた、音楽の演奏中に生じた弾き違えや、絵に着いたしみが、それを聞いたり見たりした人に不快感を生じさせて修復を促すという、こういうことにも通じます。

統合体には、統合に参与している構成要素に歪みの修復を促すはたらきがあるのですね。これは必ずしも知識の問題、つまり情報処理の結果の問題ではなくて、実感の問題、自然の促しだと言ってもいいのですが、自我の行動選択を媒介しない直接性だと言える。直接経験と直接性とは結びつく。この講義ではそれを統合心の発露と解して、統合心の所在を「自我」と区別した「自己」から出ていると、そう考えた。要するにこのような反応は直接経験の一面です。

統合作用の場は現実か

ここで本講義の問題設定に戻りますと、このような直接性は実際にあるということですね。それが「統合作用の場が現実にある」ということを示している。これが「統合作用の場は現実か」という問いに対する答えです。換言すれば統合の場は「存在」ではなく「実現」するもの、「エメス」です。

さらに一言すると、イエスは統合作用を「神の支配」と呼んだ。統合作用の場のことを「神の国」と呼んだ。我々は、イエスの神の支配を統合作用と、神の国を統合作用の場と、解釈したと言い換えても同じことです。イエスの用語は実は一語（basileia tou theou）で、それに神の支配、それから神の国という二つの意味があります。それを我々は以上のように解することにしたわけです。

さて、イエスと当時の律法学者との最も大きな違いがここにあります。律法学者たちは「自己」を知らない「自我」ですね。自我が律法という言語情報を学んで、その指令を「神」の命令と解して、「自己」の関与抜きで実践する。それが「神に義とされる」ゆえんだと、そう信じていた。というより彼らは一所懸命「自我の律法順守」の行をやっていたわけです。イエスから見るとそう見えるからイエスはそれを批判する。ところが律法学者たちは、そういう批判をしたイエスを、神を冒瀆する人間だとして死に追いやってしまった。

3　ふたたび「神」について

以下では上記のことを念頭に置いて、本講義で使う用語の内容を明らかにしておきたい。それは「神」という言葉についての検討でもあります。「神は実在するか」という問いがあるのですが、この場合の「神」は日本の神話（『古事記』や『日本書紀』）とかギリシャ・ローマやゲルマン神話とかに出てくるような神々のことではなくて、普通はユダヤ教・キリスト教的な「神」のことであるようです。しかし「神とは何か」、「神は実在するか」という問い自体が実は問題なのです。

何を神と呼ぶのか

そもそも「神」あるいはそれに相当する言葉は、昔から多くの言語にあるのですね。その意味にも大まかな一致があります。「神」とは目には見えないが、人間や日常世界を超える力があり、自然と人間にはたらきかけて、これを変えることができる、恐ろしいが、この上もなく有難い尊い存在だ。だいたい、そういうことですね。

換言すれば神を神と認めて、正しく祀(まつ)って、しかるべき供え物を捧げ、きよらかに生きるよう努めれば、神は悪人を罰し、善人を祝福し、共同体を守ってくださる。こういう神観念が一般的なのです。要するに人間は古来、自然と人間に「神秘」を見て、それをそういう「神」概念で解釈・説明したと考えられます。それは同時に「因果」を枠組みとして、神を原因と解する解釈・説明だとも言えます。人々はさらに、希望や恐怖、推理や想像を加えて神のイメージや物語をつくる。そうするとそれが事実として、教団内で、あるいは一般に、通用することになります。神話は要するに古代人の「存在解釈・歴史解釈」だったとも言えます。

そうであれば、問題は「神とは何か、実在するか」ということではなくて、問題は人々が「何を神と呼んだか」ということですね。つまり彼らが神と呼んだものは実際は何か、ということが問題なのです。ユダヤ教・キリスト教においては人々が何を神と呼んだか、どこに神のはたらきを見たか、ということは次講で改めて述べます。

ところで、どこに神を見るかというような問題を一般論としてみると、人々が「神」を人間と日常世界を超えてこれを支配する「他者」として表象する場合があります。「神」は外から世界にはたらきかける超越的な「他者」だ。そうすると、こういう場合の神は「人格神」として表象されやすいですね。人格神というのは人間のように知性と意志と感情を備えて、一定のプログラムによって自然と人間を支配して、人の願いに応答する「神」です。しかし他方では、日常的な経験を超えて、自然や人間に力を与え、また正しく成り立たせる「はたらき」が感じられることがあります。それを見て、「神が人の中に宿る」と、そう解する場合があります。さらにこのはたらきについて、自分自身の中で自分を超えるものがはたらいて、自分を自分たらしめていると「自覚」される場合があります。これはつまり「認知」ではなくて、「自覚」ですよね。この場合、神は単なる「他者」ではなくて、人間と世界を超えながら、世界と人の「中」に内在する「はたらき」の主体と捉えられる。この「神」は、他者として人間にはたらきかける「人格」ではなくて、人と世界を超えながら、人と世界に内在する「はたらき」であり、さらにその主体だと考えられるのが普通です。『新約聖書』には両方あるのですよ。『旧約聖書』はもっぱら人格神が優越していますが、『新約聖書』には両方あるので、それは次講で述べることにします。

神の存在証明

以上への注として、神の存在証明について簡単に述べておきます。キリスト教会においては、ギリシャ哲学の影響を強く受けた中世以来、「神の存在証明」が試みられているのです。いろいろあるのですが、その主なものは神概念の分析による論理的証明です。一般に「存在論的証明」と言われていますが、カントは『純粋理性批判』の中でこれを批判しています。代表的な「存在論的証明」とは一般に、「神概念には『存在』の概念が含まれる」、つまり「神は必然的に存在すると『考えられる』から、だから神は実際に存在する」というものです。必然的にあると考えられるから神は実際に存在する。これを多くの人が肯定したのですが、それに対してカントは感性的直観に基づかない思考は無意味だという基本的な考え方から、思考の上で存在と考えられるからといって実際に存在するとはいえない、と正当に批判するのですね。思考と存在は等しくないというのは本講義の主張ですが、カントもここではそう主張しているのです。ただし、カントは残念ながら、たとえ感性的直観に基づいていても、現実を一意的カテゴリーと概念で処理し言い表すことはできないとして、批判を一意的言語批判一般に及ぼすことはしなかった。つまり、考えることと存在することとは別のことだと、感性的直観と言語化一般について主張することはしなかったのですね。

さて、神の存在証明について、神が何であるかは、神の言葉である『聖書』に啓示されているのであって、我々はそれを信じるほかないという考え方がありまして、これがキリスト教会の基本的な主張です。宣教と言ってもいいですね。それは神の存在と救済の行為一般についていわれるのですが、それに対してここで簡単に指摘しておきたい。

まず、『聖書』に書いてあるから真実だという主張は、それが無条件に通用したのは中世まであって、近代では『聖書』の記述は全て真だとは言えないというのが通念になってきています。もちろん全部嘘だというのではないのですよ。しかし全部が文字通りの意味で本当だとは思えないと、だんだんそういうふうに考えられるようになっている。

第二に、もっと重要なことですが、キリスト教会の教義を検討してみますと、それは実は「神の言葉」である『新約聖書』の一部一面に基づいているのです。一部一面に基づいているに過ぎないのであって、それと矛盾する部分があるのですが無視されている。これは非常に重要なことで、僕はそのことを『〈はたらく神〉の神学』(二〇一二)で指摘しました。

したがって我々は、『聖書』にある矛盾に着目して、『聖書』全体を手がかりにして、それが語っている事柄そのものに触れることが求められます。それは言語化以前の直接経験です。それからそれを正しく言い表す。そういうことに努めるべきなのです。それがこの講義でやっていることです。

4　統合作用の「場」

さて、本講義での「統合作用」の意味ですが、統合心という自己のはたらきも同時に他者起源です。これは「統合作用の場」で成り立つ。こういうことを言っているのですが、統合作用の「場」は日常的に、つまり単なる自我によって観察されることではないので、日常の現実には見えてこない現実なのですね。我々はそれを「場」という比喩を使って語っているのですが、「場」という比喩の妥当性についても一言しておきます。

人格統合体の例――太陽系の場合

人格統合体に最も適した比喩は、まずは太陽系だと僕は思っています。太陽系は相対的に独立した諸天体の系で、太陽が中心にあって、遊星があって、水星から天王星、海王星まで、さらにその外にも小惑星の帯があるそうですが、そういう天体同士がお互い引き合っている。その場合に、天体同士が重力で「引き合っている」という面があります。たとえば我々が自由落下を式で表現する場合には、重力の加速度を使うでしょ。加速度がgで、落下速度がvtで、落下の距離はそれを積分したもので、y＝（1/2）gt^2だと、計算していますよね。これは「地球が物体を引き寄せている」という構図ですね。しかし他方では、重力は天体がその中に置かれている物理的な空間の「歪（ひず）み」によって起こるという——これは相対論の考え方ですね。つまり物理的空間は虚無の「すきま」ではなくて、その中にある天体にはたらきを及ぼす「場」だと言っているのです。場というのは単なる空間ではなくて、作用の場だというのです。つまり重力という現象は、天体同士が引き合うという面から見ることもできるし、場の「歪み」によるという面から見ることもできる。両方できるのです。そうすると天体が互いに「引き合う」という現象は、場の歪みの天体における表現だ、こう見ることができますね。

歪みを解消するはたらき

さて一般に「歪み」というとき、歪みが解消する方向に力がはたらくものです。たとえばゴム紐を引っ張りますと、その歪みが解消する方向、つまり縮む方向に力がはたらく。一般に場における力は、⑴極同士の作用であって、⑵同時に場の歪みに由来する。僕はこれが言いたかったのです。これが先に引用した「善きサマリア人」の譬えに当てはまる。つまりサマリア人がユダヤ人を救った行為は、サマリア人の「憐憫のこころ」からなされた。「憐れに思って」と書いてありますが、原語は実はもっと強い言葉なのです。僕は「どーんと衝撃を受けて」と訳しておきましたけれども、確かにサマリア人の憐憫のこころから出たという面があります。ところが他方では、統合の場の歪みを解消する方向に力がはたらいたということにもなるわけなのです。この二面性は、「場」と「場所」とを分けて、場のはたらきが現実化するところを「場所」というと、場のはたらきは同時に極同士の作用だ、ということです。つまり場所論的区別に相当する。これを『聖書』は、「愛は神から出る」と言う（1ヨハネ4・7）。

この二つの面、二面性には重要な意味があると思います。それは超越のはたらきというのは、この世界では自然として現れるということです。極の性質によって起こる事象——自然はそうですけれども——は、実は超越の作用だということです。こういう二面性がある。これを僕は「作用的一」と言っています。実はここには自然科学と宗教の関係が含まれているのです。たとえば、落下という現象は物体が地球に引かれるという構図ですね。しかし他方では重力は物理的空間の歪みによって起こると解されています。これは人間同士の愛は結合作用の場のはたらきによって成り立つということの比喩になります。さらに一般化すると事象は物質（物理的空間つまり作用の場を含む）

の性質によって起こるというのが自然科学ですが、そういう物質の性質というのは実は超越的な場のはたらきが物質的な場と極の性質として現れたものです。そう解釈することができます。そうすると自然科学と宗教は矛盾しないことになるのですね。要するにここでは場という比喩が適切だということを言いたかったのです。

場のはたらきの例――磁場・太陽

さて、「場」にはさまざまなものがあります。磁場を例にとると、銅は磁場に反応しませんが、鉄やニッケルは磁場に反応します。銅の釘は磁場の中に入れても磁石にならないけれども、軟鉄の釘は磁場の中に入れると小さな磁石になって相互作用が始まります。単なる自我は統合の場に反応しない、銅の釘です。自己を自覚した人間――軟鉄の釘ですかね――は統合の場に反応して統合体を形成するのに似ている。

夜、太陽は見えない。空は暗いんですよね。我々の目は正面から入る電磁波（光）に反応するから、後ろから来る光は見えないのです。だから空は暗いのです。しかし、実は太陽系の空間には、見えないけれども、太陽に発する光（電磁波）が満ち満ちているのであって、そこに月があると月は光って太陽光の所在を表します。これは何に似ているかというと、人々は統合作用の場の存在に気がつかないけれども、そこにイエスのような人が現れると、光り輝いて統合作用の現実性を示す、というのに似ています。だからパウロは実際に、キリストのからだとしての教会は世界におけるキリストの現実性だと言っていたのです（1コリント12・12）。

5 「神」と「神の支配」

以上に述べたことは、「超越」と称せられる事態は「場」の比喩で最もよく語られるということです。なお、超越を「場」で理解するとき、場はいわば容れ物で、極は場の中に置かれたものだという面があります。両者は切り離せないですけれどもね。とにかく中にあるというのは事実なのです。換言すれば場自体は「空」であって、極については、有と無、生成と消滅、が言える。この講義では空と無をこうやって区別することにします。これを混同すると何が何だかわからなくなるのでね。この区別についてはすでに述べたところです。

さて、以上のように場を比喩として使うと以下のようなことになる。

イエスが語る「神」

イエスが「神の支配」と呼んだ現実、それは先ほど述べたように統合「作用」のことだ。「神の国」と呼んだものは統合作用の「場」のことだ。これについては次講で述べますが、ここでなお注意すべきことは、イエスは「神」そのものをも語っているということです。神の支配だけではなくて神そのものです。その内容には従来必ずしも気付かれなかった、あるいは無視されてきた事実があります。イエスの言葉には従来、「倫理」と呼ばれた、人のあり方を語る面があるのですが、実はこれは倫理ではないのですね。統合体の形成と維持行為のことなのです。とにかくそれがある。さらに終末論がある。これは神の国の到来を語る言葉です。やがて終末が来て、歴史の終わりが来て、それで神の国が、新天地が成り立つのだというのですね。これは統合体の成立が実に困難だということを、イエスが知っていたから、この世界は滅びて新しく作り直されなければ神の国は成り立たないと感じていたのではないかと、そのようにも考えられます。

ところで、イエスが神を語るところでは、倫理も終末論も語られないという事実があるのです。これも次講で話題にしますが、ここで指摘したいことがあります。神はいかなる人間をも、正しい人間、善い人間、悪い人間、不義の人間、誰をも無条件に受容する。つまり全ての人の上に陽を上らせ雨を降らせるという言葉がありますね。ここには善人と悪人の区別がないのです（マタイ5・45）。だからここでは倫理も終末論もない。イエスが神を語るところでは倫理も終末論もない。

こういう事実がありますが、さらにこういうこともあるのですね。この世には飢餓がある。誘惑や試練がある。これはイエスが教えた「主の祈り」に出てきます。「マタイ福音書」6章9節以下です。「我らを試みに合わせず、悪より救い出し給え」。やはり悪と試練があるのですよね。「我らの日用の糧を今日も与え給え」。世には飢えということがあるのですよね。それを念頭に置いて、「主の祈り」が教えられている。不条理とか死もあるのです。「一羽の雀といえども神と無関係に地に落ちることはない」(マタイ10・29)。「一羽の雀といえども神の許しなしに地に落ちることはない」と訳している『聖書』がかなりありますが、原文には「神の許し」なんて言葉はありません。「神なしに」と書いてあるだけです。「神と無関係に」ということですね。いったいそれはどういうことなのだ。

最後にイエスが十字架上で叫んだと伝えられる言葉があります。「我が神、我が神、なんぞ我を棄てたもうや」(マタイ27・46)で、これは言葉は少し違いますが詩編の引用でもあるのです(詩編22・2)。これは「神の支配・神の国」とどう関係するのだろう。「統合作用の場」は生を成り立たせる場ですが、それが全てではない。

父なる神

さて、神の支配は言葉による命令ではない、我々の身体に及ぶ「はたらき」だと言いました。その内容は「統合作用」だとも言いました。「はたらき」には三つの面があって、これは内容の分析ですが、「はたらきの主体と内容と伝達」です。たとえば、「与える」というはたらきについては、与える人と与える物と実際に与える行為とがあります。これは普通の「与える」ということなので、

「統合作用」を「はたらき」という場合には、これと同じだとは言えないところもありますが、とにかく我々はほとんど無意識にこの分節を使っているものです。「統合作用」についても、「統合作用」の主体（場そのもの）と内容（はたらき）と伝達ですね、それが語られ得ることになります。これは「三位一体論」と関係してきます。

これをイエスの言葉に当てはめてみると、イエスが言う「父なる神」は統合作用（神の国・神の支配）の主体のことですね。統合作用の究極の根源というか出所、イエスはそれを「父なる神」と言っているのです。統合作用は「神の支配」ですね。伝達は「神の国の到来」のこと、あるいはその前に、人々が統合作用に目覚めることに相当します。これは原始キリスト教では「聖霊」のはたらきとされます（1コリント12・3）。つまり神の国に目覚めるということがあって、それから終末的な神の国の到来ということがあるのですね。ところが神の国は、イエスや原始キリスト教団が期待したようには到来しなかった。すぐ来ると期待されていたのですが、到来しなかった。イエスは現実の実状には、「神の支配・神の国」では覆いきれないものがあるのを見て、それを知っていたと思われます。この点にイエスと原始キリスト教の違いがあるとも言えます。その実際が、「エリ　エリ　レマ　サバクタニ」、「我が神、我が神、なんぞ我を棄てたもうや」ですね。イエスはここで「父なる神」をいわば見失ってしまった。父なる神の顔が見えなくなった。こう言えると思うのです。見えなくなった、しかもイエスはなお「神」、父なる神の面を超えた「神」に向かって叫んでいる。イエスは、せっかくほんとうのことがわかってそれを説いているのに、暴力的に中断させられて、どんなに悲しく口惜しかったことでしょう。ここでそれを訴えている。これはイエスが最後の場面で叫んだことで、人に教えるために言っているのではありませんから、それを理解するのはとても難しいのですが、ここでイエスは父なる神の御顔を見失ったけれども、父なる神を超えた「神」に向かって叫んでいる。つまり、コミュニカントであることをやめなかった。そういうふうに考えることができると思います。

実は後代のキリスト教もこの世界の出来事は「父なる神の支配」では覆いきれないことを知っていたので、彼らはそれを「神が隠れた」領域として表現した。いわゆるDeus absconditus（隠れた神）です。統合作用の根源の神のことはDeus revelatus（啓示された神）と呼んでいました。「イエス・キリストの父なる神」ですね。

創造的空と統合作用の場

我々は「統合作用の現実性」を語ったわけで、それは本当のことです。確認可能な現実だと言えます。しかし、この世界には地震とか津波とか火山の噴火とか、暴風とか洪水、そういうものがあります。もちろん戦争や飢餓や病気の流行があるのですが、これについては人間の責任があると言えます。だけど自然的災害の場合は本当に善悪の人を選ばないのです。

これは「場」の理論ではどう解釈されるか。この講義では超越を場の比喩で理解してきたのですが、場自身は空で、有と無、生成と消滅は、場の中に置かれた極についていわれると指摘してきました。この用語を使うと、統合作用の場は超越ですが、さらにそれを包む超越がある。これは全てを包む場であって、創造的空と呼ばれるのが最もふさわしいと思います。全てを包む場というのは、どうしても創造的空です。そこは何があっても不思議はない世界です。何があっても不思議はないというのは、正確に言うと、何があるか、ないか、人間には決定できないという意味ですが、伝統的な神学では神の全能とか全知とか遍在とか言われているものに対応すると、僕は思っています。それは究極の超越の場だ。そうすると創造的空の場と、統合作用の場とがいわば重なっているということになります。統合作用の場という特別の領域があるというより、両者は重なっているという方が当たっています。つまり統合は条件が揃(そろ)った場合にしか成就しない。

ところで「場」については、作用の主体、作用の内容、作用の伝達をどう区別するかが問題となるのですが、ここでまず明らかになるのは先に述べた重なり合いのことです。というのは統合作用の場から見ると、現実にはいわば統合作用の光が充分に当たらない影、あるいは闇があるということになる。人間は——というより「単なる自我」は——統合作用に無感覚になることがあり得るのです。イエスは当時のユダヤ教の支配者によって暴力的にこの闇に引きずり込まれてしまった。そういうわけですね。その影、闇がいかなる意味を持つかを問題にしてみても、創造的空の場はそもそも「意味」が超えられている所だから、そういうことを聞いても仕方がないのですが、しかし、我々はそれをどう考えるか。この問いが、「実はこうなのだ」という一意的情報を与えようということであるならば、それはもともと不可能です。それには答えがない。

換言すると、伝統的な父なる神には、『旧約聖書』以来と言えますが、ある問題性があります。この問題は『旧約聖書』においてすら、「ヨブ記」として表れていると言えます。それについては次講以降で述べることにしたいと思います。

重要なことを言い忘れていたから、ここで指摘しておきます。それは「統合作用」の成就は必然ではない。統合は条件が揃ったところでないと実現しない、という事実です。

ここで言えることは、まず、統合作用の場が本当にあるということなのです。我々はその統合作用の場の中で成り立っているのですが、生物としては統合体の歴史の中にあるのです。したがって我々は、ただ何が起こっても不思議はない場の中にあるのではなくて、統合作用の場の中にあるので、その統合作用が進歩完成していく過程のうちにある。だから我々は生きている限り統合作用の中にある者として統合作用を選ぶ。換言すれば、必ず死ぬことがわかっていても、生きている限り生きることを選び、それを大切にすることが本当だと、こういうことになろうかと思います。

第十講　統合論とキリスト教

第十講は「場所論（統合作用の場）から見たキリスト教」です。次の第十一講では「場所論から見た仏教」について述べます。そうするとキリスト教と仏教が近い関係だということがわかります。ただ、キリスト教をわずかなページで語るというのは、土台無茶な話です。だから、ここではアウトラインだけを簡単に述べていこうと思います。

1　『旧約聖書』の宗教とユダヤ教

まず『旧約聖書』とユダヤ教について。

ユダヤ教とは何か。紀元前五八七年にユダヤがバビロニアに滅ぼされ、指導者が拉致（らち）されてしまうのです（バビロン捕囚（ほしゅう））。そして紀元前五三六年、バビロニアが滅びたので拉致された人たちが帰ってきて、神殿を建設しはじめる。普通はこれをもってユダヤ教の始めとしています。こうして『旧約聖書』の宗教とユダヤ教を区別するのですが、ここではあまりそういう区別なしにお話ししたいと思います。

『旧約聖書』の宗教はユダヤ教に引き継がれていくのですが、仏教と比べて違うのは、共同体の形成に神のはたらきを見ているということです。仏教の人に「キリスト教は共同体的だ」というと、「いや、俺たちの方にもサンガがある」と必ず言うのです。だけど仏教のサンガ（僧伽）と違うのは、キリスト教における共同体は『旧約聖書』のときから、「神の民としての共同体」であり、その形成に神のはたらきが見られていたというところです。他方、仏教は己事究明という方に集中していきます。

モーセの十戒は紀元前一三世紀に成立したということになっています。正確な表現ではありませんが、だいたい以下のようなことです。

神はただお一方であって、他に神を拝んではならない。
偶像をつくってはならない。
神の名前をみだりに唱えてはならない。
安息日を守れ。

父母を敬え。
殺してはならない。
姦淫してはならない。
盗んではならない。
偽証してはならない。
隣人の妻や財産を欲しがってはならない。

モーセは、エジプトで奴隷状態になっていたヘブル人を連れ出して、約束の地に向かうのですが、その途中シナイで神様と契約を結んだということになっていて、そのときに神がモーセに十戒を与えられたというのです。しかし十戒の内容を見ると、家族や私有財産、裁判制度、そういうものが前提されていますので、荒野の民に与えられたとは思えない。もちろん旧約聖書学では、十戒がいまの形になったのはずっと後のことだと考えられています。

しかし、とにかくこれが旧約―ユダヤ教の基礎になっていて、これにはいくつか特徴的なことがあるのです。ひとつは日本の旧約聖書学者の関根正雄氏（一九一二〜二〇〇〇）、それから息子さんの清三氏が注意を喚起したことなのですが（関根清三「旧約聖書と現代」、関根・並木・鈴木編『旧約聖書と現代』教文館、一九七七）、十戒の文は命令形ではないのです。ヘブル語は、西洋の言語のように現在・過去・未来という三つの時間区分があるのではなくて、完了と未完了の二つしかないのです。それで、十戒の文は直接法の未完了で書いてあるのです。命令形ではないのです。だから十戒は、「本来人間とはこういうものだ」と言っているのだと関根親子は考えておられますが、それは正しいと思います。

というのは『旧約聖書』の「レビ記」(19・18)にある「あなたの隣人をあなた自身のように愛しなさい」というあの有名な言葉も命令形ではなくて、直接法の未完了で書いてあります。『七十人訳聖書』とか、『新約聖書』でもそうですが、古代のラテン語の訳は皆、命令形ではなく未来形で訳しています。それが命令の形になるのは近代の聖書翻訳からなのです。これはとても重要なことだと思いますので、ここで注意しておきます。「愛せよ」という命令ではなくて「愛するものだ」ということですね。

そのことと関連するのですが、『旧約聖書』の時間感覚はとても独特で、たとえば「真実」とか「真理」とか訳される言葉、これは特に神の意志について言われるのです。その際に「必ず成就する力をもったもの」という含みがあるのです。これは「エメス」と言われています。ギリシャ哲学は存在論ですが、『旧約聖書』の宗教では「存在」ではなく「実現」ということが中心になるのですね。世界には神の意志が実現していくという観点で書かれていますから、十戒も必ず実現するものだという含みがあります。だから本来、命令ではないのですね。あえて極言すれば、十戒は命令・禁令ではなくて、自覚の表現、つまり表現言語なのです。

そういう著しい特徴があるにもかかわらず、ユダヤ教になってからは特に、神と民との関係が「支配と服従」になり、律法も神の命令に変わっていきます。そうすると、律法は神の命令だからそれに従うことが重要だという考え方になっていきます。たとえば当時のラビの言葉に「死体が汚れているのでもないし、水で清まるものでもないけれども、神様がそう命じたのだから仕方がない」というのがありまして、これがユダヤ教の時代の律法に関する感覚をとてもよく表していると思います。つまり本講義の言葉でいうと、律法は神の命令で、それを守るのは自我だ。つまり律法が単なる自我に対する実践的な情報、そういうものになる傾向がとても強かった。そして十戒ではあまりに一般的すぎるので、これを細則化して生活の諸場面に適用できる形、いわばマニュアル化しようという学問が起こります。「これこれの場合にはかくかく為すべし」という、「一意的言語」で語れるマニュアルです。

2 原始キリスト教

それに対して、キリスト教には、本講義でいう自己・自我直接経験、言い直すと共同体性の直接経験がある。それは、イエスやパウロでは――ヨハネでもそうだけど――とてもはっきりしています。経験自体は必ずしも語られていなくても、行為はそれを踏まえての直接性だということがよくわかる。『旧約聖書』の表現と違うところは「自覚」ということです。言葉で言いますと「我々は神の中に、神は我々の中に」、「キリストは我々の中に、我々はキリストの中に」です。そういう、『旧約聖書』の言語であるヘブル語にはないけれど、当時のヘレニズム宗教でよく用いられた言語表現がパウロにあるし、特にヨハネでたくさん出てくるようになります。その結果、「『文字』(『肉』)ではなく『聖霊』に従え」と言われる(ローマ7・6、8・4)。こういう表現はとても重要なのです。これには超越のはたらきの自覚の言い表しだという面があることに注意したい。

イエス

そういう注意をした上で、イエスについても少し述べてみましょう。イエスの場合の主要語は「神の支配」、「神の国」。これはもともとは一語なのですが(basileia tou theou)、両方の意味があります。それから「神」。さらに本講義の言葉で言えば「直接経験」とか「直接性」。それと関連して「自然」、「無心」。それから「赦し」と「受容」。そういうことが出てきます。

特に「山上の垂訓」(マタイ5—7)でまとめられていることですが、これはやはりイエスの言葉に根があるのだろうと思います。「無心になれる人。こころの清い人。こころやさしく平和を求める人。真実を第一に求める人。それは幸いだ」と言われているのです(マタイ5・3—10)。これは本講義で言う「統合心」ですね。まさに統合心の内容です。誤解してはいけないことは、「幸いな人」ですね。修行をしてこういう人間になれ、そうすると「神の国」に入れるぞと言っているのではないのです。マタイはともするとそう解されがちな書き方をするのですが、逆なのです。「神の支配」を自覚した人間はこうなる。それが幸いだと言っているのです。僕にはそう思われます。

ですからイエスは律法にしても、他律的な命令ではなくて、「神の支配」――その中身は「統合作用」です――の表現だと考えています。だから律法的行為は他律的な情報に支配される自我の行為ではないのです。だから、ここには「自己」、つまり統合作用の直覚がある。たびたび言いましたように、イエスは本講義で言う「統合作用」を「神の支配」、「統合作用の場」を「神の国」と呼んでいる。

ただし、「統合作用の場」ですが、これは人格化されている場合がある。イエスの言葉に現れる「人の子」というのがそれに当たると、僕は思っています。「人の子」語句の全てがそうではないのですが、「人の子」語句の中にはイエス自身の言葉があり、それは「統合作用の人格化」だと、僕には思えます。「人の子」というのは後期ユダヤ教の終末論に現れる、人格化された超越者なのです。それで「人の子」は、「神の子」なのですが、同時に人間性を備えているわけです。イエスはその代表でありまた表現でもあるのです（マルコ8・38）。だからこれは、イエスが「自己」ということを言い表そうとするときにとても適切な用語だったと思うのです。神の支配を人格的に表象すればこうなるでしょう。

実際、イエスは自分自身を終末の時に現れる「人の子」の、地上での代表だと自覚しているところがあります。イエスの理解では、律法行為とは統合作用が各人格において現実化することだ。言い換えると、「人の子」のはたらきの表現だと理解されるところがあります。だからイエスは「人の子が律法の主だ」と言います。『新約聖書』「マルコ福音書」2章27節です。安息日の「おきて」について言っているのですが、律法一般に拡張できます。安息日は人のためにあるので、人が安息日のためにあるのではない。「だから（ホーステ）」人の子は安息日の主なのだと言う。ここに少し問題があるのですね。「ホーステ」を「だから」と解し、「人の子」を「人間」と解する仕方がある。そうすると問題の文は、「『だから』『人間』が律法の主だ」と解される。問題の文はこのようにも取れる言い方でして、そのように取っている人ももちろんいるのです。しかしそうではないのだと、僕は思うのです。

律法というものは人間のためにできた。ではその人間はどういう人間のことなのかというと、それは神の支配に生かされる人間のことなのだ。ですから、「神の支配」を人格化して「人の子」と言えば、「結局、要するに」、「人の子」が律法の主なのだ、それが人間の行為として、自由な行為として現れる、イエスはそのように言いたいのだと、僕は考えています。つまり「ホーステ」は「だから」ではなくて、「要するに」という意味だ、と考えます（マタイ12・12参照。ホーステは自明の一般論を導入する。バウアー『新約聖書用語辞典』)。

直接性の例としては、前講でも引いた「善きサマリア人」の譬えがあります。さらに言うと、直接性というのは「単なる自我」の人為ではない。むしろ自然です。この「自ずから(おのずから)」というのはとても大事なのです。それは「マルコ福音書」4章26節に出てきます。神の支配とはどういうものかというと、神の支配は畑に種が蒔かれたときのようなもので、種は人為によらないで、つまり人がどうしてそうなるのか知らないで、寝たり起きたりしていると自然に育って結実する、と言われている。つまり種は人為によらないで「自然に」(ギリシャ語でアウトマテー)、「自ずから」と言うのですね。自ずから生長して実を結ぶのだ、神の国ってそういうものだ、神の支配というのは、そのように自ずから生長していくものだと、こういうことです。この「自ずから」は、イエスの言葉ではこの一箇所しか出てこないのですよ。『新約聖書』の中でも「使徒行伝」にもう一回出てくるだけです(12・10)。しかも「神の支配は蒔かれた麦のようだ」という譬えは、「マタイ福音書」も「ルカ福音書」も削除してしまっています。マタイもルカも「マルコ福音書」のほとんど全体を取り入れているのですが、この部分はカットしている。たぶん彼らにはこれが理解できなかったからではないかと、僕は思っています。

直接性は無心だ。そして無心は自然だ。「無心」という言葉は『新約聖書』にはあまり出てこない。ただ先ほどもふれた箇所ですが、「マタイ福音書」5章の3節に「こころの貧しい者は幸いだ」

と訳されているところがあります。これはギリシャ語では「こころにおいて乞食であるもの」つまり「こころの中に何も持っていない人」ということなのですね。僕はこれを「無心」と理解しています。そうすると自然とか無心とかいう言葉はとても重要なのですが、福音書では他にはない。パウロは「アコーン」といいます（1コリント9・17）。人為（ヘコーン）に対する無心（アコーン）です。しかしこれは聖書の訳者にはあまり理解されていないのです。それはなぜか。僕は、これは伝承者・訳者の無理解によるところがあったのだろうと思っています。

だいたいイエスは理解されていないのです。イエスが生きているときには弟子たちはイエスをまるで理解していなかったらしい。弟子たちがイエスに叱られる場面がよく出てきますからね（マタイ17・17等）。

さらに第九講で触れたように、神の支配と言うだけでは現実の全体を尽くしていないので、イエスはさらに「神」ということを言い、そこに「神の支配」には含まれないようなことも出てきます。特にイエスが十字架上で言った「エリ　エリ　レマ　サバクタニ」というようなことが出てきます。ただし、イエスが神について言及している箇所には、神は悪人も善人も区別しないで無条件に受容するという言葉があります（マタイ5・45）。イエスの場合には、この無条件の受容が無条件の赦しとして現れています。そのことを少し付け加えておきます（マタイ18・21―22、ルカ15。ここでは「神の支配」ではなく、「神」が語られている）。つまりイエスは当時のユダヤ教徒、そのなかでも特に敬虔（けいけん）なパリサイ人ですね、律法をマニュアル化して、形の上で守ることに熱中していた人たちに対して、実は律法の本来はそうではないのだと言って、統合作用の自覚から語って、さらに直接性と無心ということを語った。無心ということはたとえば、「思い煩うのをやめなさい」（マタイ6・25）という言葉にも表れています。

復活信仰の成立

ところが弟子たちはイエスの言葉を理解していない。だからイエスが逮捕されて十字架につけられるのを傍観するしかなかった。しかし弟子たちは、イエスの死後、生まれ変わったように立ち上がるのです。そして「十字架につけられて死んだイエスが復活した」、「このイエスこそ待望されたメシア（キリスト、救済者）だ」という宣教を開始するのです。

「メシア」というのは、パウロやヨハネでもっと深く理解されていきます。これがキリスト教の起源なのです。キリスト教という宗教はイエスの弟子たちが始めたことです。イエスの宗教とは違う。ではそこに何があったのか。復活信仰のはじまりについて結論を言うと、弟子たちはどうもイエスの死後に初めて、神の支配の現実性に目覚めたらしい。

これをパウロははっきり書いています（ガラテア1・15―16）。他の弟子たちについては明白な記録はないのですが、「キリストが現れた」という経験をした人として、弟子たちをパウロが名指ししています（1コリント15・5―8）。神の支配の現実性に目覚めたとき、彼らは初めてイエスの言行が理解できるようになった、と考えていいと思います。彼らはその出来事を「死んだイエスが復活して彼らの中ではたらいている」と解釈した。僕はそう思っています。これについては「マルコ福音書」6章14―16節に類例があります。イエスが一時期その弟子であった洗礼者ヨハネが、逮捕されて獄中で非業の死を遂げます。その後でイエスが独立伝道を始めて、その先生だったヨハネに勝ることを行う。それを見て人々が「死んだヨハネが甦ってその力がイエスの中ではたらいている」と言った。またヘロデがそう言ったと書いてあります（マルコ6・14―16）。当時、こういう解釈があったとすれば、弟子たちが同じように、非業の死を遂げたイエスを初めて理解したときに、「死んだイエスが甦って我々の中ではたらいている」と考えたとしても全然不思議ではない。僕はそう考えています。

なお、イエスの死については、正しいことを語り行ったイエス、何の罪もないイエスが処刑された。罪もない人がなぜ、と弟子たちはとても悩んだと思うのです。結局これは、罪びとの贖罪のためだと解釈されてくるのですが、当時やはりそういう考え方がありまして、義人の死には贖罪効果があると「第四マカベア書」（『旧約偽典』、一世紀前半）の6章の29節や、17章の21節に出てきます。

つまり「イエスは我々の罪のために死んで、三日目に甦った。このイエスこそキリスト（救済者）だ」とする。これがキリスト教の一番もとの形ですね（1コリント15・3―5）。ただ、イエスが甦ったということについては、一番確かな証言はパウロの言葉です。そしてパウロへの顕現は客観的な事態ではないのです。すなわちパウロは私に「対して」現れたというのではなくて、私の「中に」現れたと言っているのです。『新約聖書』「ガラテアの信徒への手紙」1章16節のエン（英語のinに当たる）は「対して」ではなく「中に」と解釈した方がいいと思います。というのは直後の「ガラテアの信徒への手紙」2章20節の「エン」は、「キリストが私の『中に』生きている」ということですから。

さらに『新約聖書』「コリント人への第二の手紙」4章6節でも、「神が我々のこころの中で輝いてキリストの御顔を照らし出した」と、やはり「こころの出来事」として語っているのが、とても目立つところです。関連があるところをあげてみます。『新約聖書』「ピリピ人への手紙」の2章13節には、「神は我々の中ではたらいて、我々のはたらきと意欲とを作り出してくださる」と書いてある。ここでキリストが出てこないのですよね。「神が我々の中ではたらいて」いる、でキリストは出てこない。それはなぜか。「我々の中ではたらく神」、それは神そのものではないから、「神の子」と言い換えると、その「神の子」のことをパウロは「キリスト」と言い換えているのです。「ガラテアの信徒への手紙」1章16節と2章20節を比べるとわかります。つまり「パウロ書簡」では「我々の中ではたらく神」と「神の子」と「キリスト」は等価なのです。互換可能です。だから統合体としての教会が「キリストのからだ」と言われる（1コリント15）。僕は『新約聖書』のメッセージを記号で書くことを始めたことがあって、これは記号で書くとはっきりします。この三つ――我々の中ではたらく神、神の子、キリスト――が等価だということですね。すなわち、ここにも「我々の中ではたらく神」つまり「神の子」を、パウロが――パウロだけではないと思いますが――、「死んで甦えったキリスト」だと理解した。こういう結果が出てくると思います（復活については拙著『回心　イエスが見つけた泉へ』ぷねうま舎、二〇一六、「終章」を参照されたい）。

ついでに、並行現象として、「人の子」について。「人の子」は当時の用語で、人間性を備えた神の子です。さて「人の子」というのは、イエス自身の言葉ではイエス自身ではない「第三者」です。「マルコ福音書」8章38節です。第三者と言っても、イエス自身がその代表なのですが、とにかく第三者なのです。しかし「人の子」がイエスと全く同一視される事態がみられます。たとえば同じく「マルコ福音書」でも8章38節と9章31節を比べますと、前者ではイエスと人の子は別人格なのに、後者では同一視されている。イエスが自分のことを「人の子」と言っている。そういうところが出てきます。これは「人の子は苦しみを受けて、死んで甦る」という預言なのですが、ここで自分のことを「人の子」と言っているのがはっきり出ています。これは新約聖書学では一般に、原始教団に由来する、いわゆる事後預言と考えられています。イエス自身の言葉ではないということですね。原始教団で「人の子」とイエスが同一視されていったということは、こういうところにも見てとれるわけです。

　ですから原始教団は、イエスを超越者と――直接には統合作用の場なのですが――同一化してしまった。つまり自分たちの中に現れた統合作用を復活のイエスとして理解したということなのです。とにかく、原始教団はそのようにして超越とイエスを同一化しまして、そして「キリストとしてのイエス」を述べ伝えたということになります。こう考えると、『新約聖書』の全体が、矛盾も無理もなく、説明できます。たとえば、イエスはその死後「神の子」とされたこと（ローマ1・4）、「神の支配」に基づくイエスの人間理解と、復活者キリストに基づく原始教団の人間理解は基本的に一致すること、神と等しい神の子（ロゴス、ヨハネ1・1―5）とイエスは「ヨハネ福音書」において全く同一視されていること、などです。特にイエスは神の国・神の支配を語ったのに、なぜ原始教団はイエスを救世主として布教したのか、ということがわかります。原始教団の「復活のキリスト」はイエスの「神の支配」と同じものなのです。ここにキリスト教が伝えた真実（超越）があるわけです。

伝承の発展

その後の伝承の発展を少し追っていきたいと思います。「マルコ福音書」の最後の部分（16・1―8）に「イエスの墓が空だった」という話が出てきまして、話はマタイ、ルカ、ヨハネと、だんだんと発展していく。「マルコ福音書」ではキリストが現れないのですが、「マルコ福音書」の後にできた「マタイ福音書」、「ルカ福音書」、「ヨハネ福音書」では復活者が現れたということになってきます。葬られた方がお墓を空にして出てくるのですから、身体として復活したということになるのですが、やがて復活者はだんだんと霊化していくのですね。そして「使徒行伝」のはじめの部分では天に上ります（1・9）。

ここにも伝承の発展があるわけです。最初の伝承では復活者は出てこないのだけれど、後の伝承では復活者が現れる。その復活者は甦えった肉体なのだけれども、伝承の発展とともにだんだんと霊化していく。最後には地を離れて天に上る。そういうふうに伝承が発展していくのですが、これはどういうことなのか。

聖者が甦るという話は世界中に広くあるのです。世界中というと大げさですが、僕が調べたところは中国の仏教伝説ですけれどもね（『梁高僧伝』、六世紀）。生きているときに奇跡を起こした聖者が甦る、そしてその棺は空だったという話があるのです。だから、これだけが独立して成立するということがあり得るのですが、とにかくイエスが復活したという宣教と、ある意味でそれに刺激されたと思われる空虚な墓の物語が出てくるのですね。そうすると、そこで現れるイエスは甦った肉体ですから、パウロなどが説いている「霊なるキリスト」とのギャップが大き過ぎるのですね。それでだんだんと復活者が普通の人間ではない霊的な人間として霊化していく。そして、さらに昇天する、神の御許（みもと）へ上っていくという。そしてその後、霊なるキリストがまた地上に聖霊とともにくだってくる。これは「ヨハネ福音書」17章16―20節ですけれども、そういうふうに話が発展していったのだと思います。

エルサレム起源のキリスト宣教とパウロの関与

これはつまり全然違う起源の伝承を調和させて結びつけるという作業ですね。パウロについても一言だけ言及しておきます。原始教団で「罪のないイエスが我々の罪のために死んで、というより殺されて、葬られて甦った」、これが最初の伝承だと言いました。この伝承が神学的に展開していくのです。その展開についてはパウロ自身がかなり関与していると思います。どこまでがエルサレム起源でどこまでがパウロかというのは必ずしもはっきりしません。ただエルサレム起源の伝承は、イエスが我々の罪のために死んで、そして葬られて甦ったということです。そのあとの発展はそれに肉付けをして行くわけです。パウロは初期のキリスト教を『旧約聖書』と結びつけ、さらに全人類的視野へと展開するのです。

それでどうなるかというと、まずは僕が神学Aと呼んでいるものです。僕は『新約聖書』には、AとBという異なった神学があると考えています。神はユダヤ民族を選んで、これに律法を与えたが、ユダヤ民族は律法を守らずに罪に堕ちた。それで彼らは神から罰を受け、滅びなくてはならない。これは最初はユダヤ人のことなのですが、パウロがこれを全人類に拡げていきます。全人類が罪に堕ちて滅びなければならないのだが、神は人類を救うためにキリストを贖罪として立てた、というふうになるのですよ（ローマ3・21―26）。だから神は民を救うために――神の民は全人類に拡がるのですが――キリストを立て、その死をもって贖罪とした。それゆえ、イエスをキリストと信じる者は、罪あるままで、神の前で義人として通用することになり、神の民に加えられる。そして福音が世界に伝えられ、そこではギリシャ人もユダヤ人もなくイエスをキリストと信じる者は神の民に加えられるということになっていくのですが、やがて終末となって神の国が到来する（1テサロニケ4・13―18）。簡単に言うとこのように展開する。この要点は、エルサレム起源だと考えれば納得いくのですが、罪が律法違反に見られていることです。ここでの罪とは何かというと、神が与えた律法を守らず、それを犯したことだ。その罪が赦されるという意味での贖罪と、それから終末が語られるのです。この終末というのは、イエスの時代のユダヤ教にもあった。イエス以前からあったわけですね。だから救済の視野は共同体的なのです。『旧約聖書』の遺産を継いでキリスト教的な救済史が作られている。つまり創造から終末に至るキリスト中心の救済史が作られている。

それで注意すべきことは、ここに中心として直接経験ということがありまして、そのメッセージもあるのです。このメッセージが現代にとって重要となるわけです。律法的な完全というのは、後代では道徳的な完全のことになるわけです。ユダヤ教的な律法が通用しなくなっても道徳的完全を求めて苦しむ人というのがやはりずっといたし、いまでもいるでしょう。それで、それができないというので苦しむ人に対して贖罪のメッセージが、道徳的完全を求めるのを止めなさい、十字架を仰ぎなさい、と言う。それは確かに福音なのですよ。それを受け取った人は、道徳的努力を放棄する(コードフリー)。そこで自己・自我直接経験に至るのです(統合心、いのちの願)。自己が露わになるわけですよね。そうするとこれを、キリストが私の中に現れたと解釈する。本当に感謝する。信仰によって言葉に縛られる単なる自我が滅びて「自己」が露れる。これが僕は現在まで伝えられたキリスト教のひとつの中心だと思っています。こういう事実はあるのです。

ヘレニズム世界での変容

原始教団の話に戻ります。エルサレム教団のメッセージがヘレニズム世界に伝えられます。そうするとヘレニズムの世界では、『旧約聖書』と縁がないから、ユダヤ教的な要素が落ちていく。このときに地中海世界に広まっていた神話――殺されて復活する神の子の神話があるのですが――この影響があったかもしれない。そして「ピリピ人への手紙」2章6―11節にある短い「キリスト賛歌」を展開した形で以下のようなメッセージができていきます(神学B)。「神は世界と人を創造したけれども、人は罪に堕ちてしまった。それ以来世界は悪の勢力(これは悪魔とか悪霊とか死とか考えられていますが)の支配下にある。しかし、神と等しい神の子はイエスとなって地上に現れて、死に至るまで神の意志を守り、神を表して救いを説いた。その神の子は死んで父のみ許に昇り、そして悪霊と死の支配を打破して、万物の主の位に着いた。そのキリストは聖霊と共に、霊としてこの世界に再来し信徒とひとつに結ばれる」。こういうメッセージができていった、と思われます。思われるって、ちゃんと『新約聖書』にあるのですよ。

ここでの要点は罪が律法違反ではなく、キリスト（真理）を知らないことなのです。本講義の言葉で言えば「単なる自我であること」と言ってもいいです。キリストを知らないこと（単なる自我であること）は罪の「力」の支配下にあるということです。だから、そういう状況のままで仮に律法を完全に守ったとしても、それではだめだ、救われないというのです。それでは、救いはどこにあるかというと、キリスト信仰を通してキリストと結ばれ、さらに神と結ばれるところにある。これは救済史も終末論もないのです。「ヨハネ福音書」が代表的です。その視野は個々の信徒の救いです。だから、これは浄土教ととても近くなってきます。信仰によって超越と一であること、つまり「自己・自我直接経験」がここにあるのです。信仰によってそこに至ることができると考えられます。

パウロの場合

以上二つの関係なのですが、パウロでは、僕が神学Aと言っている救済史的神学と、神学Bと言っているヘレニズム的神学が結合しています。彼は一方だけでは救いの内容を語り尽くすことができなかったのだろうと思います。だからパウロ自身が神学Aと神学Bを発展させながら両方を結びつけて語ってしまった。ただ、両者の結合から多くの矛盾が現れてくるわけです。

たとえばパウロは、一方では罪は律法違反だと理解していますが（ローマ2・12後半―13、3・19―20、21―28など）、他方では罪は律法主義（コードバウンド）だと、律法を完全に守ってもだめなのだと言うのですね（2コリント3・6）。これは矛盾です。こういう矛盾を無視している人がいますが、実は矛盾があるとは言いたくない人がたくさんいて、こういう矛盾を無視している人がいますが、実は矛盾があるのです。現代の新約聖書学者でも、『聖書』の中に矛盾があるのです。終末論もそうですよね。「ヨハネ福音書」には終末論がない。ところが「パウロ福音書」には終末論がある。そういうところからいろいろと矛盾が出てくるのです。罪とか終末論とか、あるいは聖餐（せいさん）の理解とか、そういうところでもいろいろと違いが出てきます。

パウロにおける無心の表現

パウロはイエスを直接に知っていたわけではないけれど、キリスト信仰に到達しました。だからパウロ神学はやはりキリスト中心的なのです。ではパウロにおいて神はどう理解されているかというと、神はあまり出てこないのですね。たとえば「パンタ・エン・パーシ」と言われる（1コリント12・6、15・28）。「あらゆるものの中にあって、それをそれたらしめる全て」ということですが、それ以上あまり展開していないのです。

だけど、やはりパウロも無心ということは摑んでいる。それがどういうところにあるかというと「コリント人への第一の手紙」4章3—4節に、「私はもう自分を裁かない」と言う。「私を裁くのは主だ」と言う。そして、「私は自分を省みて『ウーデン・シュノイダ』だ」と言うのですが、それをどう訳すか。パウロはその前に「もう私は自分を裁かない」と言っているのだから、「ウーデン・シュノイダ」もそういうことだと思うのですね。さて「シュノイダ」には「良心」と「自己意識」の両方の意味があります。ラテン語でもそうです。ここでは自己意識のことを言っているのだと思う。「もう私は、前にパリサイ人であったとき(ガラテア1・14参照)のように、自分自身を眺めて、ああ俺はここまでちゃんとやったとか、ここはだめだったとか、いちいち他人と比べて自分を評価することを止めた」と、そういうことを言っているのです。自分を裁くのはキリストだ。これはやはり無心ですよね。親鸞も「善悪のふたつ、総じてもて存知せざるなり」と言っています(『歎異抄』結文)。

ところがこれを、「私は良心に何の咎も感じないけれども」と訳している『聖書』がかなりあります。でも「私は自分を省みてやましいところはない」と言ったら、自分を裁いていることになるではないですか。自分を裁いて、自分には罪がないと言っていることになってしまう。それはパウロが言っていることと全然違う。そうではないのです。「自分を省みて良心にやましいことはない」、そんなことをパウロは言えたでしょうか。彼は使徒になる前、クリスチャンを迫害したのですよ。クリスチャンを迫害した過去を持つパウロが、「自分には良心に咎めがない」と本当に言えたのか。僕には言えたとは思えないのです。だからここは一切自分で自分を裁くことを止めたという「無心」のことだと思います。

それから「コリント人への第一の手紙」9章9節もそうなのです。ここでは伝道者が報酬をもらってもいいかどうかを語っているのです。ここを以前の訳（文語訳）は「こころよりこれを為さば報いを得ん」としている。「こころよりこれを為さば」の原文は、よくよく読んでみると違うのですよ。そういうことではなくて、ここではヘコーンとアコーンという言葉が使われている。これは滅多に出てこない言葉だから、理解するのは確かに難しいのですが、「ヘ」というのは自分のことです。「ア」というのは（自分が）ないことです。そういう使い方がある。だから、もし「私心」があって（人為）、何かのために伝道しているのだったら、私はやはり報酬をもらう。だけどそうではない。私は「無心」（アコーン）にやっているのだ。パウロの他の言葉で言うと「キリストが私を通してはたらいているのだ」（ローマ15・18）と言っているのですね。私はキリストを述べ伝えているけれども、これは「私を通して」キリストがはたらいているのだ（作用的一）、そう言っています。これも同じことですよ。やはり、自分の伝道は無心だ、自分のためにやっているのではない。だから私は報酬をもらおうとは思わない。こういうところに無心がでてくるのですが、残念ながらちゃんと理解されておりません。

さらなる伝承の発展：福音書へ

ここから文章化は福音書に発展していきますので、一応簡単にお話ししておきます。空虚な墓の伝説とか、そこにキリストが現れたとか、昇天とか、イエス伝承にはさらにいろいろなことが付け加えられていきます。たとえばイエスの受難物語です。イエスはユダヤ教の支配階級に対ローマ叛乱の指導者だという偽りの告訴をされたために、イエスは当時エルサレムを支配していたローマ官憲に捕らえられて苦しみを受け、散々酷い目にあって、十字架につけられたということが、原始教団にとってとても大きな痛みだったのですね。そこからイエスの受難物語が形成されていった。それがひとつのまとまりですね。他方、イエスがキリストとして天に上って神の右に座した。これは原始教団ではイエスが死の力と悪霊の力に勝利した、これを打ち破ったことだと解釈された。だからイエスは万物の主と言われた（ピリピ2・9）。イエスは悪霊の力、悪の力、死の力を破って勝利して、神のみ許に上った。これは、イエスとキリストが同一視された結果です。つまり「神の支配」とイエスが呼んだ「超越」です。これには悪に勝利する力があるわけですが、それがイエスと同一視されたのです。

もしそうなら、イエスは生きているときにも悪霊に勝ったのではないだろうか、いや勝ったはずだと、そう考えられてきたのでしょう。それで実際に、マルコが最初の福音書を書いた（六〇年代後半）。受難物語を主として、それに先行する奇跡物語を書いたのですが、これはほとんどが奇跡物語ではなくて悪霊追放物語です。つまりマルコは悪霊に勝利したイエスを書いた。当時の教団では、イエスが何を語り何をしたのかが問われたのでしょう。マルコはそれに答える形で、悪霊を追放し死にも勝利して甦った、という物語を書いた。

この悪霊追放物語は事実だったのか。これについては伝承の詳しい分析がありますが、結果は否定的です。イエスが何をして何を語ったかを、直接に知っている人が最も多くいるのは、イエスが生まれ育ったナザレですよね。もうひとつは最後の一週間を過ごしたエルサレムで、かなりの人たちがイエスの目撃者なのです。ところが「マルコ福音書」を読んでみますと、ナザレとエルサレムでは奇跡物語も、悪霊追放物語も、全然出てこないのですね。それらは皆、どこか別の所でしたことになっているのです。これは奇跡物語の史実性批判のためのひとつのヒントとしてお話ししておきます。

イエスをキリストとして描く福音書

それから「マタイ福音書」と「ルカ福音書」（ともに八〇年代）は、「マルコ福音書」を利用して、これをほとんど全部自分の中に取り込んでいる。その他に、すでに語られていたイエスの誕生物語などのいわゆる「聖者伝説」を付け加える。さらにイエスの言葉集――Q資料と呼んでいます――、そういうものが作られていたと思われます。「マタイ福音書」と「ルカ福音書」は、それをもかなり自分の中に取り込んでいる。なぜそれがわかるかというと、「マタイ福音書」と「ルカ福音書」を比べてみますと、「マルコ福音書」にはなくて「マタイ福音書」と「ルカ福音書」でほとんど文字通り一致している箇所がかなりあるのです。そういう事実に基づいてイエスの言葉集のようなもの、いわゆるQ資料があったはずだということが言われているのです。

「マタイ福音書」はそれを取り込み、さらに自分で集めたイエスの言葉を使って、ひとつの福音書を編むわけですが、これはところどころで「マルコ福音書」の流れを切って、イエスの説教集を入れていくスタイルです。これはマタイ教団の正典として編まれたのではないかと僕はそう思います。だからその中にはいろいろと矛盾したことが取り込まれているのです。教団の勢力の均衡を保つための正典というのはそういうものです。いろいろな勢力の主張の均衡を保つために、矛盾があってもいいからそのまま取り込んでいくというところがあるのです。「マタイ福音書」にもそういうところがあるから、たぶんマタイ教団の正典だったのでしょう。

ここではイエスはいわば新しい倫理の教師になっている。一九四五年に死海沿岸で遺跡が発見されたユダヤ教の一派クムラン教団に、「義の教師」という人がいますが、たぶんその形になぞらえられたのではないかと言われています。イエスは新しい義の教師として立ち現れている（マタイ5・17―20参照）。そういうところが目立ちます。ここでイエスの言葉が新しい倫理になっていく過程が見られるのではないかと思います。

それから「ルカ福音書」と「使徒行伝」（八〇年代）。これは両方併せて教会の成立と発展を述べている。だから「ルカ福音書」と「使徒行伝」はひとつのセットとして読むべきものなのです。ここでイエスは「悔い改めを述べ伝えた方」とされています。特にルカ的なのは、イエスにおいて、高い者と低い者、強い者と弱い者、そういう区別がなされて、イエスは低い者、価値のない者、そういう人たちに福音を説いたのだというところが目立ちます（1・47・55等多数）。よくイエスは価値の逆転をやったのだと言われますが、これは実はイエスではありません。価値の逆転をやったのはルカです。イエスは価値の差別を超えたのだと僕は思っています。

「ヨハネ福音書」（一世紀末）ではイエスと超越者の同一化がもっと進んで、超越（僕の言う統合作用、あるいは統合の場そのもの）がイエスという人間と直接にひとつになって描かれるのですね。しかもキリストではなく、一貫して「イエス」と言われていることが目立ちます。ですから、著しく大きな奇跡物語が描かれるようになります。そしてイエスが直接に自分自身について語っていることが「啓示」になっています。この点は神学的にはとても重要なのですが、キリストと聖霊の関係、キリストと神の関係、これが「イエス」自身の言葉として語られたことになるのです。

だから、「ヨハネ福音書」の記述には史実性は乏しいけれども、神学的にはとても重要だという位置付けがなされています。特にここで、律法主義自体が否定されている（6・32・45等多数）。それからイエス・キリストだけが正しい、イエス・キリストを信じる者だけが救われるのだという絶対性が現れてきます。特に信仰において、信徒とキリストがひとつに結ばれる、というところが信仰における直接経験（自己自我の直接経験）の表現なのです。それがとても明瞭に書かれてくるということになります。

3　古代教会と神学の形成

さて、その後にキリスト教神学が形成されていくのですが、それが二世紀から三世紀、さらに四世紀にかけてです。まず二世紀に「使徒信条」が成立します。「使徒信条」は、キリスト宣教の諸内容を使徒の証言に基づく短い信条にまとめたという意味で、二世紀のローマで成立したと考えられています。これがキリスト教の柱になっています。

我は天地の創り主　全能の父なる神を信ず
我はその独り子　我らの主イエス・キリストを信ず

主は聖霊によりて宿り　処女マリアより生まれ
ポンテオ・ピラトのもとに苦しみを受け　十字架に付けられ
死にて葬られ　陰府(よみ)に下り
三日目に死人のうちよりよみがえり
天に昇り　全能の父の右に座したまえり
かしこより来りて　生ける者と死せる者を審きたまわん
我は聖霊を信ず
聖なる公同の教会　聖徒の交わり　罪の赦し
身体のよみがえり　永遠の生命を信ず　アーメン

これはキリスト教神学の根幹です。ただ、「神学」と言いますと、ここに出てくるそれぞれの項目についての詳細な議論だけではなくて、贖罪論（十字架上の刑死の意味）が語られます。さらに、三位一体論とキリスト論、教会論などが付け加わってキリスト教神学の全体になるのですね。つまり「使徒信条」からの発展があるのです。それで、その発展についてもごく簡単に付け加えておきます。

三位一体論

三位一体論とは「父なる神・子なる神・聖霊なる神」の関係のことです。これについては四世紀に、ニッサのグレゴリウス他、いわゆるカッパドキアの三神学者が定式化しました。それによると「父と子と聖霊の関係は、本質的に一であり、個性的な現れとしては三である」ということになります。古代教会ではさらにキリスト論が問題となりました。

キリスト論

これはイエス・キリストにおける人性と神性の関係を問う難問です。使徒的伝承に基づく『新約聖書』は、人間イエスと超越そのもの（統合作用の場）を同一視し、しかも超越を「人格化」して表象した。古代教会はそれを受け、「イエス・キリストの人性と神性の関係」を問題にしたから、難問になったのです。イエスと超越を区別すれば問題なく解けます。

イエスにおける神性と人性の関係

これはニカイヤ公会議（三二五年）をへて、カルケドン公会議（四五一年）で決定されました。要するに、イエス・キリストにおける神性と人性は、区別はされるが分離はされない、ということです。さらに「イエスはまことに人であり、まことに神である」とされます。場所論から見れば、キリスト両性説は、我々の言う「自己」における神と人との作用的一のことです。人間の中ではたらく神は、神と人との作用的一だからです。さらにイエスにおいてキリスト両意説（七世紀）が論じられました。これは「歴史上の人物としてのイエスの意志には二つの中心がある。神的本性と人間的本性であり、後者は前者に従う」というものです。これについては先行する見解があり、いわゆるアンティオキア型では「後者は前者にしたがう」、アレキサンドリア型では「両者は一致する」とされていました。二つの意志の関係は、自己と自我の関係に等しいわけです。

統合論と三位一体論・キリスト論

これは統合の場の分節と等しい。そもそも作用は、その主体と内容と伝達に分節されますから、まず場そのものを「父なる神」、場のはたらきの内容（統合作用）を「キリスト＝子なる神」、信徒への作用の伝達（実現）を「聖霊」なる神に配すれば、三位一体論になります。この場合、父なる神は前に述べた「父なる神」（統合、統合作用の根源）のことになります。「場そのもの」と「場のはたらき」と「その伝達」（聖霊のはたらき）は不可分・不可同ですから、三にして一だと言えます。以上を、目に見えるものを比喩として語れば、「太陽そのもの・我々にそう見える太陽・日光」は三位一体論的であり、また網膜に映る太陽は、太陽光と感覚器官の作用的一であって、これは、人の中ではたらく神（神の子＝うちなるキリスト）における「超越と人間の作用的一」の比喩になると言えるでしょう。それから両意説は、イエス（または信徒）における「自己と自我の関係」に等しくなります。

贖罪論

それから贖罪論です。これにはいろいろな意味があるのですが、ローマ教会では法的な贖罪論が中心になる。これは司法的贖罪論と言われます。もともとローマ人は、ユダヤ人同様、法的思考が際立っているのですね。つまり神が律法を与えたけれども、それを人間が犯した。その犯したことが罪なのです。しかし、その罪はキリストの贖罪によって赦される。つまり罪あるままで神のみ前で義なる人間として「通用する」という。これは法的な理解ですね。こういう法的理解が中心的な位置を占めるようになっていきます。

それでローマでは四世紀のはじめ（三一三年）にキリスト教の寛容令が出て、四世紀の終わり（三九二年）に国教化されますが、国教化された場合のキリスト教は教条主義ですね（レーマバウンド）。「わがうちに生きるキリスト」の自覚がなくなったわけではありませんが、教条主義に傾いていって、教義が救いに関する情報になっていくのです。神の言葉は救いの事実に関する客観的な情報となっていく傾向がとても強いと思います。それで結局「信仰」は、「単なる自我」が情報を受け入れるという形になっていきやすかったのだと、僕は思うのです。だからキリスト教は、近代においても人間が「単なる自我」になっていく傾向を阻止することができなかった。その結果、キリスト教国は他の民族を植民地化したり奴隷化したりして、さらに近代化において「単なる自我」の文明を築いていったことと関係があると、僕は思っています。

4　二〇世紀の神学

二〇世紀ではどうなったか。一九三〇年代に一度、それから第二次大戦後にもう一度、カール・バルト（一八八六―一九六八）の神学が特にドイツと日本のキリスト教会で支配的になる傾向がありました。カール・バルトの神学というのは客観主義です。「使徒信条」に語られている神の行為を、客観的な事実として受け取って、その内容は何なのか、意味は何なのか、ということをとても詳しく、プロテスタント神学の意味で正確に述べたものです。だから客観的なプロテスタント神学の総まとめだという意味があります。

それに対してブルトマン（一八八四～一九七六）という新約聖書学者が、その客観主義を排するわけです。問題は『新約聖書』が述べている「自己理解」であり、これを明らかにすることだと。『新約聖書』は救済を客観化して、つまり神の行為という形で客観化して、神話的な物語として述べている。我々に課せられた任務は、そういう客観化した表象から『新約聖書』の自己理解に戻って、それをハイデガー的な実存論的な哲学で述べることだと、ブルトマンはそう言い出して、着手はしたけれども、自分では遂行はしなかった。僕はブルトマンの方向を継承して展開したのだと自分で思っています。ただその際、ブルトマンはケリグマ（キリスト宣教）の成立そのものは、聖域として、非神話化しようとしなかった。僕はそういう聖域があってはいけないと思っているので、どうして宣教が成り立ったかということは、「イエスの復活」信仰の解明によって理解できる、と考えます。そして、その理解内容は自己理解というより「自覚」ですけれども、その自覚内容は場所論的に展開すべきもので、ハイデガー流の実存論的哲学では十分には述べられないだろうと思っております。以上が現代神学に関するごくごく簡単なコメントです。

第十一講　場所論から見た仏教

第十講では「統合論から見たキリスト教」という話をしました。第十一講は「統合論から見た仏教」ということです。仏教も少ないページでお話しするのは土台無茶だということはわかっているのですが、とにかく仏教と統合論とがどう関係付けられるかということを述べていきたいと思います。

私事になりますが、僕はプロテスタントの信徒だったのです。プロテスタントといっても無教会ですが、無教会の意味での正統的な信徒だったのです。しかし、大学院生のときにドイツに留学して批判的な聖書学に触れたことと、たまたま仏教に触れてしまった、と言うとよくないのですが、とにかく仏教を知ったので、そこで変わりました。一言でいうと『新約聖書』を批判的に――換言すれば正確に――読んで、プロテスタント的、特にパウロ的な立場から、イエスの立場に転向したということだと、自分では思っています。前講でイエスの立場について述べましたが、今回もそれに対応する話をします。まず最初に全体の見通しを総論として述べておきます。

1 総論

キリスト教では「統合作用の場」の自覚が中心的です。イエスはそうではなくて、「創造的空」を見ている。僕はそのことを『創造的空への道』(ぷねうま舎、二〇一六)という本に書きました。それに対して仏教は、世界は「創造的空」の中にあり、さらに個は統合作用の「極」であるという自覚が強いのです。したがって仏教は「己事究明」ということに集中していく。大雑把な話ですが、僕はそう考えています。

ただ統合の場と言った場合、それは作用の場なのですが、これは仏教では「空」に当たります。しかし空といっても、仏教の全体では、必ずしも「作用の場」ということではないのです。これは僕の理解が間違っているのかもしれません。けれども仏教における「空」を「作用の場」と考え直すと、統合論ととてもよく一致すると思います。

言語批判と直接経験

直接経験ということがあります。これは言語批判に関わってくるのです。仏教の方には「主―客直接経験」があって、特に禅ではっきりしています。それから「自己―自我直接経験」、これは浄土教で正面に出てきます。

禅の方は直接経験で「分別知」を克服する。ですから、「不立文字・直指人心・見性成仏」が中心になって、「無心」にまで至ります。これが「創造的空」の立場と一致します。僕は鈴木大拙（一八七〇～一九六六）からいろいろ学びましたが、それは特に分別知（一意的言語の世界）の克服と無心ということです。大拙は仏教の論理、禅の論理、と言いましてね、「AはAでないからAである」という言い方をします。これは分別知の克服ですね。これについては後で説明します。

直接経験についてもう少し詳しくお話しします。主―客直接経験では言語の問題が中心になると思いますが、さらに自己―自我直接経験があります。自己と自我の関係はここでは繰り返しませんが、「単なる自我」が滅びて自己が露わになってくるということがあります。その「自己」は「報身仏」、浄土教で言えば阿弥陀様の救いの場の表現ですね。ちょうどこれが統合作用の場に対応すると思います。

阿弥陀様と自分の関係は、浄土真宗の方がよく、「私は阿弥陀仏ではないけれども、阿弥陀様は私だ」と、こういう言い方をしますね。これはある意味でとても優れた言い方です。赤岩栄（一九〇三～六六）という牧師が「私はイエスではないけれど、イエスは私だ」と言っていたのを思い出しました。さらに浄土教の立場は、法然も親鸞も「自然法爾」ということを言います。僕はこの自然法爾が内容的に禅の直接性とつながると思っています。

それで仏教の自己―自我直接経験、これが「統合作用の場」の自覚に対応するということを頭に置いておいてください。

さらに、「我―汝直接経験」というのがある。これはキリスト教でははっきりしているのですが愛として表われる。仏教でも禅にはありますね。中心的とは言えませんが、確かにあるのです。たとえば『碧巌録』の第六八則に「仰山三聖に問う」という則があります。これをAとBという人の対話の形に簡略化してみますと、

AがBに問うのです。「お前の名前は何だ」。むろんAはとっくに知っているのです。
そうするとBが言うのです。「私はAだ」。
するとAが言うのですね。「それは私の名前だな」。
するとBが言います。「じゃあ私はBだ」。
するとAが（喜んで）大笑いをしたと。

こういうことなのですが、すらっとこういう対話ができるのっていいですね。僕は、ここに「我―汝の直接経験」が見られると思います。語りかけと応答、それから「二の一」ですね。

対話上の注意

仏教とキリスト教が対話する時に注意しなくてはならないことがひとつあります。禅的な直接経験というのは、「AはAでないからAである」というように表現されることです。だから「AがAではない」ということは「私は私ではない」ということになるし、「木は木ではない」ということにもなるし、「あなたはあなたではない」ということにもなる。つまり主観と客観、自己と自我、我と汝、の三つの直接経験にかかわっていると思います。ですから禅の場合の直接経験はその三つを含んだ形で語られています。そうすると僕が直接経験には三つの面がある、主と客、我と汝、それから自己と自我、の三つだ、と分けて論じると禅の人には違和感があるらしいのです。これは、ひとまとめにするか、分けて考えるかの違いだと思います。

キリスト教と仏教の対応――若干の例

それで両者の対応を考えてみます。仏教に三身論がありますね。仏の姿（仏身）には「法性法身」「報身」「応身」の三つがあるという。

さて究極の仏はどういう存在かというと、「法性法身」といって色も形もない。「報身」に当たるのは阿弥陀仏です。法性法身から出て法性法身を現す。阿弥陀仏といっても色や形があるわけではないのですが、やはりひとつの形として語られています。それから「応身」、この典型がブッダ、悟りに至った人間のことです。

それではキリスト教では、これらに何が対応するか。完全に同じと言うことはできませんが、少なくとも対応はあるのです。キリスト教で法性法身に対応するのは「神とロゴス」の両方にかかっていますね。報身＝阿弥陀仏は明らかに「キリスト」に対応します。「復活者（とされた）キリスト」ですね。それから応身＝ブッダに対応するのがイエスです。この場合のイエスは人間イエスの意味になっています。

よく三身論の三という字に引かれて、キリスト教の三位一体論と比較されるのですが、僕の考えでは違うのです。三身論に対応するのはキリスト論なのです。では三位一体論は、三身論でないとすると、何に対応するのか。これにとてもよく対応するものが浄土教にあります。三位一体とは「場」そのものと「場のはたらき」とそれから「はたらきの実現」ですが、これらは浄土教の「阿弥陀仏」と「阿弥陀仏の願」と「回向（えこう）」の三つで、それはキリスト教の「父なる神」と「キリスト」と「聖霊」の関係によく一致すると思います。これについて仏教の方では三身論と三位一体論が対応するという考えが染みついてしまっているらしくて、何度説明してもわかってもらえなかった覚えがあります。

それから浄土教とキリスト教を比較する場合には、よくパウロが引き合いに出されます。パウロも「信仰のみ」ということを言いましたから（ローマ3・28）、それに引かれるのでしょう。けれども、実はそうではないのです。浄土教と一番よく似ているのは「ヨハネ神学」で、前講で述べた僕の言う神学Bの方です。「ピリピ人への手紙」2章6―11節から発展したヨハネ的キリスト論ですね。これが、浄土教で法蔵菩薩が願を立てて、浄土を建設して阿弥陀仏になり、凡夫は阿弥陀仏への信心によって救われるという関係とよく一致するのです。

パウロの場合には、ユダヤ教起源の律法主義という問題があって、律法主義とその克服がパウロの主要なモチーフのひとつになっています。ですから神と民との契約、律法授与と律法違反、それに対する神の怒り、罰。そこから罪人を救うイエスの贖罪死という、「救済史」で、前講で述べた神学Aがパウロのひとつの中心です。この神学Aが後代に、特に西方でだんだんと全体の中心になっていく。ヨハネ的なものはむしろギリシャ語を話す東方教会の方で重んぜられました。西方では上に述べた法的なものが主になるのです。これは浄土教にはないですね。カール・バルトが浄土教とキリスト教を比較して、浄土教には神の怒りがないと言っていますが、これは実際ないのです。浄土教になぜないのかというと、「神の怒り」は救済史の系統に属する考え方だからないのです。浄土教にはヨハネ神学ととてもよく一致するところがあると思います。

2 各論

ここからは各論に入ります。仏教と場所論的な統合論は、どこで一致し、どこで一致しないかを検討してみたい。仏教は地域も広いし歴史も長いので、その全体と比較するなんて土台無茶ですから、ごくかいつまんで要点だけ述べていきます。

初期仏教

まず初期仏教について。お釈迦様はご自分では何も書かれなかったので、弟子たちがお釈迦様の死後、「私はこのように聞いている」という仕方でお釈迦様の言葉を持ち寄って、編集するわけです。初期仏教はその段階でまとまっています。四諦（したい）・八正道（はっしょうどう）・十二縁起・無我。このように言われるのが普通です。それがどこまでゴータマ・ブッダ自身に由来するかということは、ここでは問題にいたしません。

これはブッダ（ゴータマ・シッダールタ。前五～四世紀。年代には異論もある）、すなわちネパールのサーキヤという小国の王子が、出家し、悟りを開いて教えを述べた、そのまとめです。

四諦から始めます。「諦」は「あきらめる」という字ですが、これは元来「真理」という意味です。四つの諦めとはどういうものか。

まず「苦諦（くたい）」について。人生は苦であるという真理ですね。愛するものと別れ、憎いものと出会う。身体は制御不可能で、やりたいことはできない。要するに、やりたいことはできないし、やりたくないことをさせられる。やりたいことをやってみたら碌（ろく）なことにならなかった、ということもあるでしょう。こういう苦のことを言っているのです。人生は苦だ、苦の塊だと。

ではどうしてそういう苦が起こるか。苦のもとには執着があるのだ。本来無常なものに対する愛と執着がある。それが苦のもとだと、「集諦（じったい）」ではこういうふうに言われますね。

次の「滅諦（めったい）」は、これは苦が滅びるのです。愛欲や我執が滅んだ悟りの状態があるというのです。これをニルヴァーナ（涅槃（ねはん））と言い、燃え盛る火が消えたような状態のことだと言われています。そういう悟りの状態、涅槃がある。

では、どうしたら涅槃に至れるか、というのが「道諦（どうたい）」、悟りに至る道です。

これが八正道（はっしょうどう）と言われる八つの正しい道です。ひとつひとつを詳しく説明できませんが、正見（しょうけん）：正しく見る、正思（しょうし）：正しく考える、正語（しょうご）：正しく語る、正業（しょうごう）：正しく行う、正命（しょうみょう）：正しく生きる、正精進（しょうしょうじん）：一所懸命努めること、正念（しょうねん）：正しく真理をこころに留めること、正定（しょうじょう）：禅定です。

さらに、十二縁起ということが言われています。これもどこまでお釈迦様自身に由来するかは問題視されていますが、十二縁起の方が説明としてはよくわかるのですね。これはどういうものかというと、最初に「無明（むみょう）」がある。これは真理が見えていないという状態で、真理から離れている。そうすると「行（ぎょう）」、そこで闇雲（やみくも）に生きようという意志が起こってくる。闇雲に生きようという意志の中で「識（しき）」、分別作用、認識が行われる。認識を営む場合は、存在者にひとつひとつ名前を付けていく（「名色（みょうしき）」）。ここで一意的言語の問題がでてくるわけですね。名前を付けるというのは、そういう無明の中でなされていることです。

ところで六処（ろくしょ）というのがありまして、眼（げん）・耳（じ）・鼻（び）・舌（ぜつ）・身（しん）・意（い）と言っていますが、これは人間の感覚器官です。分別作用によって、「色（しき）」という形になった対象に、感覚器官でさわる、触れる。触れると感受して（「受」）、愛着の念が起こる。愛着の念が起こるとそれに執着する（「愛」）。仏教の訳語としての漢語の「愛」は、キリスト教の場合と違ってとてもネガティブに理解されています。そういう「愛」からして物を所有しようとする。そうすると人間が無を弁（わきま）えない「有」になるのだと。ここから先は、仏教以前のことを取り入れて仏教が言っているところですが、そういう有があるから人間はこの世に生まれて年を取って死んでいき、輪廻（りんね）を繰り返すのだと、こういうことになるのですね。この部分は統合論とは一致しません。しかし、その前の無明から有という所までは、単なる自我と言語の問題とよく一致します。生前と死後は語らないからです。

「無我」とは何か。仏教以前に成立したウパニシャッドの哲学では自我、すなわち自分の本質が、アートマンという実体とされています。そのアートマンが最高の原理であるブラフマンと一致する。そこに人間の完成が見られていた。仏教ではそこが違って、実体としてのアートマンはないと否定する。それが「無我」です。そういう「無我」という状態・あり方の中では、物事はどう見られるのか。たとえば『ミリンダ王の問い』という紀元前一世紀頃にできたお経があります。これはギリシャのミリンダ王（メランドロス）と仏教の長老ナーガセーナとの対話で、そこでは、存在者、つまり個物は単一の実体ではない、多くの物から合成されているのだ、と言うのです。この部分は統合体というものは単一の実体ではなくて多くの部分から成っている一だ、ということに一致すると思います。

ナーガールジュナ（竜樹）の説一切有部批判

それから少し後に登場したのが、ナーガールジュナ（竜樹）です。彼は二世紀から三世紀に生きた南インドの思想家で、仏教哲学の基礎を築いたとされています。

さて、上座部仏教（以前は小乗仏教と言われていた）は出家して一所懸命修行して勉強するという立場ですが、そこにもいろいろな派があります。その一派に「一切は有である」と説く「説一切有部」という部派があります。説一切有部では、言語で表される全ては実体だとするのです。

ギリシャのエレア学派の立場がそうなのです。「思考と存在は同一である」（パルメニデス）という考え方の仏教版ですね。エレア学派が「思考と存在は同一である」「存在は正しく考えられた通りにあるものだ」と言う。それがソクラテスからプラトンに受け継がれてイデア論になっていくのですが、そういう考え方が初期仏教にあった。これは言語論として見ると、単なる自我の言語理解ですね。この講義で概念が実体化されるのは間違いだと言いましたが、ちょうどそれに当たるのです。世界は名付けられる実体から成っているということになると、これはもちろん「無我」じゃないわけですが、「無常」も成り立たなくなる。「無常」というのは、有るものが全て変わっていく、無くなっていく、ということなのです。有為（うい）転変ですよね。ナーガールジュナはそれが説明できなくなると言って「説一切有部」を批判したのです。

これはなかなか面白いのですよ。全てが実体化されると、現在も過去も未来も実在するのです。じゃあ現在とは何か。未来のものが流れてきて、現在で一瞬姿を現し、過去の中に流れ込んで消えていくのです。そうすると現在を見ている我々はちょうど活動写真の一コマ一コマが動いているように見える。それと同じように動いて、有るものが無くなったり、無いものができて変わったりするように見えるのだと、こういう考え方です。それで一切が実体だということと無常であるということを説明しようとした。

それに対してナーガールジュナが批判するわけです。もし名付けられるものが実体だったら、実体というのは自分自身によって自分であるということだから、実体と実体の間には関係は存在し得ない。これが批判の中心です。関係性がなければ縁起も無我も無常も成立しない、それでは仏教は成り立たない、と言うのです。存在者といっても相互関係の中でしか有り得ない。それらは関わり合い、寄り合い、お互いに前提し合って有るものだ。これは本講義で言う「極」ですね。存在者というのは個ではなくて「極」だ。これと非常に近い。と言うよりも実際上同じことだと言えると思います。

例をあげてみましょう。事物を実体化、つまり言葉の指示対象が全て実体だとすると、たとえば燃焼は変なことになる。火は火によって火で、燃料は燃料によって燃料なのだから、燃料なしに火があることになる。それから主体と運動の場合、これも主体は主体で運動は運動で実体だとすると、主体なしで運動があることになる。こういう批判です。つまり実体を仮定すると経験的事実と合わなくなると言うのです。

これがギリシャ的思考と違うところですよね。エレア学派は、逆にこういうところから我々の認識自体が間違っているのだと言い出すのです。「アキレウスと亀の逆説」を例にとりましょう。アキレウスはホーマーの『イーリアス』に出てくる猛将でとても足が速かったそうです。それなのに、亀が先に歩き出してアキレウスが亀を追いかけると、アキレウスは亀に追いつけないという逆説です。アキレウスが亀に追いつくまでに時間がかかる。その間に亀は少し進んでいる。アキレウスが亀に追いつくとまた亀は少し進んでいる。だからいつまで経ってもアキレウスは亀に追いつけないと言う。そこから出て来る結論は、「だから世界に運動があると見えるのは我々の迷いだ」。

つまり逆なのですよね。ナーガールジュナの方は、経験と合わなければ前提が間違っているとする。エレア学派の方は、我々の目（経験）の方が間違っていると結論する。もちろんエレア学派の考え方が間違っているのです。それは無限小という考え方が当時なかったからです。無限小は実質上ゼロだ。有限だったらいくら小さくてもゼロにならないけれども、無限に小さくなる、どんな数よりも小さくなってしまうという無限小はゼロと差がなくなる。差があったら「無限」小ではないからです。数学でもそういうことになっている（無限小の極限値はゼロ）。そうするとアキレウスは亀に追いつくのです。その都度、つまり亀に追いつくまでの時間が無限小になる。ギリシャには無限という観念自体がなかったので、間違いはしょうがないのです。正しいと思われた思考が実は正しくなかった。「思考」に際しては常に誤る可能性の自覚が必要です。

ナーガールジュナには、「極」ととても似ている把握があるのですが、本講義の言う「場」と「極」という概念は、僕の知っている限りでは、ないのです。では、ナーガールジュナは「空」をどう理解するか。「無自性を空」と言います。実体性がないことが空だと言う。これが空の理解としてかなり一般化しています。実体性がないところで関係性が成り立つ、空だから関係性が成り立つのだと。それは本当ですね。でもこの意味での空は場ではない。僕の理解が足りないのかもしれませんが。

「空」が中国で「無」と訳されて、日本でも哲学で「絶対無」といった言い方があるのですが、僕は「空」と「無」ははっきり区別した方がいいと思います。「空」というのは「場」、場そのもの。場はある意味で容れ物です。場そのものというのは空っぽですから、それを「空」と言う。「空」という「場」の中にあるものは、有ったり無かったり、できたり滅びたりする。こちらの方を「有」と「無」と言った方が首尾一貫するだろうと僕は思っています。無自性とは、相互作用としてはたらく、空の場の中にあるものの非実体性のことです。

四句否定

ナーガールジュナのもうひとつ有名な言葉に、「四句否定」があります。これは形あるものについて、それは「有ではない」「無ではない」「有かつ無ではない」「非有かつ非無ではない」と言う。これで縁起を言い表そうとしたのですね。四句否定はもちろん矛盾です。普通の論理学では全くの矛盾になるので、これを単なる無意味として片付ける人もいるらしいですが、でもこれはやはり、こういう形で非実体性ということを言っているのだと思います。どういうことかというと、僕の理解では、四句否定というのは、形をもって存在するものは、有と無の組み合わせでは定義できないということです。

ギリシャ哲学は存在「有」を問題にしたのです。どうして存在を問題にしたのかというと、ギリシャ哲学は一番普遍的なものを求めているのですね。それで一番普遍的なものを求めていくと「有」になってしまう。「有る」ということですね。「有る」ということがどういうことか。これを明らかにすれば存在の一切が明らかになると考えたのでしょう。それで「有」を問題にするのですが、ナーガールジュナの四句否定の方は、世界内存在を有と無の組み合わせで規定することは不可能だと言う。これは、単なる自我の一意的言語では、この世界の実際の有り方は記述できないということだと、僕はそのように理解しています。

実際、我々は「極」ですね。「極」は「有」ではないのです。相手なしでは有り得ない。「極」は「無」でもないのです。極には自分自身であるということが有りますからね。「有かつ無」、一部分有で一部分無ということでもないし、一部分は非有で一部分は非無だと、そういうものでもない。「極」は確かに分別知による有と無の組み合わせでは言えません。分別知の彼岸の事柄です。ナーガールジュナもこういう方向に考えたのだと思います。

唯識

唯識(ゆいしき)という宗派があります。「ただ(唯)識だけ」ということですね。これはインドでできた宗派で、バスバンドゥ（世親）が五世紀に『唯識三十頌』などを書いています。この唯識は内容的に説一切有部と関係があるのです。説一切有部は「概念は実在だ」という立場なのですが、概念が実在と等しいということを徹底しますと、存在全体が概念に還元されてしまう。概念そのものが存在だから、存在が概念に還元されてしまうわけ。そうすると全部が意識内在になってしまいます。一切の存在者は「識」つまり意識である、過去・現在・未来は、意識が意識の倉から意識を引き出す過程だということになるのですね。

これを直接経験に立って見ると、主―客直接経験ですが、意識現象というものは意識内在だ、しかしそれは全て他者起源だ、ということがはっきりしているのです。つまり意識超越面があるのです。唯識はその超越面を消してしまい、全体を意識内在に還元する。その点はフッサール（一八五九～一九三八）の現象学によく似ています。現象学はまず一切の認識を意識内在に還元して、意識の流れを考察し、あとから意識超越と関係付けてくるのですが、唯識はその還元作用の一面に似ているのです。そうすると全てが意識内在になるのです。それが唯識です。

それで、この唯識の立場ですが、確かに修行法としては有り得るのでしょう。これはつまり、存在者に執着するのは迷妄だという教えですから、修行法としてはいいのかもしれないけれども、直接経験の立場から言うと支持できませんから、統合論とは一致しない。説一切有部と同様です。

般若心経

さらに、般若（仏の智慧）の立場というのが出てきます。我々がよく知っているのは『般若心経』で、玄奘（六〇二～六六四）訳で通用していますが、一番古い写本が日本にあって、それは七世紀のものと言われています。『般若心経』で有名なのは「色即是空　空即是色」です。「色」とは形のあるもの、形のある存在者ですね。「空」は、無自性を空と取る立場もありますが、僕の言う意味での「空」として理解したいです。

ところで「色即是空　空即是色」を本講義の立場で理解すると「空」が「場」になり、「色」が「極」になります。そうするとこれは「場」と「極」の関係ですね。「極」というのは「場」のはたらきが現実化する「場所」のことですから、場は極として現れ、極の実相は場だ。だから「色即是空、空即是色」ですね。その意味ではとてもよく一致します。

天台宗

つぎに天台宗です。これは「法華経」を論理化したものだと言われます。中国で天台の教学が発展するのですが、代表は智顗（五三八～五九七）と言われます。隋の時代、六世紀です。

この天台教学を日本に伝えたのは最澄（七六六／七六七～八二二）ですね。最澄が日本に天台宗を伝え、比叡山を開いた。この教学もとても複雑なのです。

有名なのは「一即多」です。これは『新約聖書』にはほとんどそのままの形で出てきます。ただしこちらは人格共同体についてで、存在者についてではありません。それはパウロの教会論です（ローマ12・4―5、1コリント12）。キリストのからだとしての教会は一だ。しかし多くの部分から成っている。これは「一即多」ですね。統合体における全体と部分の関係です。

それから「一念三千」という教説があります。これは一念（ごく小さい世界）の中に三千世界（世界の全体）が入っているという教えです。小さい部分の中に世界全体が入るというのは、詳しく言うとフラクタル構造ですね。フラクタル構造には無限性があって、全体が部分に等しくなります。部分と全体が一致するというのは数論でもよく知られています。自然数（1、2、3、4、5…以下無限）と偶数（2、4、6、8…以下無限）では、偶数は自然数の半分ですよね。だから等しくない。だけど1と2、2と4、3と6、4と8という具合に、自然数の1、2、3、4…と偶数の2、4、6、8…は全部一対一対応して、どこまで行っても相手がいます。どこまで行っても相手と一対一対応するので、両者は同等だと見なされるのです。そうすると部分が全体と等しいということになってしまいます。数学でもそういうことがある。むろん一念三千と言った場合は数学的な関係だけではないでしょう。統合論では、極同士の間で無限のコミュニケーションがあるので、互いに含み合うフロント構造が成り立ち、その結果部分が全体を映すということになります。その点は一致するのです。

たとえば人間の身体は統合体ですが、ここでもやはり無限のコミュニケーションの結果として、一部分が全体を映すということになっていますよね。たとえば脈拍だけで健康の状態がわかるとか、皮膚の一細胞の遺伝子が、身体全体を構成する情報を含んでいるとか、そういうことが知られています。統合体においてはこういうことが有り得るわけです。

それから「従仮入空・従空入仮」ということが言われます。色即是空の「色」のことを「仮」と言いますが、「それが何か」を見抜くことで「空」に入り、「空とは何か」を見抜くことによって「色」が明らかになる。要するに「色即是空」を理解することです。こういうことが天台の教学で言われています。その限りでは統合論とよく一致してくると僕は思います。

もちろん違いもいろいろあって、その要約だけを述べますと、キリスト教はとかく人格統合体を主に見ますけれども、仏教の方は世界全体、生けるものも生きていないものも併せた全体について言っていますから、そういう点は違います。

華厳教学

それから華厳教学について。これは「華厳経」の内容を学問化したものだと言われます。これも中国ではじまり、杜順（五五七〜六四〇）、知儼（六〇二〜六六八）、法蔵（六四三〜七一二）と続いた。六世紀から八世紀です。有名なのは四法界説です。「事法界」「理法界」「理事無碍法界」「事事無碍法界（ほっかい）」ですね。この四つがあると言うのです。

事法界とは何か。「事」は先ほどまでの言葉でいえば「色」、個物ですね。個物の世界がある。しかし他方に理法界がある。これは「空」と理解される場合が多いようです。ところでその「理」と「事」の関係だけれども、これは「無碍」だと言う。お互いに入り組み合っている、一方が他方を表している。

それから事事無碍法界ですね。事と事の関係、個物と個物の関係も、お互いに含み合ってひとつが他を表現するようになっている。その全体を「重々無尽の相即相入」とも言っています。無限にお互いを存在として前提し合い、含み合う。作用としてもお互いに無限に作用し合うという、こういうことなのです。

これも本講義では、理法界を作用の場、事法界を極だと理解する。それから「無碍」ですね。これをコミュニケーションあるいはフロント構造だと考えますと、事法界、理法界、理事無碍法界、事事無碍法界は、そのまま統合論の言い表しになります。いわゆる「重々無尽の相即相入」というのも、極同士の無限のコミュニケーションの結果、そこに出てくるフロント構造だと考えると、ここは完全に一致してしまいます。

浄土教

難(むずか)しいのが浄土教で、これはとても一言では言えませんが、主要な経典は二世紀の始めに西北インドで成立したという『無量寿経』、『阿弥陀経』、『観無量寿経』（現在は『観無量寿経』は中央アジアまたは中国撰述説が優勢）です。西北インドはヘレニズム世界と関係があるのです。だから浄土教はどこかでヘレニズム世界の救済宗教と関係があるのではないかとも思われますが、文献的な証拠はいまのところないようだし、僕もそうかもしれないと思うだけで、もちろん証明はできません。

浄土教は最初は独立した宗派ではなかったのです。いろいろな宗派と一緒になって、ナーガールジュナ、さらに中国に行って曇鸞(どんらん)（四七六～五七二）とか善導(ぜんどう)（六一三～六八一）、そういう人たちによって発展させられていく。それで日本に入って鎌倉時代に法然（一一三三～一二一二）と親鸞の二人によって独立の宗派になります。

浄土教の物語は、法蔵菩薩が誓いを立てる。五劫(ごこう)の思惟(しい)（これ計算してみるとビッグ・バンからいままでの時間よりも遥かに長い）と兆載永劫(ちょうざいようごう)の修行を重ねて誓いが成就した。どういう誓いかと言うと、自力では悟りに至れない煩悩熾盛(ぼんのうしじょう)、罪悪深重(ざいあくじんじゅう)の凡夫が南無阿弥陀仏と唱えれば必ず浄土に行けるという、そういう浄土教を建立するという誓いです。それが成就し、法蔵菩薩は阿弥陀如来となった。だから阿弥陀様を信じて南無阿弥陀仏と唱えなさい、ということになるのです、ごく簡単に言えば。

この教えが法然から親鸞に伝えられて浄土宗と浄土真宗に分かれます。どちらかというと法然は念仏、親鸞は信心を強調したと言われますが、どうですかね、基本的な違いはないように思います。

さて誰でも考えるように、仏教の中では浄土教が一番キリスト教に似ているのです。先ほど述べたように、阿弥陀仏（報身仏）がキリストとよく一致するのです。特に「ヨハネ福音書」における「イエス」ですね、すなわち神学Bと対応する。これは統合作用の場が人格化されたと考えられます。統合作用のはたらきが人間を煩悩から解放するということがあるのです。統合作用の場が阿弥陀仏として、あるいは復活したキリストとして、人格化されているのだと言えるでしょう。だから基本的に一致するのです。

それで凡夫は、罪悪深重・煩悩熾盛の凡夫ですけれども、自我の自力では救われない。ですから、信心は自力ではないのです。信心は弥陀の願力の回向によるのです。阿弥陀仏の願力が自分に及んで来る。信心はそれによるのだと。これは浄土仏教全体ですけれども、たとえば『歎異抄』の第八条にはっきり書いてあります。

パウロも全体としてそうなのですが、「コリント人への第一の手紙」12章3節には、「誰も聖霊にようなければイエスをキリストと呼ぶことはできない」と書いてあります。そういう点でも一致します。それから、煩悩熾盛・罪悪深重、自分がそういう凡夫だという自覚は、パウロの罪意識と比較可能です。パウロはかつてパリサイ人だったとき、律法の行に努めれば努めるほど、つまり律法を守ろうとすればするほど、悪念が自分を圧倒するという経験をして（ローマ7）、そのあとキリスト信仰に転換するわけなのです。いずれにしても、まず自力の否定ということが両方にはっきりしています。ただ、キリスト教（神学A）には、律法を守れば本来、神様に義とされるのだけれど、人間はそれができないから、神の怒りのもとに置かれて罰せられなければならない。だけどイエスが罪びとの代わりに死んでくださって、それが贖罪になって、したがってイエスを信じる者は罪ある身のまま義人として認められる、通用する、という教説がある。信仰によって救われるという点もとてもよく似ているのですが、法蔵菩薩については、法蔵菩薩が殺されて甦ったという話はありませんが、五劫の思惟と兆載永劫の修行という法蔵菩薩の受苦が、あるいはキリスト教のイエスの受難と死に対応するのかもしれません。

それから、親鸞は、法然と並んで、自然法爾（じねんほうに）ということを言います。「法」はダルマなのですが、浄土教の場合にはもっぱら阿弥陀仏になっている。自然法爾というのは「法がしからしめるゆえに、おのずから然る（そうなる）」と言うので、これは自力ではない。救済は法のはたらき、つまり阿弥陀仏の回向によって「おのずから」成り立つと言うのです。自力の努力ではないのです。おのずからそうなる。それはいわば究極の立場として言われていましてね。「自然法爾」という言葉は親鸞の中心的な部分になっていると思います。「自然法爾」はイエスの場合は「アウトマテー」と言われています（マルコ4・28）。「おのずから」ということで、これは「オートマティック」の語源に当たる言葉ですね。イエスの場合、「神の支配」が成就するのはアウトマテーだと言うのです。これが比較可能です。

そういう「自然法爾」の世界。浄土教の立場は、現世で悟りが開けるというのではなくて、現世で阿弥陀様を信じて念仏する者は救いが定まる、不退転の位に定まるのだと、そういうことになっています。これは建前ですけれども。自然法爾ということを言っている親鸞は実際上悟りの立場にいると言えると、僕には思えます。

禅――不立文字・直指人心・見性成仏

それから禅についても、一言だけ触れておきます。禅の立場は「不立文字（ふりゅうもんじ）、直指人心（じきしにんしん）、見性成仏（けんしょうじょうぶつ）」とよく言われます。禅の立場は創造的空で、その現れは無心の直接性だと言えるでしょう。

不立文字。つまり文字を立てない、文字から自由になる。本来は特定の経典を基礎にしないということなのですが、これが文字（言語化）一般からの解放に拡げられた（レーマフリー）。

直指人心。人間のこころの本当のところを直に指すのだと言う。人間のこころを直に、つまり直接性の自覚ですね。

そうすると見性成仏。自分の本質つまり仏性がはっきり現れ、わかって仏になるのだ。簡単に言うとそういうことです。禅は六世紀のはじめにインドの僧の達磨が中国で開宗したことになっています。そして鎌倉時代以後、日本に伝えられて日本でも発展するのです。

日本では、中国の臨済（？〜八六七）を開祖として栄西（一一四一〜一二一五）が日本にもたらした流れが臨済宗になっています。それから洞山―曹山の系統の天童如浄（一一六三〜一二二八）に学んだ道元（一二〇〇〜一二五三）が日本に伝えたのが曹洞宗、それから中国の明代の僧、隠元（一五九二〜一六七三）が江戸時代のはじめに伝えたのが黄檗宗になって、この三つがあります。

直接経験というところから見ると禅宗にはちゃんと三つ揃っている。まず主―客直接経験、つまり言語の実体化からの解放。それから主客の一で、これは意識内在がそのまま意識超越だという直接経験。それから自己・自我直接経験、これが直指人心に当たります。自我が滅びて自己が現れるということですが、これが際立っています。我―汝直接経験もありますが、もっとも際立っているのは主―客直接経験と自己―自我直接経験だと思います。

そういう文字やイメージ、表象に制約されることからの自由ということがありますから、超越を対象化ないし形象化することを批判する。そうした批判をして、「空」ということになると、「創造的空」に至るわけです。個人においては創造的無心ですね。そうすると中層から深層に行きますね。

パウロとヨハネの言葉に神はもちろん有りますが、両者はやはりキリスト中心になっていると言えます。それに対して禅は、パウロやヨハネ的なキリスト教ではなくて、イエスの宗教とよく一致するのです。「創造的空」についてはイエスの宗教を問題にしたときに少し述べましたが、統合の場の根源（父なる神。「統合作用」の根拠）を超えたところをイエスは見ているのです。生と死を超えた神です（マタイ10・29）。すると禅の立場はイエスの宗教と一致してくるところがあると思います。「無心」についてはたびたび言及しました。

ですからイエスは実際上、律法という意味での分別、一意的な言語を克服して、さらに「人の子」の立場を超えて、無心の直接性を重視しています。統合作用の場はもちろんあるのですが、それが実質上否定的に媒介されて、創造的空の立場に至っていると、僕は見ています。だからイエスは実際上キリスト教ではあまり理解されていないと思うのです。イエスについてはたくさん本が書かれていますが、どうも究極の立場には至っていない。

じゃあ、お前はどうしたのだっていうと、僕は禅に触れてパウロ的キリスト教の立場からイエスの弟子になった、そういう男です。禅にしても、そう詳しく勉強したわけではないけれども、鈴木大拙から大きく影響を受けました。それから秋月龍珉（一九二一〜九九）、久松真一（一八八九〜一九八〇）、こういう人たちと対話をして、禅を学んだ。そういうことはあります。

3　まとめ

「仏教とキリスト教」ということで総まとめをします。

両者は分別知の克服というのでは一致します。その克服される分別ですが、仏教では「私は私である」、一般に「SはPである」という一意的認識の克服が主になっていると思います。これをレーマフリー（レーマとはギリシャ語で「語られたこと」）ということもできるでしょう。ロゴス（言葉、条理）フリーと言ってもいいのですが、ロゴスには特別な意味（ヨハネ1・1―5）があるので、一般化してレーマフリーと言っておきます。ところで「ロゴス」ですが、原始キリスト教の時代には、ヘレニズム宗教哲学で、「神の子」のことでもありました。報身仏に対応すると考えると、特に禅はこの立場を含みながら、超えてもいるのです。キリスト教の場合は「汝為すべし、為すべからず」、つまり命令と禁令ですね。一意的他律的な命令と禁令、そういう意味での分別の克服が主（コードフリー）になっていると思います。これは中層ですが、律法主義の克服ですから、分別一般を克服する仏教の中層の捉え方とも違った面が出てくると思うのです。とにかく、両方とも表層から中層、つまり統合作用の場に行き着くのですが、キリスト教の場合の自覚は「統合作用」の自覚です。統合作用の場、統合作用の方が強く出てくるのですね。それに対して仏教の方は統合作用の場における「極」性がはっきり出てくると思います。

これについては前講で少し述べました。キリスト教は共同体的で仏教は個人的だと。こう言うと、仏教の人は必ず、いや違う、仏教にもサンガがある、僧の共同体がある、と言います。そういうことではなくて、キリスト教は、ユダヤ教から、神の民共同体の形成というところに神のはたらきを見ているのです。原始キリスト教でもそうでして、イエスを仲立ちとした新しい神の民の形成、ここに神のはたらきを見ているのですね。神の民の成立です。だからパウロでは教会がキリストの身体ということになってきますし、その立場がとてもはっきりしているのがアウグスティヌスの『神の国』です。これを見るといかにキリスト教が歴史的・共同体的であるかがよくわかります。これがキリスト教の原型なのだと思います。ただ近代になると、特に宗教改革以来、プロテスタントでは個人の信仰が中心になってくるから、この点はかなりぼやけてはきているけれども、やはりキリスト教では神の民、つまり教会が中心だということが言える。その意味で神の民の形成というところに神のはたらきを見ている、そういうことです。ただ、そういう神の民の一員としての自分の自覚は、仏教の自覚ととてもよく一致します。

だから一致点としては、仏教は全体として極性の自覚です。仏教でいう「空」を「空の場」と理解すると、統合論と基本的に一致するのです。ただ、キリスト教でも仏教でも、空がはたらきの場であり、そのはたらきが現実化するのが「色」、つまり場所論の意味での極なのです。そういう「場所論的な説明」はあまりしないけれども、実際上は一致点が見られると思うのです。

4　京都学派

さて本講義の統合論的場所論には宗教哲学的なところがあるので、京都学派との関係はどうなるのか。ごく簡略化して触れておきます。

西田幾多郎

西田幾多郎（一八七〇～一九四五）の哲学は、西洋哲学的な伝統を負いながら、理性の自覚とは違った道を歩むのです。彼はまずは直接経験から出発するのです。直接経験には主―客直接経験と自己―自我直接経験の両方がかかわっています。つまり彼は西洋哲学の伝統を受け継ぎながら、それから独立した道を歩むのです。それは禅の世界・人間理解を哲学的に表現しようとする試みでした。するとと用語も構造も自分で作らなければならないという、茨（いばら）の道を切り開いて歩むことになります。西田の場所論に関する僕の解釈は間違っているかもしれませんが、とにかく試みてみます。

西田は初期の著作『善の研究』（一九一一）では直接経験に現れる現実の相を語ろうとするのです。

ところがそうすると、語る自己は何かという問題が出てきます。それで『善の研究』以降、西田は自己を知る自己、つまり自覚を問題にするのです。さて「個は普遍に包摂される」という考え方がありますが、これにはさまざまな解釈の可能性があります。「主語は述語面という普遍の場所に於いてある」とも取れます。西田はこれを、自覚という知が成り立つ場所を求めて深めてゆくという方向に向けて行きます。わかりやすくいえば、悟性から理性へ、理性から精神（ガイスト）へということです。すると究極の場所は「超越的述語面」（叡智の場）だということになります。しかしこれではあまりにヘーゲル的で、禅的な「個」（超越がこの私である）が成り立ちません。したがって後期の西田は、相対者が絶対（究極の場所）に於いてあるとはどういうことか、という方向に問題を捉え直して、「相対なしの絶対は絶対ではないが、相対に対する絶対も絶対ではない」と表現します。したがって、絶対は相対のなかに、相対として、現れることになる。こうして両者の関係は矛盾的同一だと言われます。これをまだヘーゲル的だという人もいますが、僕は、そうではなくて、禅的な自覚（超越がこの私である）の哲学的表現だと見たいですね。

しかし本講義の場所論とは違いもあります。時代も状況も違うから当然でしょう。我々の場合は、場といっても、統合作用の場と創造的空の場を区別します。さらに場をはたらきの場として捉え、場そのものと、そのはたらきが現実化する場所（極）とを区別します。これは「人は神の中に」と「神は人の中に」を区別する『新約聖書』の用語法を生かすためです。

直接経験にも区別があります。直接経験には、主―客直接経験、自己―自我直接経験、我―汝直接経験の三つの面がある。統合論ではこれをはっきり区別します。それから実体的一と作用的一を区別します。絶対と相対の関係を矛盾的同一というと、実体論的な矛盾的同一と聞こえるのですが、実体論的な矛盾的同一は無理で、僕はこれを作用的一と理解しています。そうすると絶対と相対とは実体としては違うけれども（場そのものと極との違い）作用的には一だということで無理がなくなります。さらに空と無とをはっきり区別します。そうすると西田の立場がとてもよくわかるし、全体がすっきりわかると僕自身は思っています。他の人がどう思うかは別問題ですが。

田辺元

それから田辺元（はじめ）（一八八五〜一九六二）。彼は西田の弟子ですが、師を批判するようになるのです。田辺は種の論理ということを言います。個と種と類。これは論理学的な区別です。それで個物と、中間的な一般（種）と、それを包む普遍、つまり個と種と類と分けて、三者の相互媒介ということを言うのです。人間は個なのだけれど、単なる個ではなくて、種を否定的に媒介する。統一的な種を否定して新しい共同体を形成する。そうすると宗教的な深みの類の立場に行くのだと言う。確かに、統合論の場合も律法のもとに置かれた他律的個が、統一的な律法から自由になって、中層、つまり「キリスト」（統合論の場）に立ち、「教会」（類）を形成する、ということがありますから、ここはよく似ている。ただ、戦時中の田辺は「類」が人類的あるいは人類性も超えた宗教的共同体というのではなくて、国家であると理解してしまった。これが国家主義と通じてしまうのです。それで戦後、彼はそれを懺悔するのですよね。そして宗教的実存という立場に立つようになります。戦前・戦後という時代ですから、国家を類（菩薩の国）と考えたのも無理はないとは思うのですが、やはり国家は類ではなく、種です。国家には、統合体という意味での「類」ではなくて、「単なる自我」の統一体だという面があるのです。類を言うなら国家ではなく人類です。これをはっきりさせなければいけないのです。とにかく、個と種と類、それから極と統一と統合、これには対応する点はある。そういうことが言えます。

それから田辺は宗教をどこに見ているかというと、絶対と相対の相即ですね。絶対即相対というものがあると言う。そこを捉えるのが（宗教的）哲学だと言うのです。彼は絶対即相対を道徳性に見ているのですが、そうではないですよね。道徳というのは自我の世界で、宗教は道徳を超えていますから、道徳を超えたところで絶対即相対を言わないと、宗教の立場には立てないと思います。

久松真一

そういう立場がとてもはっきりしているのが久松真一（一八八九～一九八〇）です。久松は浄土真宗の家に生まれて、浄土教から禅の世界へ突破した。そして阿弥陀仏を、超越を形象化・客観化したのだと批判するのですね。それはもっともな批判です。報身（阿弥陀仏）の立場を超えた法性法身の立場に立たなければ駄目だと言う。彼はそれを「無相の自己」と言うのです。それも確かにその通りなのです。イメージ化された報身仏は究極ではない。対象化された神は神ではないと言う。これが久松の無神論です。しかし久松の無神論はヨーロッパの無神論と違っています。ヨーロッパの無神論は「人間も世界も有るけれども神様はいない」と言うのです。久松はそうではない。そこが違うから間違えないようにしないといけません。久松の無神論は、対象化された神を否定するのです。もし神を絶対他者だというのなら、神は同時に絶対自者だ、そう言わないといけない。これも確かにそうなのです。イエスの場合は――イエスの言葉は正確に伝えられていないのですが――むろんイエスは無神論者とは言えませんけれども、イエスは「神の支配」（その人格化が「人の子」、報身に対応）の根源に「父なる神」を見、さらに「父なる神」を超えたところを見ていると思います。とにかく久松真一の無神論はイメージ化・対象化した神を否定することとです。神と名付けられた超越自身を否定しているわけではありません。僕はこれを久松と直接に会って確かめてきました。

つまり久松の「無相の自己」を、統合論的な言葉で言うと、「創造的空が私だ」という立場だと言えると思います。ただ、先ほどの場合と同じで誤解してはいけないのが、「私（自我）が創造的空だ」というのではありません。「創造的空が私だ」というのです。浄土真宗の人がよく「私は阿弥陀様じゃないけれども、阿弥陀様は私だ。（私の真の主体だ）」というのと似たところがあると思います。とにかく久松真一は、「創造的空が自分だ」という立場に立って、「私には煩悩はありません」、「私は死にません」と言う。他方では、対話の折、僕に対して「私はいつ死ぬかわかりません。私が死んだら、あなたの中の私と対話して下さい」とも言われた。両方を押さえないと誤解になる。「私には煩悩はありません」と言うのもやはり正確に理解しないと、気がおかしいのではないかと思われますけれどもね。「私」とは自我ではなく、「私として現われた無相の自己」のことです。

西谷啓治

それから西谷啓治（一九〇〇～九〇）。西谷は禅というより大乗仏教の立場で、常に西洋哲学史を顧みながら、はっきりと「空の場」を言いまして、個について「事事無碍・重々無尽の相即相入」を中心に思索していると思います。その結果、統合作用の場における極のコミュニケーション、フロント構造とよく一致してくるところがあるのです。というのは、僕のフロント構造自体が西谷の事事無碍にヒントを得てつくったものです。「境界」と西谷先生が言っておられるものを、僕がフロント構造と言い直して展開したのです。

阿部正雄

それから阿部正雄（一九一五～二〇〇六）。彼はやはり浄土真宗の立場だったのですが、久松と出会って、報身仏の立場から法性法身の立場へ、つまり浄土教の立場から禅の立場へ転換をして、浄土教およびキリスト教の批判者になった。

二〇世紀中葉から後半にかけて仏教とキリスト教の対話が盛んで、阿部はアメリカに渡ってアメリカで活動し、「神の自己否定」ということを言い出して話題になりました。この神の自己否定というのは「相対は絶対の自己否定だ」という西田の言葉があるので、それに触発されたものだと思います。神は自己定立的ではなく、自己否定的な神だと。それは確かにその通りのところがあります。ただ僕は阿部とかなり長いこと議論したのですが、阿部が神の自己否定という場合に、神という概念の論理的な構造のことなのか（西田の場合はそうです）、それとも神様が実際に自己を否定した歴史的な出来事があるのか、これがどうしても最後まではっきりしませんでした。自己否定以前の神とは何か、ということについても同様でした。結論を聞きたかったけれども、残念ながら亡くなってしまった。とにかくアメリカで神について話題を提供したことは確かで、論争についての本が出ています。

上田閑照

上田閑照（しずてる）（一九二六～二〇一九）の立場は西洋哲学と禅を踏まえた宗教哲学と言えると思います。上田は西洋哲学に詳しいのですが、それはどこに結晶しているかというと、マイスター・エックハルト（一二六〇頃～一三二八頃）の研究だと思います。禅者としての彼は『十牛図』の解説によく表れていると思います。

エックハルトは「魂における神の子の誕生」――これは「内なるキリスト」の顕現と考えていいと思います――を説いて、その父なる神（統合作用の根源）を語るのですが、彼の特色はさらに父なる神の背後にGottheit（神性）を見るのです。僕は、この神性ということは創造的空にかなり対応するところがあるのではないかと思っていますが、まだそこのところを突き詰めてはいません。とにかく神学史の中で創造的空に最も近いのはエックハルトのGottheit（神性）であるように思われます。そして上田もここに、禅と同じではないけれども、禅との近さを認めて語っています。

他方、『十牛図』ついては、とても優れた本があります。十牛の図が語っているのは、求道者（ぐどうしゃ）に超越が現れると、超越はまずは他者に見えるのですね。だけどだんだんと自我とひとつになる。そうすると他者性が消滅する。自他の全体が消えてしまって、つまり一意的言語の世界が消えてしまって、「自然」が現れるのですね。自然（じねんと言ってもいいでしょう）が現れて、求道者はおのずと人を教化するようになる。一言で言ってしまうというプロセスを手がかりにして、とてもよく禅の立場を述べていると思います。

上田自身は、そういう禅と西洋哲学の両方を合わせたあり方を、人間の二重存在として語っています。人間は世界の中にあり、世界は超越の中にあると。人間は歴史と社会の中にある。まずは科学と技術と経済が突出している現代世界に生きている人間をそこで説く。しかし、そういう姿を見失うことなしに、世界が超越の場にあるということを現代に向かって語っている。

一言でいうと「私は私である」という世界内存在（単なる自我）から、「私は私ではない」という超越の場における自己否定、無我の直接性を媒介にして、「私は私だ」と見直す。私とは「世界における私で、しかも超越における私だ」と。そういうところがあったと思います。上田の立場は統合論の語り方は違うけれども、特に矛盾するところがあるとも思えません。

滝沢克己

狭義の京都学派に属するとは言えませんが、西田哲学の影響を深く受けたキリスト教的宗教哲学者として滝沢克己（一九〇九〜八四）をあげておきます。滝沢の中心思想は「インマヌエル」だと言えるでしょう。「神われらとともにいます」というヘブライ語です。

滝沢によると、あらゆる人の根底に「インマヌエルの原事実」がある。これを「神と人との第一義の接触」と言います。しかし全ての人がこの原事実に目覚めているわけではない。目覚めると宗教的生が成り立つので、これを「神と人との第二義の接触」と言います（「キリスト」とも言った）。両者の関係は不可分・不可同・不可逆で、神と人との関係も不可分・不可同・不可逆とされます。仏教もキリスト教もともにこの原事実に根差している。こうして彼は仏教とキリスト教の対話の先駆者となりました。そこから見ると、仏教は原事実より覚の重視に傾く。他方、キリスト教は上記の区別を重要な一点において無視する誤りを犯した。イエスは第二義の接触を典型的に実現した「人間」なのに、キリスト教（滝沢はここで特に彼の師であったカール・バルトに言及します）は、この区別を見失って、イエスを原事実と同一視した。そのためキリスト教は「イエス・キリストのみ」が真実だという自己絶対化に陥ってしまった。滝沢はこの観点から歴史・文化・思想一般を批判的に論じるのですが、上記のイエス理解に関する限り滝沢は正当です。僕はこの点では滝沢を支持します。滝沢の理解を展開すれば、「復活のキリスト」とは「第二義の接触」の自覚内容そのものだ、ということになるでしょう。さらに、上記の理解からして、滝沢は「聖書に書いてあるから絶対の真実だ」という聖書絶対化にも陥りませんでした。この点も正当です。

他方、滝沢と僕は長期にわたる論争をしました。論点はどこかというと、滝沢は僕の言う「主―客直接経験」について「それは単に自我の一時的な忘我状態にすぎない、その経験なら自分にもあるが、それは神学・哲学にとって重要な経験では全然ない」と言うのです。彼はこの点からして初期の西田を批判し、後期の西田は「直接経験」を放棄して場所論という新しい出発点を求めた、と主張します。

ここで滝沢との論争を回顧するつもりはありません。ただ、以下の事実を指摘しておきたいと思います。僕の言語批判は結局、全体として直接経験から出ています。一言でいえば、直接経験から見た、言語内容と事実の混同の批判です。さらに「不立文字」の肯定です。ところが滝沢には言語批判がないのです。滝沢は、僕との論争でも「言語化しようとするまいと、事実には何の変わりもない」と言っていました。それはとんでもない話だ、と言いたくなるのです。不当な言語化はもちろん、（特に一意的言語で）正当に言語化されても、それがいきなり事実と混同されることで、事実がどれほど歪められ、人がどれほど苦しめられることか。

僕は滝沢から多くを学びました。師の一人と言ってもいいくらいです。滝沢は特に、当時、新約聖書研究者だった僕に、聖書を解釈するだけではいけない、問題は何が真実かということだ、と教えてくれました。全くその通りなので、それは僕が宗教「哲学」に向かう大きなきっかけになりました。しかし上記の点では譲る気にはなれません。

第十二講　まとめ——統合作用の場と創造的空

第十二講は全体のまとめです。新しいことも多少は入るかもしれません。

1　宗教の批判的理解

何度か述べたことですが、神様を見て記述した人はいないのです。しかし「神」という言葉は普遍的で、全ての言語にあるかどうかは知りませんが、多くの言語にあることは確かです。意味内容にもだいたいの一致があるのです。神様というと一般に、眼には見えないが、人間や自然を超える力があることがひとつ。それから人間の語り掛けに応答する。さらに共同体の秩序を守ってくださる。つまり善人を祝福して悪人を罰するというような、そのような人格的な存在だと考えられています。

そうすると、神様とは何かとか、実際にあるのかとかいうことを問題にしても仕方がないのです。何が神と呼ばれたか、どこに神のはたらきが見られているか、ということが大事なのです。それで我々としては、神と呼ばれたものが実は何かということを改めて問い直す必要が、特に現代には、あると思います。

正義とか善とか幸福とかも同様なのです。善とは何かとか、幸福とは何かとは、抽象的には誰でも知っていることですから、議論しても始まらない。問題は何を善と言っているか、何を正義と言っているか、それを検討する方が大事だと思います。

さて、目に見えない宗教的な経験というものがあって、それを伝えるためにはどうしてもイメージ化、客観化する必要があります。それは同時に経験の説明でもあります。僕がよくわかりやすい例としてあげるのは雷様です。雷は怖い。その恐ろしさを表現するために雷神というイメージが作られる。そうすると祭祀が営まれ、そこにいろいろな物語ができてきます。もちろん雷神だけではありませんで、もっと大事な神様がたくさんあります。

第三講でも述べましたが、ソクラテスがダイモニオンについて語った話が、プラトンの『ソクラテスの弁明』の中に出てきます。ソクラテスが何かやってはいけないことをしようとすると、なぜかわからないけれども「止めとけ」という制止の声がかかるというのです。それで訳がわからないけれども、とにかく止めておくと、あとでやっぱり止めといてよかったと思う、と言う。ソクラテスはそれを「ダイモニオンの声」と言います。ダイモニオンというのは神霊、守護霊、神の子という位置付けですが、そういうダイモニオンがいて自分に語り掛けてくれるのだと、ソクラテスはそのように解釈している。こういう解釈が典型的ですね。我々だとやはりこれは直覚だと言うでしょうね。現代人は守護霊がついているとはあまり考えないと思います。

以上はソクラテスの個人的な経験ですが、もっと大事な大きな経験が共有される。そうすると神々のイメージができて、神々に名前がつけられ、神話ができる。さらに神殿ができて、祭祀がなされ、教義ができて、教団が成立することになります。そのようにしてイメージができますと、宗教的な経験そのものではなくて、そのイメージが客観的な現実として通用するようになるのです。普通それを宗教と言っていまして、宗教とはそこで語られている神々を信じて崇拝することだと言われるのです。我々としてはそのようなイメージや物語の根本にいかなる経験があったかを明らかにすることが大事だ、それが現代の問題だと思っています。

宗教言語の解釈一般論・宗教的文献解釈

そこで、重要なのは宗教的な文書です。そういう宗教的な文書、それは『旧・新約聖書』であり『仏典』であり、その他のさまざまな文書なのですが、それをどのように解釈するか。これは解釈学の問題として二〇世紀の半ば頃にさかんに論じられました。あまりはっきりした結論は出てこなかったのですが、僕は次のように考えています。解釈者（I）はまず文献（L）を通して事柄（S）に至ります。この場合の事柄とは、宗教的な経験に現れる事柄です。多くの場合、それをいきなり経験することはできません。解釈者は文献に導かれて事柄に至り、自分で経験して事柄がわかると文献がわかる（I→L→S→L）。文献を読む人が著者と同様の経験をすれば、どうして文献の言葉が出てきたのかがわかる。それが理解です。解釈とは、文献を理解した人が、そこで明らかになってくる事柄を、現代に通じる言葉に語り直すということですね。理解と解釈とは大雑把に言うとそのようなことです。

いきなり文献の言葉を信奉するのでは駄目なのです。文献から、その文献が物語っている経験と、経験されるものとに行き当たって、それを語る。それが理解と解釈だと僕は考えています。

経験の中に現れる「事柄」とは何かと言うと、この講義で「統合作用の場」だとか「創造的空の場」だとか言われたことが、それに当たります。それを現代にしかるべく語り直すということですが、語り直す語り方もいろいろあります。文学的な語り方もあるでしょう。しかし事柄をできるだけ正確な概念で語る、それを組織的に語るということになると、宗教哲学的になります。僕はどちらかというと、そういう方向を追求しております。だから、自分がやっているのは何だろう、と思うことがあるのです。神学だろうか宗教哲学だろうか。どうも従来の神学とも違うし、従来の宗教哲学とも違うけれども、まあしょうがないから宗教哲学と言っておこうかと思っています。

2 超越（統合作用の場と創造的空）の現実性——福音とは何のことか

さて、宗教哲学ではあまり神とは言わずに超越と言っています。ヤスパースがその適例です（彼は包越者(ほうえつしゃ) Das Umgreifende と言う）。ここでも、そういう言葉を使った方がいいと思うので、使っていきます。

これまで物語られてきた「神」、それは「超越」経験の説明的な表現です。神様を見て記述した人はいないのですから。人格神というのは、人間のように知性・意志・感情を備えた人格としての神です。もちろん神様は人間ではありませんから、「人格」神は比喩なのです。そういう「人格神」という比喩は、「場」の比喩と同じように、比喩としては不可欠ですが、そのまま現実として語ると、現代では実際に経験していることとの間に齟齬(そご)が出てきます。「神」という言葉自体が、やはり解釈の対象になります。

ただ、伝統的な宗教言語で語られたこと、つまり教会で宣(の)べ伝えられていることですが、それをそのまま信じられる人は信じればいいのです。僕はそれを止(や)めろと言うつもりは毛頭ありません。

どのように語ったとしても、絶対的に正しい言語というのはありません。一般には相対的なので、信じられる人は信じて「事柄」の経験に至ればいい。それが大切なのです。ただ語られている通りには信じられないという人が増えているので、その人たちのために「僕はこういうふうに考える方向があると思っている」というお話をしているわけです。

そこで、まとめとして述べたいことは「超越」、要するに「統合作用の場」です。それから「創造的空の場」です。まず「統合作用の場」というものはある。本当にあるのです。これは眼に見えるものではないから、まずは信じられるわけですが、問題は「信仰的理解」ということです。経験と言っても普通の経験とは少し違うけれども、多くの場合は「信」を通じて、結局は経験的に確認できるのです。これ、本当にあるのですよ。ただ、それはいろいろな言葉で言い表されております。イエスは「神の支配」と言った。その支配の場を「神の国」とも言っています。パウロは「内なるキリスト」と言った。内だけではないのですが超越的なキリストは人の中でもはたらいているので、「キリスト」と言った。仏教、特に浄土教では「阿弥陀仏の願力」と言っています。

仏教の場合、禅ではいろいろな言い方があります。なお禅はしばしば創造的空と統合の場を一緒にして語っていると思われます。ひとつ例をあげますと『臨済録』の「示衆(じしゅ)二」では、「心法無形十方に通貫す」、心の法と言っています。これが統合作用の場と創造的空の場に当たると思います。

ついでにこの先を少し読んでおきましょう。「心の法は形はないけれど十方に行き渡っている。そのはたらきは、眼に在っては見ることだ。耳に在っては聞くことだ。鼻に在っては香りをかぎ、口に在っては談論し、手に在ってはものを捕まえ、足に在っては走り回る」。

何だ、当たり前ではないか、ということではないのです。これはつまり「いのちの営み」ですよね。「いのちの営み」にそういう超越が現れている。それを我々は自覚という仕方で感得する。そのことを言っているのです。だから単に形がない超越が十方に貫いていると言っているのではなくて、それが我々のいのちの営みとして現れて、そこでそれが超越だということが感得されるのだと言っているのです。臨済はそれを「心法」と言っています。要するにこれはいのちのはたらきですが、普通の意味のいのちのはたらきとは違う。道元は「ほとけのいのち」と言っていますね（『正法眼蔵』「生死の巻」）。「ほとけのいのち」がふつうに言う「生命」と違うのは、道元が引用箇所のすぐあとで「生死をこえて」仏となる、と言っているところに見られます。このようにいろいろな言い方で言われていますが、本当にこれはあるのです。だから「そこ」に還って、そこから『新約聖書』でも『仏典』でも了解することができるわけです。そして、そこで語られている事柄自体を、改めて語り直す必要があるのです。

統合作用の現実性

だからやはり「生」――僕はよく使う言葉だけれども、日本語ではあまり一般化していません――「いのちの営み」のことです。要するにまずは「生」にかかわるのです。語り方にはいろいろな形があります。生物一般では、「いのちの営み」だけではなく、「生きる意志」が、やはりありますね。動物の場合本能的で、本能の内容は動物によって違いますが、共通するものとしては、自己保存の本能と種族保存の本能、それからそのための闘争本能ということがよく言われています。人間の場合にも本能はあるのですが、文化的な営為で変わってしまっていて、さらに人格として共に生きようという意志に変わっていると思います。

なお、『新約聖書』では先ほど「キリスト」と言いましたが、自然の世界にはたらいている統合作用を「ロゴス」と言いますね（ヨハネ1・1―5）。それから人間の社会にはたらいているものを「キリスト」、「霊なるキリスト」と言っています。

この点にもう少し立ち入って考察します。

僕はよく「単なる自我」と言います。これは、自我が統合作用という、「生」を成り立たせるはたらきを自覚しないままで、また情報のしかるべき検証もしないで、ただ情報に基づいて知性と意志で行動している場合があって、僕はこれを「単なる自我」と言っています。こういう「単なる自我」が身体全体を支配しようとする。つまり自我が中心になって身体全体を支配しようとすると、自我と身体の間に分裂が起こってしまい、身体が肉体に変わって知性に反抗するようになります。その結果、身体の全体としての自覚が失われていくことになります。その度合は、外から与えられた情報が、そのまま知性と意志とを支配するとき、一層強くなりますね。その兆候はいろいろありますが、まずは生を見失った兆候として、自我の強化に向かう。他者に対しては利用と支配です。その他の面では自我の無力を味わうことになります。生きる意志の低下、無情熱、無関心、退屈、無意味、虚無感、そういうようなものです。ただ、それへの反発として人格全体を生かすはたらきを求める心が起こってきます。宗教心がその代表です。

さて、そのような情報によって自己を支配しようとする努力が消滅しますと、その度合だけ、「生」の「いのちの営み」の自覚が現れます。その自覚の内容を「直接経験」と言っています。直接経験にはいろいろあって、一般に上述の身体と知性の分裂が癒されるとき、身体の全体性が「生」として自覚されるので、その自覚が中心になります。そういう場合に、身体の全体性の自覚が成り立ってきます。そしてその自覚にもいろいろあるのです。普通「生」というと情熱的な意欲として自覚されます。そのときに初めて自分が身体として、身心の全体として、活動しているという、そういう感じがしてきて、これは一種の陶酔感を伴うことがあります。このような宗教的な直接経験以前の生の直接経験があります。この場合、「直接」と言えるかどうかは少し問題ですが。

一番わかりやすいのは「ああ、青春の血は燃える」というような経験ですね。そういう「生」の情熱があります。素朴な生の自覚だと言えます。これは自己保存の本能というよりは、むしろ自分に備わった生の可能性をできるだけ自覚しよう、発揮しよう、大いに生きようという意志であることが多いでしょうか。これはとても大切なことですが、ただこういう場合には情熱が知性を圧倒することがあるので、それには注意しておかないといけない。なぜなら生の最も一般的な表現は情熱的な意欲ですが、これがエゴイズム的な自我と直接に結合することがある。そうすると生のエネルギーは何度も述べたように、勝つこと・儲けること・快楽への無限の欲求に変貌します。

他方、ここからは宗教的な自覚と言えるのですが、単なる自我を超えた「生」の自覚、さらに生の表現へ向かうものがあります。生の営みが、人間性の内容の可能な限りの展開と表現に向かうのです。これはこのままでは宗教的とは必ずしも言えませんが、文化的な創造の努力です。まずは仕事への情熱です。達成への意欲です。さらに学問であれ芸術であれスポーツであれ——特に文学・芸術の場合に著しいと思いますが——生が文学、芸術的な表現を求めることがあります。この場合には生の自覚は人間性の全体に及ぶから、その内容をこういうことだと規定することはできませんが、典型的な例としてニーチェをあげておきます。

次に本講義の問題は宗教的な生の自覚です。さきに述べた「生」の自覚から宗教的な「生」の自覚に移行するについては、すでに述べた直接経験があるものです。換言すれば直接経験論はここに位置付けられます。改めて述べますと、キリスト教の場合、キリストは「いのち」です。これは「ヨハネ福音書」にたくさん出てきます、特に14章6節ですね。仏教でも阿弥陀仏は無限の「寿命」です。道元は悟りに現れるはたらきを「仏のいのち」と言いました。ただこの場合、宗教的な生の自覚は、光と結合することが多いですね。自覚は自我をわけもわからず圧倒する暗い情熱ではないのです。そうではなくて光に浸透された、理解され納得された情熱ですね。たとえば「ヨハネ福音書」ではロゴスは生命であり光である（ヨハネ1・1―5）と言っています。光がいのちと結びつくのですね。パウロも、神は光だと言う（2コリント4・6）。浄土教ではアミターユスがアミターバだと言う。アミターユスは無量寿仏（永遠のいのち）で、アミターバは無礙光、つまり妨げられることがない光ですね。臨済においても法性法身が、清浄光です（『臨済録』「示衆一」）。

　光に照らされた生は、自我を圧倒する闇雲（やみくも）な生の意志ではなくて、明るい生、理解され納得された生ということです。ここで言っている直接経験というのは暗い情熱ではなくて、光に照らされた生の自覚です。それが宗教的な自覚なのです。

　この場合はやはり生の意志がありまして、その中心にあるのは共生の願です。皆で一緒に生きようという願いだと言えると思います。その内容は、清らかな優しいこころ、平和への願い、真実を求めるこころ、そしてそれらは人為ではなく自然だ、ということです。これらは一緒になると統合体をつくるのです。つまり統合体形成的だと言えますが、だから逆に統合作用の場があると言うのです。統合体の客観的な例としては、これは僕がよく例にあげるように、原子や太陽系、それから生体＝動物の生きている身体ですね。つまり客観的にも認められる統合作用があって、これがそういう生体をつくるのですが、人間の場合はその統合作用が統合を求める心として現れている。つまり超越的な統合作用があって、それに基づいて客観的な統合体が成り立つのですが、それが人のこころには統合心として現れ、自我はそれに基づいて統合体形成へ向かうのです。

ただ、そこでは創造的自由がある。これは結局は創造的空から来るわけです。統合作用の場というのは普遍的なのですが、科学的にも認められるかもしれません。しかしそれは、まずは生命の発生と進化を可能にする条件として認められるだろうと思います。ただし、統合作用は普遍的ではありますが、必然ではないのです。どこにでも必ず統合体ができるというのではないのです。生命は地球のような特に恵まれた環境の中で発生するのだから、そういう条件付きで科学的にも統合作用が確認されるかもしれません。

要するにここで統合心、統合作用があると言うのは、超越的でありながら、客観的な世界にも作用して、それが人間のこころにも現れて共同体形成へ向かわせるということなので、それが本当にあるよと言うことです。それがいろいろな意味で『聖書』の中でも仏教の中でも言われているということです。

3　統合作用から創造的空へ――自覚の深化

　さて、「こころ」をはたらきの場として把握すれば、その内容を消去した場そのものは創造的空です。その内容は、もちろんあらゆることがあり得るのですが、まずは統合作用です。こころは、こころの場に内在するものを、たとえば音を、音楽へと統合しようとするものです。一般論を言えば、こころはその内容を種類に従ってまとめ、これらを共存させ、相互連関させるのです。さらに、それを必要に応じて意識に昇らせる。ここには不十分ながら統合作用があります。

　他方、自我の知性はこころの内容を概念化して一意的に秩序付け、体系化を求めるものです。その際、そこに入らないものを排除する傾向があるので注意が必要です。こころはそれ自身が創造的空であり、その中に統合作用の場があり、そこに自我の知性による一意的秩序付けが加わるわけです。ここには分裂の可能性があります。統合に成功しなければ雑然たる共在になるのです。

　よく言われることですが、こころというミクロの世界と宇宙というマクロの世界には実際に類比があるのです。現実の小部分が全体を映すのです。たとえば林檎の実が木から落ちる現象は宇宙全体に及ぶ重力作用を表しています。また、直接経験に即して言えば、直接経験の構造は、意識内在即意識超越ということだから、この意味で、意識は意識超越を映すはたらきであるわけです。以上をひとつの手がかりとして考えれば、場としてのこころが創造的空だということは、世界全体の構造の暗示になります。実際、物理的空間を含む物質の世界を包む究極的な超越的場は創造的空と言うほかはないでしょう。これが世界の基本構造を示すのです。

さて上に述べた類比から考えれば、経験的世界（極大化すれば宇宙に及ぶ）は、二重の超越的な場の中にあるのです。すなわち経験的世界は統合作用の場の中にあり、統合作用の場は「創造的空の場」の中にある。さらにこころとの類比からすれば、統合作用の場は究極的な創造的空の創造性から出たと考えられます。換言すれば、マクロとミクロの両世界において、創造的空の場にあるものは、統合作用だけではないのです。そこには何があってもなくてもおかしくない、というより、何が有り、無いかは人間には決められないと言える。これは「神」の全知・全能・遍在の言い換えになっています。むろん他方で何が有り、何が無いかは、思考や想像ではなく、可能な限り経験的に確認されなければなりません。要するに世界は創造的空と統合作用という二重の超越の場の中にあり、超越のはたらきは世界と人間の中で実現する。これは「場所」における超越のはたらきの実現です。二重の超越と世界の相互内在。世界の構造をこう考えると実際の経験また知識とよく合致するのです。

場の二重性

次は場の二重性です。我々のいのちは、生物学的ないのちにしても、人格的ないのちにしても、創造的空の場の中にある統合作用の場に基づいて成り立ちます。生は統合作用の場のはたらきに基づいて成り立つと言いましたが、しかし死もあり、さらに世界には統合体形成的ではないあらゆるものがある。そういうことについては「創造的空」という場を考えます。そこには何があるかないか決められない、創造的な空の場があって、その中でそれと重なる仕方で統合作用の場がある。これから説明しますけれども、そのように考えるといろいろなことがとてもよくわかるのです。

創造的な空の創造性というところから見てみます。創造というのは古いものが去って新しいものが成り立つことですから、生成と消滅、生と死があるのは当然だと言えます。なお統合作用の結果としての統合体の実現も、必然ではないのです。統合は充分な条件が揃ったところでないと生起しないのです。恵まれた場所で生命が成り立ち進化して人間が現れた。しかし人間の場合、統合作用は自覚されなければ自我を動かさない。統合が分裂して統一と統一、個と個、統一と個が争うようになるのです。しかも統合体にも終わりがある。生にも病気もあるし老化もある。それで、これもやはり創造的空の場と統合作用の場が重なっていることだろうと思います。

さて統合作用は創造的空から生じてきたものだと考えられます。つまり創造的空から統合的な場が出てきたと考えられるのです。要するに統合作用の場にも根源があるわけです。統合作用をイエスは「神の支配」と言ったと述べましたが、統合作用の場の根源のことをイエスは「父なる神」と呼びました。イエスが説いた福音は父なる神に基づくのです。むろんキリスト教の神もそうで、これは統合作用の根源のことですね（イエス・キリストの父なる神）。実際に我々にとって尊いのは、この意味での「父なる神」であって、創造的空の場では必ずしもないのです。伝統的なキリスト教は、「父なる神」によらないいろいろな出来事があるものですから、そこでは神様が隠れてしまったのだとして、Deus absconditus（隠された神）と言ったのです。つまり以上の意味で言った「父なる神」、これがイエスの中心だったわけですね。実際中心でもあるわけです。その父なる神に由来する統合作用の場が我々の直接の居場所、つまり正義の場であり共同体の場であり、人格的統合体の場であるということになるのです。それで自然的世界における統合作用はロゴス（ヨハネ1・1—5）、人格における統合作用はキリストのはたらき（1コリント12）、と呼ばれた。こう考えると『新約聖書』全体がとてもよくわかります。

それで以上の二重性を、比喩で言えるかなと思うのです。太陽を統合作用の根源だと考えますと、太陽光は統合作用の場になりますね。それで地球は太陽光の場の中にあり、さらに統合体形成に非常に有利な条件を持った「場所」だと考えると、比喩的に多少わかりやすいかもしれません。ただここで注意すべきは、太陽系は宇宙の中にありますので、地球上には統合作用と一致しないあらゆる自然的な作用が現れてくる。宇宙は創造的空の比喩になります。

　ここにひとつ大きな問題があります。二重の超越を知らない「単なる自我」は、光の世界（イエスがいう神の国）のいわば外に出て、蔭（かげ）（むしろ闇）の場を作ることができるのです。これは煩悩と罪の場です。この世には人間が作った蔭の世界があるのです。その住人はいわゆる悪人だけではありません。イエス当時の宗教家、神殿祭司と律法学者は、みずからがそれと知らずに作った蔭の世界にイエスを引きずり込んで、殺してしまったのです。とはいえ、闇の世はもともと光の場のなかにある、光が遮られた蔭にすぎません。闇に実体性があるわけではないのです。闇の場の住人が光に帰る可能性は常にあるといえるでしょう。

無心

　さて次に無心ということです。統合心はまだ究極ではないのです。

　創造的空という時には、創造的空を映すこころがありまして、これが無心です。創造的空の中に統合作用があるように、人間の場合にも無心の中に統合心が成り立ちます。逆に自覚というものは統合作用から無心へと深まる。これは統合心から創造的な無心への深化であると言えます。統合作用は生を成り立たせるけれども、無心は生を超えたところがあって、さらにそれは自然でもある。この生と死を超えるということは、仏教では「生死を超える」とはっきりと言われています。キリスト教の方は生の方に重心があります。もっともパウロは「私にとって生はキリスト。死もまた益である」と言います（ピリピ1・21）。前半は、私にとっては、つまり私の生はキリストの現実性だということです。ここで生死を超えるということが言われていますが、仏教ほどはっきりとは言われていないように思われます。

創造的空を映すのが無心だとすると、イエスにおいては「神そのもの」と「神の国、神の支配」との二重性が見られるのです。その二重性ですが、イエスの場合に「神」と「神の支配」の二重性があるように、パウロの場合にも「神そのもの」と「キリストの国」の二重性がある（1コリント15・24）。ヨハネは「神はキリストよりも大である」（ヨハネ14・28、1・1参照）と言う。ただし、より大であるとどうなのかということはあまりはっきり言っていません。

ではイエスにおいて自然と無心があるか。これはあるのです（マルコ4・28、マタイ5・3参照）。あるのですが、イエスについての記録をまとめた共観福音書の記者たちは、このことがあまりよくわからないので、ちゃんと記録しなかったのではないかと思います。イエスにはあると僕は思いますが、後代の人がそれを変えてしまっている箇所があるようなのです。

たとえばイエスの言葉として「空の鳥を見るがいい、はたらくことも刈ることもせず、倉に集めることもしない。しかも天にいます君たちの父は彼らを養いたもう」（マタイ6・26）とあります。これを読むと、はたらかなくても神様が命を保障してくださると聞こえるのです。でも本当にそうでしょうか。これとは別に、野の花についてのイエスの言葉があります。「野の花を見なさい。紡ぐことも織ることもしないけれども、栄華を極めたソロモンですらその装いに及ばなかった」（マタイ6・28―29）。この場合、「今日生きて明日炉に投げ込まれる野の草」（マタイ6・30）と言われていますね。これは上記の「空の鳥」についての言葉（マタイ6・26）と同じことだとは思えません。鳥の方は「神が養いたもう」と言われていますが、野の花の方はそうではないですね。明日は刈り取られる花が、何も思い煩わずに、実に美しく咲いているではないかと、こういうことなのです。「今日咲いて明日炉に投げ込まれる」花の無心の美しさです。僕はこちらの方がイエスの真意で、鳥についての言葉は、教団による二次的な創作なのではないかと思います。

ほかにも自然に生育する麦の譬えがありますね。神の支配というものは人が畑に麦を蒔くようなものだと言う。種は知らないうちに発芽して自然に育つ。「自然に」と言うのです。アウトマテーです。おのずから育つ。「大地がおのずから実を結ぶのだ」。これは「マルコ福音書」にはあるのですが、「マタイ福音書」と「ルカ福音書」はカットしてしまった。僕はイエスの言葉全体についてそういうところがあると思えるのです。そもそもイエスは、ブッダやソクラテスもそうですが、自分では書物を残していないのです。イエスの死後、弟子たちが編集したのですね。だから解釈や変改が入るのです。そうすると失われてしまったイエスの言葉があると思うのですが、二千年も経っていてはいまから拾いに行くわけにはいきません。とにかく当時のユダヤ教の支配者たちが、まだ教えを充分に展開もしていないし、弟子の教育もできていないイエスを殺すとは、世界史的な過誤であり、むしろ犯罪です。

無心に関連してイエスには重要な言葉があります。ここで問題となる一意性については、第五講で言い忘れていたので、ここで併せて簡単に補っておきます。それは与えるものと受けるもの、貢献と報酬、罪と罰の等価性、一般に等価交換という一意性です。これは生活の表層ではできるだけ守らなくてはならない理性的法則ですが、中層（共生の場）では相対化され、深層では消滅します。イエスの譬話（たとえ）に、一時間はたらいた労働者も一日中はたらいた労働者も同じ賃金をもらったというものがあります（マタイ20・1—15）。これはむろんイエスの経済観などではなく、中層（神の支配の場）の事柄です。価値に関係なく相手に必要なもの、自分にできるものを与え合うということです。そして神の前（深層・無心）では、貢献も報酬もありません（マタイ5・45）。キリスト教で無償の愛がいわれるゆえんです。

4　まとめ——統合作用と創造的空の関係

文化の衰退

「統合作用の場」と「創造的空」の場の関係について。統合作用で成り立つのは統合体なのです。

その完成が共生、一緒に生きるということなのです。先ほど述べたように、生物一般に共通する「意志」がある。特に動物では、自己保存と種族保存と闘争という本能があります。人間の場合には身心としての人間の願いがある。「人格として一緒に生きる意志」になっていると思います。それは人間としての自覚の深化で現れる。人間の場合、「本能」が文化と人格統合体形成への願いになっているのです。

ただし人間の場合には言葉を語る自我が成立して、「単なる自我」になってしまったものだから、人間本来の意志（願）も違ったものになってしまったよう思われます。つまり人間の場合、超越の自覚を欠いた単なる自我が出現した。それによって人格的な生への願いが変質してしまったと思われる。なぜそう思われるかと言うと、直接経験で「いのちの願」が回復されると、元の人間性が出てくるからです。

さて「単なる自我」の場合は生の本能が変質しまして、自己保存の本能がエゴイズムとか所有欲や名誉欲になる。種族保存の本能が愛欲に、闘争本能が支配欲や征服欲になってしまい、その結果超越の自覚もますます失われてしまう。その行き着く先はニヒルだ。これは特に近代以降に顕著だと思います。

近代以降、経済的な成長と発展が諸善の根源であるという誤謬が一般化した。それによって文明はとても発展したのですが、その裏で破滅の方向性が出てきている。経済面が最優先され、特に倫理や宗教の軽視が現れる。せっかく強国となった近代のキリスト教国が何をしたかというと、後進国と価値付けられる軍備のない国の植民地化と差別や奴隷化。それからお互い同士の戦争。経済格差の増大と環境汚染と破壊、その結果として生物の大量絶滅の危機。そして世界の交通が発展したことで、文明世界がパンデミックの温床になってしまっている。

必要なのは超越の自覚なのです。つまり人間的な生の自覚というものは変質しているので、元に還すことができる。統合作用と、創造的空の自覚へと還ることができるのであって、そうすると自覚の統合作用から無心へと至ることができるはずなのです。

実際問題として、無心にならなければ生きていかれないですね。僕なんか自分が至らないから余計そうなのだけれども、「あーあ、もうこんな世の中に生きていたくない。さっさと死なないかな」と、何度思ったかわからない。けれども、そのたびに「こいつはいけない」と思って無心に還るのです。それでなんとか九十年生きてきました。

宗教回復への道

では統合心を自覚するにはどうしたらいいか。これがとても大きな問題です。僕はまだきちんと体系的に話したことがありません。そもそもまだ完成していないのです。ですからまだこれを述べるべきではないとも思うのですが、この先まとまった形で述べることができるかどうかわかりません。ですからここでその大綱を述べておきます。

宗教的な生の自覚に至る筋道はあるのか。イエスの言葉に何かヒントがあるか。ありますよね。「まず神の国を求めよ」（マタイ6・33、ルカ12・31）。さらに「心の清いものは幸いだ。彼らは神を見るだろう」（マタイ5・8）。こういうことをイエスは言っている。つまり「清らかなこころで神の国を求めなさい。そうすればわかるよ」と言っているわけです。もっともイエスの研究を見ても、求道の心得としてイエスがそう言っていると、はっきり書いている人はいないようですけれども。

イエスはその点を十分に展開する前に殺されてしまった。イエスはその見解を十分に展開していないと思うのです。イエスがお釈迦様のように八十歳まで生きられたら、大変な展開があったと思います。でも彼はたぶん四十歳になる前に殺されてしまった。皆さんはイエスというと「神の子」だと思っている。ある意味で神の子には違いないのだけれども、イエスにおける思想の「成立と展開」なんて言うと怒られる危険があるのですが、僕はそれはあると思っているのです。イエスがもっと長生きしたら、教えをもっと展開したはずだ、そうすると、伝道論と教会論があったはずだ、と思うのです。ただはっきりとは現れていないので、見つけることになる。そうすると、「どうしたら神の国がわかるか」について、「神の国を求めよ」、これが第一だと言う。しかも、「清らかなこころで求めよ」と、そう言っているのですね。

これは、始まりです。宗教的な回心への始まり。これはやはり「真実探究のこころ」だ。初めに真実を求めるこころがある。これはいつまでも続くのです。それから「平和を願う」こころです。両方で「神の国を求めよ」になります。回心に導くのは自我の努力や希望ではない。そうではなくて、むしろ努力をしている「単なる自我」の破れが問題なのです。それが直接経験なのです。そこで身体の願いが自我に現れる。その内容を展開すると自覚の深まりになります。

そのことについて、この講義ではすでに直接経験ということを言ったのですが、以下簡単にまとめておきます。

主―客の直接経験

主―客の直接経験というのがあります。思考と存在は同一ではないということがわかる直観です。言語世界と思考の絶対化、これは皆やっていることです（レーマバウンド）。情報に頼って考え生きているのはその結果です。絶対化したらそれは誤りになるということですね。では直接経験で何が露わになるかと言うと、経験の現場では、イメージや記憶や知識、こういうものは全部意識内在だ。それが消えてしまって（レーマフリー）直接の感覚的な事実がそこにあるのですが、そこではっきりするのは感覚の内容の無限性です。いままで知っていた知識に限定されない。内容的にも奥深さでも無限だということ。これがひとつです。

それから意識内在はそのまま意識超越だ。見えているそのままが意識内在で意識超越なのです。そういう意味では主観と客観とが一だ。誤解されやすいのですが、自他の一と言うと、自分を客観化して立て、他者を客観化して立て、客観化された両者が一だというように聞こえてしまう。けれども、そんな馬鹿げたことはありません。意識内在が意識超越だ。さらに反省すれば、自分を構成する全てが他者起源だということがはっきりします。つまり経験的に言い直すと、自分を構成するものは全て、感覚も知識も言葉も何もかも、だいたい身体からしてそうですから、全て他者起源だということです。

第二にそこから明らかになるのは、自他が一だから、主観から全く独立した客観は仮構であり、しかし他方では、人間世界の対極であり環境でもある「自然」は、人間の支配や収奪の対象ではないということです。

さて、他者起源のものを他者から取り入れて自分の身体の一部に変換する営み（代謝）のことを「いのちの営み」と言っています。食べものだけではない、学習や経験で取り入れたもの全てです。取り入れてこれを身心としての自分というひとつにまとめるのがいのちの営みです。これをフロント構造の成り立ちと僕は言っています。ここで生の自覚、「ああ生きているんだな」という自覚が成り立ちます。つまり自分と他者をいきなり直結するのも間違いだし、切り離すのも間違いだということなのです。すると、その他面が自我―自己の直接経験であります。

自己―自我直接経験

「私は私である」と思っている。このとき主語の「私」は主体としての私ですよね。私は私だと言っているときの述語の「私」は、自己イメージとか自己理解とか自己意識とか、私はこういうものであり、こういうものに成りたくて、こういうものとして認識されなくてはならない、受け入れられなくてはならない、そういう私のことです。そういう自分理解が消滅してしまう経験がある。主体としての自分もある意味で消滅します。それで「自己」が露(あらわ)れる。そういう経験です。つまり、それ以前に私はこれこれのことをしなくてはならないという社会的な義務意識とか当為の意識がありますす（コードバウンド）。さらに自分で設定して自分に課したある意味での義務、つまり自分の将来に関わるプログラムがあり、それを自分の努力で達成しようとする志向があります（プログラムバウンド）。それが自分というものの大きな内容をつくっているのですが、そういう自分を単なる自我と言ってきた。そうすると、人はそれを克服する仕方で、つまり自分のエゴイズムに気がついて、まずは自分の理性的な努力と倫理的な努力でエゴイスティックな自分を克服しようとするのです。

しかし、こういう倫理的な努力は、努力自体が自我を立ててしまうのです。倫理的な努力をする主体は自我ですからね。それが破れるのです。自我によるエゴイズム克服の努力自体が破れて、消滅するのです。プログラムとコードの両方が消滅するわけですね。プログラムフリーとコードフリーが成り立つわけです。そうすると、そのときに人格を生かす生の自覚が現れるのです。自分を克服しようと、そのような努力をしているときには、自我と身体が分裂していますから、自分が何だかわからない。しかしそういう努力が破れると分裂が失せて、心身がひとつになるのですよ。そうすると自分の全体性がわかってくるということです。そのときに生きるということの中に願いというか、「いのちの願」があることがわかってくるのです。その内容が人間的生の自覚であり、文化の発展と共生への願いであり、要するにその中で、義務の根底にある統合心が現れて、自我は他律的な規範ではなく、自己の願から行為するようになる。この統合心のことを自己と言っています。

自覚の深化1——学びのプロセス

その自覚の深化があるのです。それが学びのプロセスなのですが、宗教心がどのように発展していくのか。そもそものはじめから考えてみます。やはり最初は宗教の教えとか宗教の人格、宗教的な文学とか芸術、こういうものに触れることがとても大事です。こういう宗教の表現に接することが、宗教的な目覚めに導いていくことがあると思います。

信——超越への信

まずは真実探求の気持ちが芽生えてくるのです。真実を求める願いが目覚めてくるのですが、この真実を求める場合に、「真実がある」ということをある仕方で信じているわけです。信じていなければ求めないですから。こういうものだろうとあらかじめ決めた形を求めると迷いになりますが、とにかく真実への「信」がある。ここではやはり宗教者が言っていることに耳を傾けた方がいいですね。それはそのまま超越の自覚にはなりませんが、自己放棄の助けにはなるだろうと思います。たとえば仏教の場合は、道元の言葉で「ただ我が身をも心も放ち忘れて、仏の家に投げ入れて、仏の方より行われて、これにしたがいもていくとき、力をも入れず、心をもついやさずして、生死をはなれ、仏となる」（『正法眼蔵』「生死の巻」）という言葉があります。仏の家に投げ入れる、むしろ仏の海に飛び込む、身投げするわけですね。これは、やはり仏の家があるという信が心にないとできません。この信は少なくとも助けにはなる。これは直接経験へのひとつの道ではありますが、あまり明確かつ具体的にこういうことがあるはずだと思ってしまうと当てが外れますので、気を付けなければいけません。

瞑想

そういう場合に瞑想は何かの役に立つのか。

瞑想というのは、自我の暴発を鎮めるために行います。自我の中身はごった煮が沸騰したみたいになっていますから、まずはそれを鎮めるために瞑想する。瞑想はやはりこころの平安をもたらすので、やらないよりはやった方がいい。ただ、そこで留まってしまっては困るのです。そうではなくて、それが深まると全人格的な生の意志が自覚されるのです。

そこで瞑想だけではなくて、やはりどこかで直接経験が入ってこないといけないし、入ってくるのが当然だと思います。そういう直接経験というものも、宗教的な探求とかあるいは瞑想とか、そういう文脈の中で起こることが多いだろうと思います。さらに瞑想は、そういう自覚が起こった場合に「超越のはたらきが自分になる、それが自分だ」と気付いて、それが自我を動かすようになることを助けると思います。つまり瞑想というのは、ただちに直接経験に導くというより、日常性から統合心へ、統合心から無心へと、そういう深まり方をするものです。ただし、単なる自我から統合心へのプロセスには、途中に難しい問題、直接経験ということがあると思います。必ずしもあるとは言えないけれども、あるのが普通だろうと思いますね。結局、瞑想というものは、無心にいたる自覚の深まりをいわば引き出すので、やはりやった方がいいのです。

省察

僕は瞑想だけでは足りないのではないかと思います。やはり省察が必要なのではないか。つまり言語と単なる自我、統合心とか、直接経験とか、あるいは場とか、そういういろいろな言葉を述べましたが、そういう概念で経験内容を整理していくことが、やはり役に立つとは思うのです。だから、そういう整理した言葉で言うと、自覚の深化というのは直接経験からですね。それから生の自覚、共生への願いへと進み、それが統合心になり、さらに統合心から「自然と無心」ということがわかってきて、「自然と無心」が創造的空につながってくる。

自覚の深化2——その諸相　統合心の諸面の深化

統合心というのは、無心の表現です。では無心とはどういうことか。そこには人為を排した自然ということがあって、それが一緒にはたらくと思います。無心といった場合には、統合心の奥にあるのです。清らかな心、これは直接無心に通じていきます。つまりこれは自分のために何も求めない無心ですよね。清らかな心から深まっていく無心。そこで明らかになる無心。それからやさしい心、平和への願い、ここから深まっていく無心には他者への赦しがあります。というのは、これは自分の罪の自覚とペアになっているわけです。自分の罪の自覚と他者への赦し。赦しと受容、これは本当に大切なことです。こういう気持ちを通して、自分の主張を強行しない無心、他者から何も求めない無心。そういう無心につながります（プログラムフリー）。レーマフリー、コードフリーもそれ自体としては無心のうちにはいるでしょう。

その無心ということは結局、人間のこころにおける創造的空の現れだと言えると思います。無心にはいろいろな意味がある。自我のはたらきがゼロになったという無心があります。言語世界が消滅したという無心もあります（レーマフリー）。

それから超越のはたらきを自覚した無心ですが、自分だけのための配慮とか他者への要求とか支配欲が消滅した無心。これが赦しと受容ですよね。ですから共生を求める統合心に行きついて、さらに統合心が消えたと言うか、その奥に無心が現れるという、これが「生死を超える」無心で、自然な統合心の根源です。ですから、無心といっても、ただの無心では虚無になってしまうので困るのです。無心と言った場合に、そこから統合心が出てくるような無心が基準です。ただの無心に留まってしまった無心は、ただの虚しさと変わりがなくなる。そうではなくて統合心より深まりながら再び統合心を見出すようなそういう無心。それが創造的空の無心です。

ただ、そうすると何か空虚な厳しさというようなイメージになりますが、イエスの場合の統合、統合体が実現したイメージ、共生の世界が実現した場合のイメージ、これは天国における宴会ですよ（マタイ8・11）。共生のよろこびですね。これ、たのしいですね。宴会のイメージです。何というか、シャチホコばった、北国の果てに行くようなことではないのです。

この講義のはじめに人間の生き方に層が三つあると言いました。まとめますと一番の表層、これが自我が活動する領域です。中層が統合心です。ただ、表層と中層の中間に、普通に生と言われている領域があって、学問的な情熱とか、倫理的、あるいは文化的な情熱とか、そういう何かをつくり表現する情熱があります。しかしそれは、そのまま宗教ではなくてむしろ文化なのですが、それを突破したところに統合心があるのです。その底に無心があって、これが自然だということなのです。ではそこで何が成り立つのか。

5　おわりに——倫理

これまで倫理ということを主題として語っていませんでしたので、倫理という形で結びにしておきます。

何が有っても無くても不思議ではないというか、何があるのかないのか人間には決められない創造的な空(くう)の場があって、さらにそれを映す無心ということがあります。その無心は一切を受容するという、そういう心です。これはイエスの場合は、神は義人も義でない人も、正しい人も正しくない人も、ともに受け入れて、両者に分け隔てなく太陽を上らせ雨を降らせるということを言っていますが、その受容の世界です。世界の全体性は善いことだけではなくて、地震とか洪水とか噴火とかそういう災害、あるいは死とか戦争とか差別とか病気とか事故とか、あるいは悪も、とにかくそういうものがあるのです。だからあるという意味で受け入れる。ただし、それはそのままでよいという意味ではない。そうではなくて、あるということを認めた上で、統合体形成の方向に行為するというのが、これが我々の一番根本的なあり方だと言えると思うのです。統合の成立自身は超越のはたらきに基づく「自然」ですが、人格統合体を維持するための一般的規範がある。これが「倫理」ですね。

宗教的な倫理と言うと、よく言われるのが仏教の五戒と、『旧約聖書』に出てくる十戒の倫理的な部分です。仏教の五戒は、殺してはいけない、盗んではいけない、邪な淫行(結婚以外の性行為)はいけない、嘘をついてはいけない、酒を飲んではいけない、ということです。前の四つには賛同する方が多いと思いますが、最後の不飲酒戒は、キリスト教の方にはない。飲みすぎてはいけないということは言われていますが、なぜキリスト教には不飲酒戒がないのか。これはキリスト教的な祭儀、つまり聖餐式で葡萄酒を使うからだと僕は思います。神道でも神事にお酒を使います。お祭りのときには神様に捧げるお酒がありますし、皆で飲むお酒があるし、神事にお酒が関わっているから、神道でもお酒を飲んではいけないという人はありません。仏教にはあります(日本ではなくなった)。

キリスト教の方も「モーセの十戒」の人間に関わる部分では、父母を敬え、殺すな、姦淫するな、盗むな、偽証するな（嘘をつくな）、他人のものを欲しがるな、と言う。仏教の五戒とよく一致している部分があります。要するにこれは社会生活と家族生活の基本でもあって、それを守れと言っているのです。これは、統合を維持する秩序でもあります。いまでも重要で基本的な方向性を示していると思います。

ただ現代から見ると、どうもこれだけでは足りない。僕はこれに加えて、統合論という見地から付け加えたい。特に「強制してはいけない」（自由）。それから「差別してはいけない」（平等）。これらを付け加えたいと思います。それから自分自身については、「自分自身の可能性を自覚して、できるだけ展開すべきだ」（自己実現）ということ。これもひとつの倫理として付け加えていいのではないかと僕は思っております。

それから、倫理という一般性ではなく、個人としてどうするか、ということなのですが、これは「統合心」をいま、ここの状況でどう生かすか、ということになります。「いま、ここ」での行為の選択には、統合心を中心にして、他にさまざまな要素が入ってきます。だから「賢明さ」が必要です。つまり無心から出る統合心は共同体形成的ですが、共同体形成と維持のための一般的な準則が倫理だと言えます。倫理は統合という視点を抜きにして語られることがあるのですが、実は統合作用の表現のひとつとして理解すべきものです。ところで我々の日常的な行為はいま・ここで何かを択ぶということですが、行為の選択を支え導くものとしては、上記のように統合心と倫理がありますす。しかし選択の具体的な場面ではさらに正確で一意的な情報が必要です。本講義で情報批判をしてきましたが、情報は決して無用ではありません。いま・ここでの選択の必要性や意味や結果を示してくれます。選択はその都度ひとつを択ぶことですから、この場合はできるだけ一意的な情報が必要です。具体的な選択の場面では、自分の安全を含め、自分が置かれた状況について情報を集め勘案するのが当然です。「単なる自我」の問題性は、意識にのぼって行動を促すものが「いのちの願」ではなく、エゴイスティックな欲望だったり、皆が言う通りにしていればいいという安易な態度だったりすることです。無心といっても、宗教が求めるのはただの思考放棄や自己否定ではありません。統合心は、具体的な状況では、自分を含めた共同体の健全さを実現する行動に結実するものです。

6　むすび

最後に改めて本書の趣旨を述べておきます。

本書の結論でもありますが、僕は、仏教とキリスト教と哲学とは、ひとつの事柄への三つの方向からのアプローチだと思っています。換言すれば、三者が互いに理解し合い補い合うことができれば、ひとつの真実の三つの面になることも不可能ではないと思います。

現代では、宗教は――哲学もですが――文化の周辺に置かれているのではないでしょうか。それは世界が経済中心になり、他方で宗教は伝統の拘束から脱却できないでいるからで、両方に責任があることでしょう。哲学は自己革新を指向していますが、宗教には革新が求められていると思います。それは宗教が、生の深みを見失った現代に、「いのちの願」とそれを基礎付ける超越の存在を、ふつうに通じる言葉で語ることができなくなっているからです。伝統的な宗教の教説や物語は現代人には通じにくくなっているのではないでしょうか。宗教家が地獄で脅しても、社会が倫理や法律や条約をいくら整備しても、戦争はやまず、人心の荒廃も富の偏在も自然の破壊も止まらないことは、もう経験的にも明らかになっていると思います。実は、人々が平和と真実をこころから求めるようになるためには、今でも宗教が不可欠です。宗教の真実を語り直すためには皆の協力が必要です。

最後に仏教とキリスト教について一言しておきます。「無心」は仏教的、「統合心」はキリスト教的です。両者はお互いを必要とします。ここに両教がひとつになる方向が示されているのではないでしょうか。

本書がそのためのささやかな促しになれば幸いです。

あとがき

本書は二〇二〇年十月から二〇二一年九月にかけて「省察と瞑想の会」という会員二十名ほどのグループのために行ったオンライン講座の講義記録に加筆したものである。装置のセットは会員の鳥居雅志氏、録音録画は同柳下修氏、ZOOMの管理は同森口綾氏が担当した。さらに録音の文字化は柳下氏、話し言葉の文章化については、法藏館編集部の上山靖子氏のお世話になった。以上の諸氏また本書の発行者西村明高氏に謝意を捧げる次第である。なお本書は著者の仕事の大筋を自覚の深まりという観点から述べたものなので、細かい議論は省略されている。細部については以下の拙著を参考にされたい。

仏教とキリスト教の対話について

『仏教とキリスト教の接点』(法藏館、一九七五年)
『パウロ・親鸞＊イエス・禅』(増補新版、法藏館、二〇〇〇年)

宗教哲学について

『フロント構造の哲学』（法藏館、一九八八年）
『場所論としての宗教哲学——仏教とキリスト教の交点に立って』（法藏館、二〇〇六年）
『宗教とは何か——現代思想から宗教へ』（文庫版、法藏館、二〇二〇年）

キリスト教の批判的解釈について

『新約思想の構造』（岩波書店、二〇〇二年）
『〈はたらく神〉の神学』（岩波書店、二〇一二年）
『イエスの宗教』（岩波書店、二〇〇九年）
『回心　イエスが見つけた泉へ』（ぷねうま舎、二〇一六年）

八木誠一（やぎ　せいいち）

1932年生まれ。専攻、新約聖書神学、宗教哲学。東京工業大学教授、ベルン大学（スイス、客員教授）、ハンブルグ大学（客員教授）、横浜桐蔭大学教授を経て、現在、東京工業大学名誉教授、文学博士（九州大学）、名誉神学博士（ベルン大学）。
著書に『〈はたらく神〉の神学』『創造的空への道』『パウロ・親鸞＊イエス・禅』『宗教とは何か——現代思想から宗教へ』など多数。

宗教の行方（ゆくえ）―現代のための宗教十二講

二〇二二年九月一日　初版第一刷発行

著　者　八木誠一
発行者　西村明高
発行所　株式会社　法藏館
京都市下京区正面通烏丸東入
郵便番号　六〇〇-八一五三
電話　〇七五-三四三-〇〇三〇（編集）
〇七五-三四三-五六五六（営業）

装幀　野田和浩
印刷・製本　中村印刷株式会社

ISBN 978-4-8318-1061-8 C1014

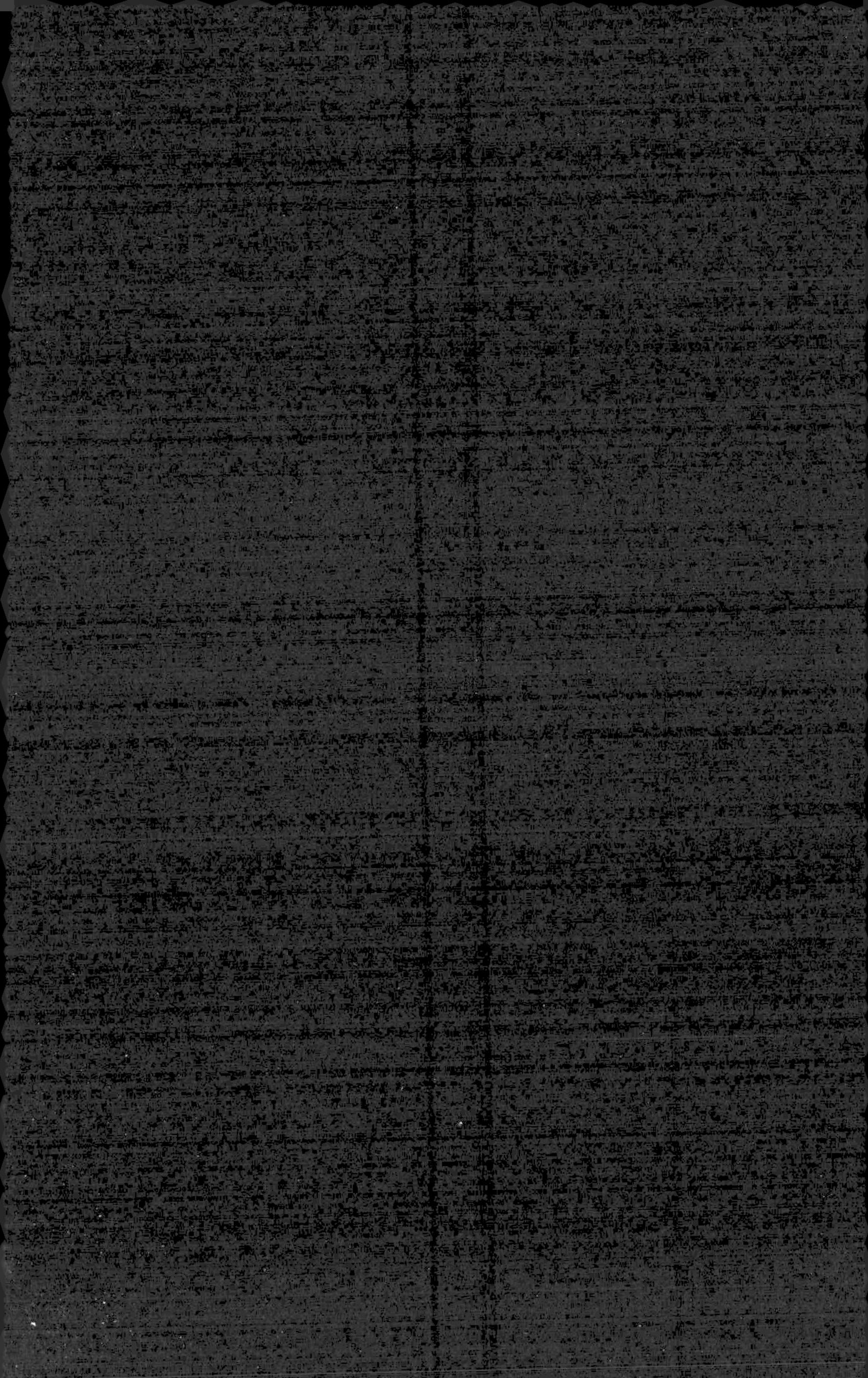